《江南文枢读本》编委会

主编

骆冬青　梁丹丹

编委（按姓氏音序排列）

艾秀梅	白小易	曹红军	常俊玲	陈吉德	陈瑞红
陈书录	程　杰	党银平	邓晓东	董志翘	端传妹
方向东	冯敏萱	伏　蓉	高永年	葛恒刚	宫浩宇
顾文涛	郭　平	哈旭娴	何宏玲	何　平	贺　胜
胡明波	胡元德	华　明	化振红	黄　灿	黄浩然
贾冀川	江宁康	江庆柏	蒋　俊	李葆嘉	李　斌
李　玮	李永新	郦　波	梁丹丹	刘　芳	刘冠才
刘俐李	刘　林	刘青怡	刘　荧	卢　婧	骆冬青
冒志祥	潘大春	乔春雷	阮　捷	沈国芳	石晶晶
宋宜琪	宋益丹	苏　芃	孙道功	孙书磊	孙慰川
谈凤霞	谭桂林	唐志强	万　宇	汪介之	汪　祎
王　晖	王　青	王晓斌	王永吉	王　媛	魏南江
吴　波	徐朝东	徐克谦	晏雅萍	杨　隽	杨洪承
杨莉馨	尹　群	张　鹏	章　婷	赵　红	赵家栋
赵普光	赵生群	周晓雯	朱　洁	朱怡淼	

江南文枢读本

骆冬青 梁丹丹 主编

南京师范大学出版社
NANJING NORMAL UNIVERSITY PRESS

图书在版编目（CIP）数据

江南文枢读本 / 骆冬青，梁丹丹主编．—南京：南京师范大学出版社，2014.12
 ISBN 978-7-5651-1957-6

Ⅰ．①江… Ⅱ．①骆… ②梁… Ⅲ．①南京师范大学文学院—教学工作—概况 Ⅳ．①G659.285.31

中国版本图书馆CIP数据核字（2014）第288299号

书　　名	江南文枢读本
主　　编	骆冬青　梁丹丹
责任编辑	崔　兰
出版发行	南京师范大学出版社
地　　址	江苏省南京市宁海路122号（邮编：210097）
电　　话	（025）83598919（总编办）　83598412（营销部）　83598297（邮购部）
网　　址	http://www.njnup.com
电子信箱	nspzbb@163.com
印　　刷	南京凯德印刷有限公司
开　　本	720毫米×1020毫米　1/16
印　　张	18.25
字　　数	302千
版　　次	2014年12月第1版　2014年12月第1次印刷
书　　号	ISBN 978-7-5651-1957-6
定　　价	43.00元
出版人	彭志斌

南京师大版图书若有印装问题请与销售商调换
版权所有　侵犯必究

文学院:体悟与感叹

啊！文学院

说到"啊",我们就想起了"啊！大海"、"啊！母亲"、"啊！迷人的女郎"……总之,"啊"之后,总是崇高,总是神奇,总是难以企及却又令人神往的对象。"啊",表达的是赞颂,是尊崇,是景仰,是一种无以言表的心绪。

南京师范大学(以下简称"南京师大")文学院能用得上这个"啊"吗？

我们不妨回顾历史。

南京,是大文豪曹雪芹的故乡。金陵石头城,诞生了伟大的《石头记》。这块"石头",又构筑了"红楼",幻化出了"红楼梦"。冥顽的石头,变成了"通灵宝玉"。南京师范大学随园校区,原是曹雪芹家的花园。曹雪芹小的时候,肯定在此游玩过,无论如何考证,童年的雪芹当是在此承接了中国文化"大观园"风景的无垠风光。后来,曹雪芹家被抄,曹家花园沦入隋赫德之手,更名"隋园"。再后来,隋家亦败落,大文人袁枚购下这处产业,更名曰"随园"。

南京师大文学院地处随园,接"性灵"之神韵,更由"随园"而承"石头"所记之"通灵",堪称"江南文枢"也。随园校区以古典园林式的美感而著名,于此进德修业,体会中国文学、文化之精深博大,缅想诗性哲性之无限灵韵,实乃一个极佳的所在。

从顽石到通灵宝玉,是一个深刻的质的变化;从"随园"之"性灵"说,则是从"诗"的性灵到"人"的性灵的升华。南京师范大学文学院,培育"性灵",锻炼"通灵",拥有着诸多名家大师。词学泰斗唐圭璋以降,有孙望、段熙仲、徐复、诸祖耿、吴调公、杨白桦、金启华、钱玄、吴奔星、朱彤、许汝祉、张拱贵等,硕学鸿儒,立业奠基:"昨夜星光灿烂!"这些大学者,为我们留下了诸多的传世名著,如:《全宋词》、《全金元词》、《词话丛编》、《全唐诗补遗》、《蜗叟杂稿》、《礼经十论》、《公羊春秋三世说探源》、《水经注疏证》、《后读书杂志》、《訄书详注》、《李商隐研究》、《古典文论与审美鉴赏》、《神韵论》、《诗经全译》、《杜甫论丛》、《诗词论丛》、《三礼名物通释》、《校勘学》、《三礼通论》、《美学与艺术实践》、《鲁迅作品分析》等。这些述作,成为学术界的宝贵财富,更是沾溉百世的瑰宝,为南京师大文学院奠定了辉煌的学术根基。

文学院的"今日"又是如何?历经"文革"的冲击和断裂,南京师大文学院在苦痛中艰难再生,又产生诸多名家,如唐诗专家郁贤皓,古典小说专家陈美林,红楼梦专家何永康,诗词学专家钟振振,古代汉语专家董志翘,古文献专家赵生群,古代文学专家陈书录,现当代文学专家朱晓进、谭桂林,俄罗斯文学专家汪介之,语言学专家李葆嘉,戏剧学专家陆林,影视学专家华明,文艺学专家朱崇才,等等。一流的学术成果,一流的学术队伍,造就了南京师大文学院今日的辉煌、明天的希望。

几代人艰辛努力,几代人接力奋进,成就今日荣光。南京师大文学院具有深厚的底蕴,长期跻身于全国院校文学学科前列。今日的文学院,在经学、美学、古籍文献、中古汉语、词学、明清小说、江苏地域文化、鲁迅等研究领域,均为学术重镇。近五年来,仅国家社科基金重大攻关项目就获得五项,获教育部社科基金重大项目一项,获得人文社科国家级一、二、三等奖十余项;百余教师,卧虎藏龙,俊彦异士,济济一堂。拥有一位长江学者、三位国家级教学名师,还有中国韵文学会会长、中国宋代文学学会副会长、中国词学研究会副会长、中国鲁迅研究会副会长、中国叶圣陶研究会副会长、中国训诂学会常务理事、"孔子学院"院长、"百家讲坛"主讲等;而诗词吟诵、周易宗教、古瓷收藏、古琴演奏、书法摄影,均不乏名家……作为江苏省"中国语言文学"优势学科,除传统语言文学学科之外,如今还拥有影视与戏剧一级学科博士点,均在全国名列前茅。

啊!文学院,我来了!带着憧憬,带着信心,带着期盼,我们来了。

嗯,文学院!

"嗯",是一种肯定、确定,加"一定"。这个感叹,是对文学院的一种认可、一种思索、一种实践中的认同。它是我们在文学院学习的目标、过程和自我提升的体会与感悟。

来到文学院,我们能够学到什么呢?

这,或许是我们最深刻关心的问题。

有了前面所说的优质的学术基础,我们更关心这个学院提供给学生的是什么。问问文学院的毕业生,或许可以了解。文学院的毕业生从事各种职业,以往,作为师范大学,从事教师职业者较多;近些年,随着专业的扩展,从事人文、文化领域的工作和更广范围者,占据更多的数额。南京师大文学院从学士、硕士,到博士、博士后,构成了全备的教学体系,为有志的学子提供了高远的空间。文学院培养的各种人才,在我国各个领域都有卓越建树。其中,在学术领域更具有突出的表现。学长们的成就,为后来者树立的楷模和榜样,更是一种无形的精神力量,激励着奋发,鼓舞着"怒而飞"的翱翔。

文学院几个专业,提供着不同的课程。传统的汉语言文学专业,除开设教育部规定的核心课程外,还开设一些特色课程;而为文学院各个专业开设的基础课程,则将优质资源共享,让文学院毕业的学生都能够学到文学院最重要的课程。在基础学科,有精心设计的专业课、选修课。例如,古典文献学系,就开设了经、史、子、集中最重要的典籍的精读课程。而其他各个专业,则根据学术与应用的不同要求,开设了独具特色的课程。

"还教授以教,还大学以校。"大学,不仅是高尚的学术共同体,而且是重要的知识传承和智慧启迪的教学单位。学者,觉也;大学,乃大智慧、大精神、大境界的象征,是追求真理、探寻价值的心灵,是自由之意志,独立之精神和终极之关切,是理念,是神圣,是永恒燃烧的活火!"大学"之前的"大学",是孔子、孟子、荀子,是苏格拉底、柏拉图、亚里士多德,是朱熹、陆象山、王阳明,等等,他们一个"人"就是一所永远的"大学"。

我们每个人都应当有一所"我的大学",每个人都应当成立自己的"大学"。只要有求知意志、价值情怀与探索精神,只要崇尚真理、自由、境界,"大学"就不会死。心在,大学在。

如此,每个大学教授都应当有着自己不可替代的"学问"之道,有自己的盖世绝活与独到境界。大学中的"大师",每个人都是一个世界,都是一所大学。

南京师大文学院,在文学教育中,既注重"说文解字",又神往"文心雕龙",在广泛研究中外文学教育成果的基础上,形成了独特的课程体系。"专题研究"领域尤其异帜独擎。诸多研究领域,具有特别的专精与渊博的统一。专家与通人、高明者与沉潜者、"我注六经"者与"六经注我"者,在语言文学研究中各领风骚,都为求学者提供了思想风范和学术高格。竭泽而渔的文献学功夫,灵性充盈的审美感悟,体大思精的理论思辨,剖精析微的学术探求;在传统的"义理、考据、辞章"外别辟的学术新境,自"才、胆、识、力"中形成的各不相同的学术精神……都在"专题研究"的专家课程中得到充分展示。我院老师在中华书局出版了"汉语言文学专题研究系列"丛书,为这个系列课程的开设展示了扎实的成果。

"文心雕龙",是指在虚构的神楼意阁上雕镂,画龙而点睛。是人类心灵不甘束缚于现实,勇于怀想天空、凌空蹈虚的天马行空般大精神和大智慧的创造。文学院曾经有许多大师名家在此任教,培植"灵根",播撒"情种"。前辈学者唐圭璋、孙望、吴调公、吴奔星、常国武等先生,均善于文学创作。现在,文学院拥有何永康、钟振振、骆冬青、郭平、鲁羊、吴新江、何平等老师,皆兼善文学创作,在旧体诗词、小说、散文创作等方面,显示出不凡实绩。学生的课堂成果,则凝集为"刻舟书系",其中,小说创作《构虚》更出至六集。

如此,在南京师大文学院"听课",就是一种"必须",就成为精神的盛宴,就辟开了学术研究的种种路径,通达由"有"到"无"、由"学"而"问"的神奇地带。

建立活的课堂,乃为点燃永恒的活火。一点灵明,一点火种,产生于知识与智慧之"问",是心灵与精神之"觉"。活的课堂,乃是心与心的交融互动,是智慧与智慧的碰撞与激发,是研究过程的创造性重建,是新的学术灵光的闪耀与联翩……

哦! 文学院……

或曰:大学,就是忘掉所学知识,忘掉从课堂获得的东西之后仍然植根于心灵的问题意识、思维方法、情感方式与知识获取的意志。

那么,大学让我们"剩下"了什么?是那种难以忘怀的底蕴、氛围,那种性情气质,那种智慧,那种方法,那种无论如何都不会"丢掉"的精神?

这些,都有其正确的一面,可是却又似乎都不全面。大学呀大学,说不清、道不明的大学。也许,许多年后回想起来,我们才会真正体会、感悟到那时的一切在心灵留下的印迹。

南京师大文学院,当然有自己的特质,一切的记忆,将来都会以一声"哦"来会心地表示:感悟、感慨、感想……当一切化为灵魂深处的这声"哦"时,文学院才真正进入生命,进入不可磨灭的精神世界。

文学是多么深邃广阔的学问:一切情感在其中都能找到玄秘微妙的表达,"众妙之门"中,如何解"其中味"?几年的寻寻觅觅,得到的决不会只是凄凄惨惨戚戚。哲学、政治、经济、社会、法律、文化……乃至科学,都在人性的剖析中见出深刻的智慧。从文学院甚至走出了许多其他学科的一流专家,这说明,文学确实是涵茹万象、包容一切,而又能以独特的智慧进行表达。所以,语言文学的学问,自然通向人类其他领域;文学的智慧,自然可以转化为其他智慧。这里,转化之"化"是关键,文学"化"到我们的心灵,文学又"化"入了各种人类生存的内容,在"化"中,我们不由分说、不由自主地成长起来。语言的智慧、文学的智慧,或许就是一种人性的根本智慧,它将我们引向那渺远的境界,令我们终生难忘!

古典文献、戏剧影视、语言科技、编辑文秘,这些不同的专业,有着同样的目标,那就是把人塑造成有深厚文明基础、有艺术涵养、有人文与科学双重素质的人。在这些专业的学习中,我们在文学院学到的一切,或许很多在以后的生活中没有了实际的应用,可是,我们学会的思维、智慧,我们熏陶出来的涵养和素质,却不会丢失、不会改变,它只是在以后的历练中进一步深化和升华。

文学院以文学命名,情性、灵性的教育最为核心。学院的各种活动,固然是以文艺为核心,可是,最令人难忘的,还是我们自己的情性历程。校园的山山水水之中,有我们诗性的吟哦;苍穹下的星空眺望,把我们的心引向那"永恒的女性",飞升再飞升!几多彷徨,几多惆怅,几多寻觅,几多哀叹,几多激越……我们的心灵,我们的灵性,在文学之中陶冶,在心灵的语言中沉默而成诗、成乐!文学院,南京师大,留下的是一生的美好记忆,是青春的结晶。

哦,青春!有过的"错误",在以后的记忆中亦将变为美丽;而那些似乎轻狂的自由的狂想,其实会在无形之中扩展着前行的道路。文学院,或许在将来在您的心里只剩下了一丝悠远惆怅的情愫,那也好,她在心底沉淀,却在现实的拼搏和奋斗中给我们一种精神的助力,让我们不惮于远行。

在"青春不朽"中,我这样写道:"青春易逝,青春不朽。朽,不朽。那么,青春不朽何所指?是欺骗么?是永恒的盼望么?是抽象化的'青春'么?那么,抽象的青春难道不是从具象的青春'升华'而来?青春如梦。梦就是欲望与幻象的孩子。梦当然有欺骗性:由来同一梦,休笑世人痴。青春的妄念,青春的幻想,乃青春的内在构成。自我欺骗,甚至欺骗,也是青春的本质之一。只有受到这个欺骗的人,才真正懂得青春。一旦'真相'大白,青春的光环就倏然消灭,青春不再诱惑。腐败的气息,朽坏的气息,平庸的气息,就无微不至地包围着我们。我们沦陷。欺骗的另一面,是幻想,是信念,是朝气和激越的情怀,是一切理想主义的精神。所以,'不朽'于此,就不再是幻想幻象,而是人类创造的最美妙的精神产物。"

"可是,青春的诱惑中,也有痛楚,有残酷,有肮脏,有幽暗,有不明不白的东西。这,也是青春魅力的重要部分。青春不朽,这个命题中无法回避这个部分。是的,痛与爱,残酷与真相,乃至青春的明朗与青春的幽暗,都是不朽的;或正因此才更显不朽。在两极的相互吸引与相互冲撞中,有无数情致,无数思想,于是,也就有无数的文章,诱引着我们的灵感跨入未知的神秘世界。青春神秘,不朽神秘,更神秘的,是生命。青春不朽,是一个人生哲学的命题,更是一个美学命题。她本身就是一首诗。她就是一个充满张力的叙事。她让我们深思超越而沉入无限的醉感与灵感、痛感伤感与神秘的宇宙意识……"

文学院就是一首青春的诗,但愿我们吟唱而起舞,沉思而飞越。文学院,青春不朽,我们,不朽青春。

目录

序　　言（文学院：体悟与感叹）　/001

第一章　　文学院概况

　　第一节　汉语言文学专业简介　/003

　　第二节　戏剧与影视专业简介　/007

　　第三节　古典文献学专业简介　/011

　　第四节　汉语言专业简介　/013

　　第五节　秘书学专业简介　/016

　　第六节　编辑出版专业简介　/019

第二章　　文学院特色课程

　　第一节　文学理论类课程　/023

　　第二节　文学史类课程　/036

　　第三节　文化类课程　/045

　　第四节　语言文字类课程　/057

　　第五节　阅读写作类课程　/061

第三章　文学院经典导读

第一节　文学类经典导读　/071

第二节　写作类经典导读　/134

第三节　古典文献类经典导读　/145

第四节　语言文字类经典导读　/158

第五节　应用类经典导读　/219

第四章　文学院阅读书目

第一节　文学理论类阅读书目　/237

第二节　古代文学类阅读书目　/242

第三节　现当代文学类阅读书目　/245

第四节　世界文学与比较文学类阅读书目　/247

第五节　写作类阅读书目　/250

第六节　古典文献类阅读书目　/253

第七节　语言文字类阅读书目　/255

第八节　戏剧影视类阅读书目　/271

第九节　应用类阅读书目　/280

第一章 文学院概况

"钟山风雨起苍黄,百万雄师过大江。"又名紫金山的钟山,曾见证了中国历史上的转折期,浩浩荡荡的革新迎来今日的生活;亦目睹了南师大文学院的创立与成长。昔日,高楼大厦未建之时,晨立于中大楼,远眺可望钟山,见朦胧紫气缭绕,隐耀金光。而今,随园学子们依旧吐纳着那葱茏的生气。山的沉稳,水的灵动,苍苍钟山,泱泱江水,滋养着这片文化沃土。涓涓绵长的金陵文脉,在随园发扬。

百年文薮,源远流长。南京师范大学文学院,作为全校的重点支柱院系,其前身中文系亦一度享有全校第一大系的辉煌。

1902年,三江师范学堂诞生。继而衍变为两江师范学堂、南京高等师范学校、国立东南大学、国立第四中山大学、国立江苏大学、国立中央大学、国立南京大学、南京大学中的教育科、教育学院、师范学院等。它们始终高举道正为师、身正垂范的"师范"大旗。直到新中国教育重新定位,让师范独立,从南京大学、金陵大学的母体中分离出来,组成新的南京师范学院,由原南京师范学院院长、教育家陈鹤琴教授担任首任院长。1952年9月5日,由原金陵大学中文系主任孙望教授领衔组建新的中文系。经过1952—1966年的艰难创业,于1966—1976年遭受"文革"的磨砺,在1977—1996年恢复发展,1997年走出了跨越式的一步:中文系成立文学院,院下设系,由相应的专业组建而成。

自此,便似快马加鞭未下鞍,惊回首,跨越数重山。

汉语言文学师范专业,原是中文系的重点专业,于2010年调整到学校新成立的教师教育学院。文学院目前的专业总况如下:汉语言文学专业(含国家文科基地班),现任主任董志翘、副主任陈书录;古典文献学专业,现任主任赵生群、副主任方向东;汉语言专业,现任主任李葆嘉;戏剧影视文学(包括播音与主持艺术)专业,现任主任沈国芳;秘书学专业,现任主任郦波。总体格局为汉语言文学领头,古典文献学、汉语言、戏剧影视、秘书出版并进。

第一节　汉语言文学专业简介

一、专业概况

南京师范大学文学院汉语言文学专业有着雄厚的学术支撑。自1952年建系起,原有汉语言文学师范专业(2010年被划分到教师教育学院)和普通汉语言文学专业。该专业2005年入选首批江苏省品牌专业,后又入选教育部质量工程"高等学校特色专业"国家级人才培养模式创新试验区建设项目,目前为在建的江苏省重点专业。

1995年,国家教委批准南京师范大学中文系为"国家文科基础学科人才培养和科学研究基地(中心)"。中文系对这一文科人才培养计划十分重视,专设"文科基地"班,每年招生30—40人,并配以汉语言文学方面最精良的师资,重视对学生科研能力的培养、知识面的拓宽,打造了文学院的一个"黄金"品牌。普通汉语言文学专业与汉语言文学(文科基地),依凭着文学院深厚的文学底蕴和优良的学术传统,在语言学、外国文学、现当代文学、古代文学、文学理论、写作等方面均产生过大家名家。早在20世纪50年代,就拥有唐圭璋、孙望、徐复、段熙仲、朱彤、吴调公、许汝祉等十余位享誉海内外的专家学者。新时期以来,中青年一代学者继往开来,茁壮成长,开拓了改革进取的崭新局面。

在教学上,除了面向国内外招收博士、硕士研究生外,主要招收四年制本科生,培养德智体美全面发展,具有汉语和中国文学方面的系统知识及文艺理论素养,能在新闻文艺出版部门、中学、科研机构和机关企事业单位从事文学评论、语文教学与研究工作以及文化宣传方面实际工作的汉语言文学精英化和高级专门化人才。

该专业除开设"古代汉语"、"现代汉语"、"语言学概论"、"中国古代文学史"、"中国古代文学作品选读"、"中国现当代文学史"、"中国现当代文学作品选读"、"外国文学史"、"文艺理论"、"写作学"等数十门专业必修课(其中"现当代文学"、"古代汉语"为国家级资源共享精品课程)之外,还有"现当代文学系列"、"古代文学系列"、"语言学系列"、"文史哲系列"等数十门选修课程供学生选修,多方面培养学生的学术创新能力,强化专业素养。

二、师资力量

截至 2014 年 9 月,该专业有专职教师 65 人,大多毕业于国内外名校,其中高层次人才众多,师资力量、整体水平居国内相同专业前列。现专职教师包括教育部"长江学者奖励计划"特聘教授谭桂林,曾先后有马景仑、董志翘、朱晓进三位老师荣获国家级教学名师称号。凭借不凡的实力,该专业曾获国家级优秀教学团队荣誉称号,并多次获教育部和江苏省教学成果特等奖和一等奖等。该专业科研实力雄厚,位居全国前列,目前该专业承担的国家社科基金重大招标项目就有四项。

该专业现已初步形成了一支学科分布合理、规模适度、学术素质优良的教师队伍,为实现创建世界一流大学的宏伟目标奠定了良好的师资队伍基础。

(1)职称结构。该专业拥有一支高素质、高效率的教师队伍,65 位专职教师中,教授 30 人,占教师总数的 46.2%;副教授 23 人,占教师总数的 35.4%;讲师 12 人,占教师总数的 18.5%。

(2)年龄结构。该专业重视青年教师的引进和培养,注重优化师资队伍的年龄结构,已形成一支老中青结合,以中青年教师为主、年龄结构合理、富有活力与朝气的师资队伍。35 岁以下教师 11 人,占教师总数的 16.9%;36—45 岁教师 30 人,占教师总数的 46.2%;46—55 岁教师 10 人,占教师总数的 15.4%;56 岁以上教师 12 人,占教师总数的 18.5%。

(3)学位结构。该专业积极引进和选留优秀的高学历年轻教师,同时鼓励在职教师攻读学位,提高学历层次,因而师资队伍的学历结构不断优化,高层次人才队伍不断壮大。现专职教师中具有博士学位的教师 55 人,占教师总数的 84.6%;具有硕士学位的教师 10 人,占教师总数的 15.4%;无硕士学位以下的教师。

(4)获奖情况。该专业教师曾获国家级优秀教学成果二等奖、江苏省优秀教学成果一等奖、南京师范大学优秀教学成果特等奖等教学奖多项,获教育部第六届高等学校科学研究优秀成果奖(人文社会科学)一等奖、二等奖各一项,及江苏省政府哲学社会科学优秀成果一、二、三等奖多项。

三、教材建设

(1)《王力〈古代汉语〉同步辅导与练习》(上、下册)(董志翘、马景仑主编,中华书局 2009 年版)。

该书是与王力先生主编的《古代汉语》第一册、第二册配套的辅导教材。该教材有七个单元,每单元均含"重点难点解说"、"综合练习题"和"综合练习题参考答案"三项内容。内容与教材完全同步,紧扣原教材内容,详细串讲,全面解决文选中每篇文章的读音、字词、语法、修辞及常用词、古汉语通论部分的重点、难点问题,每单元都有大量精心设计的练习题和详细的参考答案,确保读者掌握教材知识,提高应试和阅读古书的能力。精选200多幅插图,分别置于相应的文字旁边,使得图文相得益彰,大大增加了学习过程的趣味性。书末附四套期末试卷及其参考答案,以帮助读者进行自测。

(2)《古代汉语》(上、下册)(21世纪普通高等学校文科示范教材,董志翘、杨琳主编,武汉大学出版社2012年版)。

该教材是在"大视野古代汉语"理念(即一改以往古代汉语教材只重文言文、传世文献的做法,兼顾文言文与古白话、传世文献与出土文献,开阔学生的视野,增强学生的应用能力)的指导下,由南京师范大学和南开大学古代汉语教师共同编撰而成。该教材选文时间跨度大(从最早的甲骨卜辞直到清末文献,上下三千年,各个时期的语料都有所涉猎)、涉及内容广(文选不仅有正统的文言文,也有口语色彩较浓的古文和古白话,几乎涵盖古代汉语的各种语体)、知识涵盖面广("通论"中介绍了与文言、古白话相关的词汇、语法、语音以及文字知识)、贴近古代汉语原貌。

(3)《中国现代文学史1917—2000》(由朱栋霖、朱晓进、龙泉明主编,普通高等教育"十五"国家级规划教材,北京大学出版社2007年版)。

该编撰成果是我国高校现代文学学科力量的集萃,主要执笔者均为我国现当代文学研究界卓有成就的一流专家,立足于中国现代文学学科教学和研究的前沿,对近百年中国文学进行新的筛选、整合和阐释,保证了该教材的质量与水准。2004年,教育部中文学科教学指导委员会的专家鉴定组对该教材稿的鉴定意见为:"《中国现代文学史1917—2000》以文学观念的变化为线索,在占有大量史料的基础之上,对百年来的中国文学发展史进行了深入而思路清晰的梳理,成为一部具有现代意义和鲜明特色的新的文学史著作。"

(4)《二十世纪中国现当代文学作品选》(五册)(高永年主编,杨洪承副主编,江苏教育出版社2003年版)。

这套教材的选家力求以精到的史的眼光、宏厚的阅读积累及科研能力切入选本,加之选编者对这门课有着多年的教学实践,因而此套教材无论在选目还是在编撰体例等方面,都有着很高的学术含量。该教材在选目上不仅充分考虑到所选作品的艺术经典性,也注意到了创作方法、艺术形式和风格文体的多样性。所选作品始于20世纪初,直至20世纪末,兼顾到了20世纪不同历史阶段所产生的文学创作,同时给予港澳台地区的文学创作以相当的篇幅,这是同类教材所没有的。该教材在编写体例上也作了大胆尝试,一反以往同类教材往往在所选作品的后面附提示性作品分析的做法,除了作者介绍文字外,还附录了有关所选作品的研究资料目录,对学生了解研究动态和广泛吸取前人研究成果是有益的,同时也给授课者更大的发挥主观能动性的空间。

(5)《中国古代文学作品选》(六卷本)(郁贤皓主编,钟振振、张采民副主编,高等教育出版社2003年简体字版、2010年繁体字修订版)。

该教材是普通高等教育"九五"国家级重点教材。全书精选文学史上各时期重要作家的代表作品及历代传诵的名篇佳作,特别注意选入在文学史上代表某种流派和风格的、对某种文体的发展有重要影响而被前人忽视的佳作。修订版更换个别篇目,补充新的研究成果,调整编排次序,订正个别错误,并将全书改为繁体字,使学生在使用本书的过程中正确掌握繁体字,从而顺利阅读古籍原书。

该教材的特点是:入选作品原文选用较好的版本;"作者介绍"和"解题"则充分利用新出土的文献材料及最新的学术研究成果;"注释"力求简明准确,并有创新见解;"选评"则精录前人对本作品的评论,供教师和学生参考;部分作品后面还附有"备考",归纳学术界对本作品有争议的问题和观点,以启发学生的深层思考。

(6)《中国古代文学作品选简编》(上、下册)(郁贤皓主编,钟振振、张采民副主编,高等教育出版社2004年版)。

该教材是郁贤皓主编的六卷本《中国古代文学作品选》的简编本。全书分为先秦部分、秦汉魏晋南北朝部分、隋唐五代部分、宋辽金部分、元明部分、清近代部分。每个部分中各个时期的作品按文体分别排列。其特色与《中国古代文学作品选》相同。该教材可作为综合性大学、师范院校汉语言文学专业的基本教材,可作为汉语言文学专业本、专科生"中国古代文学"课的教材,也可作为文科相关专业本、专科生"中国古代文学作品选"课的教材及其他文学爱好者的学习、参考用书。

(7)《20世纪欧美文学史》(汪介之主编、杨莉馨副主编,南京师范大学出版社 2003 年版）。

该教材为南京师范大学"新世纪教育教学改革工程"、"外国文学史"课程教学内容更新与《20 世纪欧美文学史》教材建设项目成果，适合汉语言文学专业高年级本科生作为"20 世纪欧美文学史"课程的教材使用，并为报考"比较文学与世界文学"专业硕士研究生的考生必备的参考书。该教材从 20 世纪西方文学和俄罗斯文学发展演变的史实出发，辟三编分别论述了"西方现实主义文学"、"西方现代主义文学"和"俄罗斯文学"的发展概貌、代表性作家作品，史论结合，内容详实丰富。

（8）《欧美文学评论选》丛书（上、中、下三卷）（汪介之主编、杨莉馨副主编，北京大学出版社 2011 年版）。

该教材为江苏省优秀研究生课程、南京师范大学研究生核心课程"西方文学批评史"的建设成果之一，亦可作为本科生必修课程"外国文学史"和指定选修课程"20 世纪欧美文学史"的辅助教材，同时也是报考"比较文学与世界文学"专业硕士研究生的必备参考书，以及各大高校外国文学史教学的最新参考书。

第二节　戏剧与影视专业简介

一、专业概况

南京师范大学是国内较早开设影视教育课程的学校，也是先设置电影学硕士点后设置影视本科专业的学校。1998 年，经国务院学位委员会批准，南京师范大学文学院电影电视学系设置了"影视文学"、"电影学（含电视）"两个硕士点。1999 年"戏剧影视文学"本科专业开始招生。2000 年，"戏剧影视文学"本科专业设置了"播音与主持艺术方向"，面向江苏、山东、安徽、江西、浙江等省招收艺术类学生，2013 年"播音与主持艺术"作为单列的艺术类本科专业申报成功并继续作为南京师范大学校考专业单独招生。

2011 年，南京师范大学文学院电影电视系组合"戏剧戏曲学"和"广播电视艺术学"等专业成功申报了"戏剧与影视学"一级学科博士点和一级学科硕士点，2012 年，"戏剧与影视学"被遴选为江苏省"十二五"重点学科。"戏剧影视文学"专业依托文学院强大的人文优势和自身的学科优势，以培养会编剧、会制作、懂策划的综合性媒体人才为目标。其核心能力为：写作、制作、策划。该专业的主干课程为:"视听语言"、"影视编剧导论"、"影视导演基础"、"电视学原理"、"电视摄像技术与艺术"、"采访与写作"、"电视编辑"、"影视策划"、"微电影剧本创作"、"微电影制作"、"电视专题片制作"等。

"播音与主持艺术"专业以培养能出镜、能采编、会制作的综合性媒体人才为目标。其核心能力为:说、写、制作。"戏剧影视文学"专业与国内同类专业或方向相比较,其显著的特色是:课程体系建立在"影视创作"、"影视理论"与"影视制作"三个平台之上,以宽口径教学培养一专多能的高级复合型媒体人才。该专业的主干课程为:"影视写作"、"新闻采访与写作"、"影视评论写作"、"论文读写"、"普通话语音"、"播音发声学"、"播音创作基础"、"节目主持艺术学"、"广播播音与主持"、"电视播音与主持"、"文艺作品演播"、"播音与主持节目解析"、"电视学原理"、"电视摄像技术与艺术"、"电视编辑影视导演基础"、"电视节目策划与制作"等。

"戏剧影视文学"与"播音与主持艺术"已经培养了一批优秀毕业生,在各级广播电视台、网络媒体以及党政机关、企事业宣传、企划部门发挥着重要作用。

二、师资力量

该专业拥有一支高素质、高效率的教师队伍,其中有教育部"新世纪优秀人才支持计划"获得者1人。

(1)职称结构。该专业现有专职教师16人,其中教授8人,占教师总数的50%;副教授3人,占教师总数的18.75%;讲师5人,占教师总数的31.25%。

(2)年龄结构。35岁以下教师3人,占教师总数的18.75%;36—45岁教师7人,占教师总数的43.75%;46—55岁教师2人,占教师总数的12.5%;56岁以上教师4人,占教师总数的25%。

(3)学位结构。截至2014年9月,专职教师中具有博士学位的教师12人,占教师总数的75%;具有硕士学位的教师4人(其中在读博士2人),占教师总数的25%。

三、教材建设

(1)《节目主持艺术学》(第2版),魏南江著,中国广播影视出版社2014年版。本书共分十一章,论述了节目主持艺术学的历史发展、本质属性和审美特征,探讨了节目主持人与主持人节目的关系以及主持交流过程中的创作规律。在此基础上,分别从学理和实践的层面阐述了新闻、谈话、娱乐、对象性节目的艺术流变及相应的主持技巧。

(2)《新编电视学概论》,白小易著,南京师范大学出版社2007年版。该书围绕着电视学最基本的研究对象——电视节目——来设计全书的构架,对一般电视学概论所论述的电视学的研究对象、方法,电视的发明、定义、传播特征、社会属性以及语言表达体系、技术保障系统和人员构成等内容只做了简单的介绍和描述,而将重点放在了电视节目的论述上。

(3)《影视写作教程(第二版)》,沈国芳、颜纯钧主编,高等教育出版社2010年版。本教材共十章,前三章理论部分,从写作特点、影视构思、影视文本语言三个大的方面精要地讲授影视写作的基本规律和方法,后七章文体写作(四到六章是艺术类,七到十章是实用类)理论讲授和文体训练有机结合。

(4)《影视编剧艺术》,陈吉德著,中国广播电视出版社2006年版。该书在占有丰富资料的基础上,循序渐进、简明扼要地提示了影视编剧艺术的奥秘。全书分为类型、格式、题材、人物、情节、冲突、结构、时空、视点、语言、风格、改编、运作等十三章。

(5)《当代台湾电影:1949—2007》,孙慰川著,中国广播电视出版社2008年版。该书全面回顾了台湾电影的发展史,并从中概括出善与恶的二元对立、城乡文明相比照、殖民经验与身份认同、人的异化与主体的死亡等六大叙事主题。作者还对写实主义和民族化的影音风格从缺失到建构的递嬗过程进行了深入研究,对李行、胡金铨、侯孝贤、杨德昌、李安、蔡明亮等14位重要的电影人进行了系统的评析。

(6)《影视视听语言》,陈吉德、沈国芳、蒋俊、伏蓉著,国防工业出版社2012年版。内容分为影像、声音、剪辑三大部分。影像包括构图、景别、角度、焦距、运动、色彩、光线、轴线、场面调度、长镜头等方面。声音分为人声、音乐和音响三方面。剪辑部分是把视觉语言和听觉语言综合起来进行研究,主要涉及剪辑的概念、历史、形式、原理、技巧等诸多内容。另外,该书还附上了影视作品的分析案例,目的是帮助学生把所学知识运用到实际作品的分析中。

(7)《电视摄像技术与艺术》,蒋俊、卢晓云编著,国防工业出版社2012年版。全书共分九章,主要内容是从视觉意识与摄像思维的关系引入摄像艺术的原理分析,在对摄像机结构原理了解和熟悉的基础上,对摄像机进行操作教学,掌握摄像技术中的照明、构图、取景与机位选择、运动摄像、画面组接以及摄像声音的处理等具体技术,由此形成完整的摄像技术与艺术的教学讲解。

(8)《影视艺术概论》,袁玉琴、谢柏梁主编,影视系中青年教师参与编著,中国电影出版社2005年版。全书分为影视艺术发展论、影视艺术特征论、影视艺术创作论和影视艺术鉴赏论四编,共十四章。教材按照影视艺术发展的历史、影视艺术的基本特征、影视艺术创作的环节与流程、影视艺术鉴赏的要求与方法等四个方面进行编写。

以下为选修课教材:

(1)《西方先锋电影史论》,华明著,中国电影出版社2006年版。该书描述了西方先锋派电影产生的历史背景和创作发展,具体分析了抽象动画电影,城市电影,表现主义电影,诗意电影,达达主义电影,超现实主义电影,建构主义电影,诗意纪录电影,拼贴电影,即兴电影,种族、性与暴力主题电影,以及结构电影等。对西方先锋派电影总体的以及其中各种类型或者流派的思想与艺术特征进行了深入研究,为理解这种奇特而又重要的电影艺术现象提供了基础。

(2)《观念与范式——类型电影研究》,沈国芳著,中国电影出版社2005年版。该著作作为"影视鉴赏与分析"课程的教材,全书共十四章:第一章类型电影的观念;第二章类型电影的特征;第三章类型电影的审美价值机制;第四章类型电影的文化价值;第五章类型电影的观影消费心理及其制约因素;第六章到第十三章研究了西部片、歌舞片、科幻片、战争片、爱情片、传记片、强盗片、政治片的类型确定、历史以及类型观念和范式;第十四章研究了中国发展类型电影的策略。

(3)《中国类型电视剧研究》,魏南江著,中国传媒大学出版社2011年版。本书由十二章组成,分别从学理和实践的层面梳理了都市言情剧、青春偶像剧、谍战剧、家族剧、历史剧、儿童剧、农村剧、军事剧、"红色经典"改编剧等十二种主要类型电视剧的发展轨迹、生成语境、美学特征及影像风格。

(4)《转型期的欧美电影》,贾冀川著,中国电影出版社2006年版。该书将20世纪八九十年代欧美主要国家有影响的导演及其电影作品几乎全部纳入分析透视的视野,在坚持电影的艺术和审美批评的立场基础上,努力深入探求其文化意蕴、叙事路径等。

(5)《20世纪90年代以来的中国电影》,朱洁著,中国电影出版社2007年版。该书采用"多元共生"的史学意识,较为全面完整地呈现出20世纪90年代以来中国电影的创作面貌。选取文化学的维度,阐释电影创作的文化意义与美学价值。完成了对"中国新生代电影"较为全面的梳理与审视,在一定程度上呈现出中国电影新生代导演断代史。

第三节　古典文献学专业简介

一、专业概况

南京师范大学文学院古典文献学专业成立于1983年,是教育部直属的古籍整理与研究本科人才培养基地,全国四家古典文献专业之一,由老一辈语言文字学家和古文献学家徐复、礼学研究专家钱玄等先生创建。1984年,中国古典文献学研究方向获准成立硕士学位授权点,2000年,获准成立博士学位授权点。1997年,古文献专业在全国四所高校中率先升格为文献学系。2001年被南京师范大学确定为首批品牌与特色专业,2005年成为江苏省首批品牌专业,目前为在建的江苏省重点专业。三十年来,共培养本科生451人、硕士生228人、博士生38人,为各级政府机关、高等院校、图书馆、新闻出版单位培养了大量优秀人才。

古典文献专业课程设置系统合理。其中专书导读系列课程有:《诗经》导读、《左传》导读、《论语》导读、《孟子》导读、《老》《庄》导读、《楚辞》导读、《史记》导读、《汉书》导读等课程,特色鲜明。

古典文献专业在学术上以先秦至清代文献为主要研究对象,尤其以经学文献、史学文献、清代四库文献、出土文献为重点,围绕文献的语言、文本、理论等层面展开研究。学术渊源秉承"章黄学派"的优良传统,从章太炎、黄侃到徐复、钱玄、诸祖耿等先生,一脉相承,三十年来,已形成了一支学术研究方向齐备、实力雄厚、梯队整齐的师资队伍,学术成果丰富,在海内外产生了广泛影响。专业设有中国古典文献研究中心,为南京师范大学重点研究机构。南京师范大学还与中华书局联合设立《史记》文献研究中心。

古典文献专业设立"中国古文献学奖学金"(本科生),每年评审一次,设一等奖4名、二等奖6名、三等奖8名,奖金分别为800元、600元、400元。另外,全国高等院校古籍整理研究工作委员会设立"中国古文献学奖学金"(特种),每两年评审一次,古文献专业博士、硕士、本科生均可参加评选,为全国性奖项。在历次评奖中,南京师范大学古典文献学专业取得了优异成绩,尤其是本科生获奖尤为突出。

二、师资力量

该专业队伍整体水平高,学术素质优良。目前专业共有硕士生导师10人,博士生导师3人,其中教授3人、研究员1人、副教授5人、副研究员1人,具有博士学历者8人,硕士学位1人。

(1)职称结构。该专业现有专职教师12人,其中教授(研究员)4人,占教师总数的33.3%;副教授8人,占教师总数的66.7%。

(2)年龄结构。35岁以下教师2人,占教师总数的16.7%;36—45岁教师2人,占教师总数的16.7%;46—55岁教师3人,占教师总数的25%;56岁以上教师5人,占教师总数的41.6%。

(3)学位结构。截至2014年9月,专职教师中具有博士学位的教师10人,占教师总数的83.4%;具有硕士学位的教师1人,占教师总数的8.3%;具有本科学位的教师1人,占教师总数的8.3%。

三、教材建设

该专业近年来出版教材7部,参编多部。主要有:

(1)《史记编纂学导论》,赵生群著,凤凰出版社2006年版(21.5万字)。本书从《史记》的成书过程、内容、体例、取材、史料运用、述史框架、《史记》书法、史学理论、编纂、《史记》纪传与传记文学等不同角度,探讨《史记》编纂学,研究《史记》的创作过程、方法等。视角独特,论证翔实,资料丰富。

(2)《春秋左传新注》,赵生群编著,陕西人民出版社2008年版(100万字)。对《左传》全书作了系统的注释,简洁而明了;导论部分对《左传》相关问题作了系统梳理和深入阐述。

(3)《史记》(修订本),赵生群、方向东、王华宝、王锷、曹红军、吴新江、王永吉、苏芃校勘,中华书局2013年版(340万字)。将来可替代原点校本作为"《史记》导读"课程教科书。该书对《史记》作了全面校勘,撰写校勘记3400余条,改动标点6000余处。

(4)《庄子今解》,方向东著,经典导读系列丛书,江苏省品牌专业南京师范大学古典文献专业教材,广陵书社2004年版(25万字)。该书注解,以杨柳桥《庄子译诂》所整理的郭象本为底本,参校其他版本,注出异文,择善而从。篇首加解题,各大段之间加讲解,篇末加评论,书末附综合思考练习,旨在帮助读者理解文义和把握重点,提高阅读《庄子》的水平。注释有读音、释义、串讲、校订等内容。凡文义有多解之处,说明引自某家之说,取其笔者认为最恰当的,尽量做到通俗易懂,不作烦琐的学术考证。

(5)《老子》(全本),大学生传世经典随身读丛书,方向东注,高等教育出版社2008年版(11万字)。

(6)《文史工具书概述》,江庆柏等著;《古文献学基础知识丛书》,赵国璋、王长恭、江庆柏著,江庆柏编写第六、七、十、十二、十三章,江苏教育出版社2006年版(全书31万字)。该书是为古文献专业编写的文史工具书使用法教材,简明实用、通俗易懂,对于文史研究者、爱好者也有一定的参考价值。

(7)《〈诗经〉研究》,汉语言文学专题研究系列,刘立志著,中华书局2011年版(22万字)。该书对《诗经》研究的一些问题作了系统而且深入的论析。

(8)《中国古典文献学》,21世纪中国语言文学系列教材,项楚、罗鹭主编,苏芃撰写第三章《校勘学》,中国人民大学出版社2013年版(全书39.3万字,参编部分3万字)。该书兼顾学科传统及其最新发展,以整理和研究古代文献的方法为核心,系统地讲授中国古典文献学的基本理论。全书分为五单元十课:目录学、版本学为入门篇,校勘学、注释学为提高篇,编纂学、辑佚学为博览篇,考证学、辨伪学为深化篇,专科文献学、古籍电子文献为拓展篇。每单元都相对独立,可根据教学需要灵活讲授。该书的突出特点如下:简明实用。简明扼要、图表生动、例证丰富,力求用浅显的语言将枯燥的文献学理论和方法讲解透彻,并注重对学生实践能力的培养,利于教学。该书在每一课开头提示教学重点、授课学时,课后有课外阅读书目和练习题,并配备教学PPT,方便教师的"教"与学生的"学"。

第四节　汉语言专业简介

一、专业概况

依据"语言科技新思维"和"面向科技、面向社会、面向应用"的人才培养方针,2001年6月,南京师范大学文学院成立了以"语言科技"为原创特色的语言科学及技术系,并形成了别具特色的汉语言(语言信息处理)专业。该专业为在建的江苏省重点专业,自2002年开始招收首届中文信息处理方向的本科生,现已培养8届169名毕业生。通过坚持不懈的努力,现已形成本科生—硕士生—博士生—博士后的语言科技复合型人才多层次培养模式，并建成了"教育性—科研性—开发性"的综合型高等教育基地。作为新兴专业，汉语言立足当代语言科技领域，放眼未来相关科技前沿，以语言学与相关学科相衔接、理论与应用相结合为导向，注重研究方法和应用技能的掌握，培养有利于促进21世纪科技进步和社会发展的语言科技复合型人才。目前包括一个省级重点学科和一个省级文科科研基地。

该专业坚持人文素质和科学精神相结合、理论研究和应用研究相结合、面向现代科技和面向社会需要相结合、专业知识理论和专业操作技能相结合，以培养具有"两动（动脑设计能力—动手操作能力）两新"（知识更新能力—工作创新能力）能力的复合型人才为目标，并依据学生的志趣和学业成绩，把培养目标具体化为三个层面：(1)具备扎实的知识基础和优秀的科研能力，通过深造成为本学科的高层次人才，或成为企业或科研机构的信息技术开发型人才；(2)具备从事语言课程的教学科研能力，成为学校的教育型人才；(3)具备从事信息办公技术和信息管理的能力，成为职能部门的管理型和事务型人才。

该专业围绕复合型人才培养目标，突出文理工渗透和技术化手段，建构了包括理论语言学、计算语言学、应用数学、认知科学四大主干课程的新型课程体系，建有该专业学生专用的语言科技实验室（30个机位）。所建构的"语言科技系列课程"（http://www.yykjkc.com）被遴选为2010年江苏省精品课程。

二、师资力量

该专业教师学术素质优良，教学水平高，截至2014年9月，专职教师中有南京师范大学特聘教授1人。专职教师数量与结构如下：

(1)职称结构。现有专职教师14人，其中教授4人，占教师总数的28.6%；副教授5人，占教师总数的35.7%；讲师3人，占教师总数的21.4%；实验员兼助教1人、专职实验员1人，占教师总数的14.3%。

(2)年龄结构。35岁以下教师7人，占教师总数的50%；36—45岁教师5人，占教师总数的35.7%；46—55岁教师0人；56岁以上教师2人，占教师总数的14.3%。

(3)学位结构。该专业积极引进和选留优秀的高学历年轻教师，同时鼓励在职教师攻读学位，提高学历层次，使得该专业师资队伍的学历结构不断优化,高层次人才队伍不断扩大。截至 2014 年 9 月,专职教师中具有博士学位的教师 9 人,占教师总数的 64.3%;具有硕士学位的教师 4 人,占教师总数的 28.6%;具有本科学位的教师 1 人,占教师总数的 7.1%。

三、教材建设

目前该专业出版的与本科学科教学相关的教材有三部,分别介绍如下:

(1)《语言理论》,彭泽润、李葆嘉主编,中南大学出版社 2009 年第 5 版。

该书作为语言学的基础教材,视野开阔,内容详尽,通俗易懂。该书首先介绍了语言学的基本理论、流派和发展历史,在此基础上,进一步对语言的性质、功能、结构,语言的发展和建设,语言的学习和使用,语言研究的方法,语言调查等进行了介绍。该教材受到同行专家好评,被认为具有时代特色,全面吸收和消化了新的语言学成果,具有科学性的新体系,具有启发性的新方法,具有趣味性的新风格。该书是国内高校语言学概论课程的重要教材,有几十所高校在使用。目前是南京师范大学、湖南师范大学等国内重点高校语言学专业研究生入学考试的参考教材。2009 年出第五次修订版,印数达到 50000 册。电子资源链接:http://202.119.108.46/rcount.asp?ssnum=11223164。

(2)《现代汉语自动分析——Visual C++实现》,陈小荷著,北京语言文化大学出版社 2000 年版。

该书深入浅出地描述了语言计算模型的概念,介绍了如何将这些模型用于解决现代汉语自动分析的一些基本问题,以及如何选择合适的算法并且用程序设计语言来实现。为使读者得到一个完整的解决方案,还介绍了如何用 Visual C++建立应用程序、成批处理语料文件、运用字符编码知识来统计字频、分析汉字率以及建立和访问词库等内容。该书已成为国内中文信息处理课程的重要教材,北京大学、南京师范大学等多家高校作为教材和参考书。电子资源链接:http://202.119.108.46/rcount.asp?ssnum=11102377。

(3)《语言研究中的统计方法》Anthony Woods 著,陈小荷等译,北京语言文化大学出版社 2000 年版。

该书是剑桥大学出版社语言系列教材之一,由语言学家和统计学家合著。该书结合语言习得、语言变异和语言测试等方面大量的研究实例,介绍了统计分析的基本概念、方法和技术。该译本成为国内语言统计课程的重要教材和参考书,为南京大学、南京师范大学等高校所采用。电子资源链接:http://202.119.108.46/rcount.asp?ssnum=11365824。

第五节 秘书学专业简介

一、专业概况

秘书学的前身是1987年创办的中文系应用文科,1991年改为涉外文秘,1996年增设汉语言文学专业的高级文秘方向,现为独立的秘书学专业。到目前为止,该专业已招收专科生11届、本科生9届。

秘书学除开设中国语言文学基础课程外,主要开设秘书学概论、应用写作学、管理学、广告策划与文案写作、礼仪学、档案管理、大众传播学、网络、办公自动化等专业提高课和专业基础课,还开设古代公文研究、秘书文化学、涉外秘书、申论、中国政治制度史、人才广告学、公务语言等专业选修课,同时开设外语及其他多种公共课程。

在教学目标上,该专业适应社会主义市场经济发展的需要,将培养目标由传统政务秘书转向了新型事务秘书,制订并实施融经济、法律、外语、中文基础于一炉,使学生具有较强写作能力和较熟练秘书技能的新型人才培养方案。同时注重树立人才质量观,在教学指导思想、人才培养规格、学生能力结构、课程内容设置、教学环节布局等方面提出了明确的要求,以"加强人文修养,优化学科基础,发展个性特长,提高职业技能"作为具体的指导方针,从而形成了既依托传统的中文优势,又符合时代需要的具有超前意识的教学特色。其中"情景教学、注重技能、打好基础、全面发展"的教学思路为形成教学特色奠定了坚实的基础。教学上贯彻多学科渗透,一至四年级逐步深入,学习与实践、课内与课外结合的原则。同时注重改进教学方式,促进知识和能力的转化,并注重培养学生的创新精神。

该专业始终紧跟形势,不断研究国家公务员考试有关的政策、课程,先后开设"申论"、"公务员写作"、"公务员制度概论"等课程,为全校及文学院乐于报考公务员的同学进行培训,成绩斐然。

二、师资力量

该专业拥有一支高素质、高效率的教师队伍,截至2014年9月,该专业有专职教师6人。

(1)职称结构。专职教师6人,其中教授2人,占教师总数的33%;副教授2人,占教师总数的33%;讲师2人,占教师总数的33%。

(2)年龄结构。该专业重视青年教师的引进和培养,进一步优化了师资队伍的年龄结构,已形成了一支老中青结合,以中青年教师为主、年龄结构合理、富有活力与朝气的师资队伍。35岁以下教师2人,占教师总数的33%;36—45岁教师1人,占教师总数的17%;46—55岁教师2人,占教师总数的33%;56岁以上教师1人,占教师总数的17%。

(3)学位结构。该专业积极引进和选留优秀的高学历年轻教师,同时鼓励在职教师攻读学位,提高学历层次,因而师资队伍的学历结构不断优化。截至2014年9月,专职教师中具有博士学位的教师6人,占教师总数的100%。

三、教材建设

该专业近年来出版教材十部,参编教材、教材配套指导书和习题集多部。主要有:

(1)"高等学校秘书学专业系列教材"共七本:《秘书学概论》、《秘书实务》、《秘书写作》、《中国秘书史》、《秘书文档管理》、《秘书公关与礼仪》、《秘书工作案例与实践》,丁晓昌、杨剑宇总主编,高等教育出版社2011年出版。该系列教材是全国第一套秘书学本科教材,是秘书教育发展三十多年中第三代教材的代表性作品。丛书总结了前两代教材的经验和不足,做到了基本概念准确、研究对象明晰、课程界限明确、体系基本完整。该教材出版以来受到普遍好评,其中《秘书文档管理》和《秘书写作》被评为国家"十二五"规划教材,获南师大2013年度突出科研成果一等奖。除总主编丁晓昌教授外,该专业冒志祥、胡元德、端传妹、胡明波几位教师均参与了教材的编写工作,在不同分册中任副主编、编委。

(2)《秘书文档管理》,丁晓昌主编、胡元德副主编,高等教育出版社2011年出版,28万字,国家"十二五"规划教材。全书由两部分内容构成:第一部分(绪论至第二章)为基础理论部分,介绍了文书和档案的含义、特点、作用及相互关系,文书工作和档案工作的含义、内容、要求等基本知识;第二部分(第三章至第十一章)为实务操作部分,依照社会组织内文书工作和档案工作的实际状况,依次介绍了文书制作、办理、管理,文书档案工作的衔接,档案整理、保管、检索、提供利用、编研、统计等具体业务环节,最后系统阐述了电子文件管理和企业文档管理的内容。

该书的主要特色是根据"文件生命周期"理论,遵循"文档一体化"思路,将原有的"文书学"和"档案管理学"两门课程的内容进行整合,贴紧社会组织秘书工作的实际,突出组织内秘书文书、档案工作的特点,凸显两项工作的固有联系。另外,为适应政务电子化和学生毕业后多数到企业工作的趋势,特别介绍了电子文件和企业文档管理的知识,也是此书的一个特色。

(3)《中国公文发展史》,丁晓昌、冒志祥主编,该专业郦波、胡元德两位教师任编委,苏州大学出版社2004年出版,25万字。本书是国内出版较早的公文史著作,从秘书工作机构、公文种类、公文制度、公文发展几个角度,系统梳理了从先秦到清朝数千年间中国古代公文的发展演变历史。本书是江苏省秘书学自考专业教材,也是古代公文研究方面的重要参考书。

(4)《应用写作学》(2009年)、《新编应用写作学》(2013年),丁晓昌、冒志祥、胡元德著,南京师范大学出版社出版,56.4万字。该书含"基础理论"、"公文写作"、"事务文书"、"私务文书"四部分,除注重实践,对常见公私应用文体的写作方法给予介绍外,还注重应用写作理论的探索,提升了该课程的理论层次。此外,根据功能将文体写法进行归并的做法,克服了该类教材文体写法重复、混乱的惯有缺点,有显著的特色,渐为业界认可和采纳。教材还紧跟新法规进行了及时修订,融进了应用写作近年来发展的新成果。该教材为江苏省自考教材。

(5)《当代公务文书写作》,丁晓昌、冒志祥合著,1998年陕西师范大学出版社出版。全书前六章为基本理论,后七章为公务文书的具体介绍。该书首次涉及公务文书的写作过程和公务文书写作详与略等六大关系,是"中国当代实用文体写作大系"中的一部。

(6)《应用写作》,丁晓昌主编,2003年南京师范大学出版社出版。该书为南京师范大学、苏州大学、扬州大学合编教材,编写者有丁晓昌、廖大国、沈国芳、柳宏、冒志祥。作为江苏省专升本、军队转业等各类成人高等教育统考教材,它的特点是难易适中、贴近实际、比较实用,具有较强的针对性。书后每一章均配有指导练习。

(7)《秘书学与秘书工作》,丁晓昌、冒志祥主编,2002年苏州大学出版社出版。全书分为秘书本质论、秘书职能论、秘书实务论、秘书环境论、秘书工作技巧论和秘书素养论六大部分,每一部分再分若干章论述。该书是目前国内同类书中最早也是唯一涉及秘书环境论和秘书工作技巧论的专著。尽管已经出版十多年,但其框架新颖、内容富有特色,书中观点对当今秘书工作仍然具有指导意义。书中对秘书挡驾技巧、秘书补偿技巧、秘书报忧技巧、秘书领会意图技巧等的论述非常独到,而对秘书社会认知的论述也鲜有涉及,是江苏省高等教育自学考试指定用书。

(8)《秘书学概论》,丁晓昌、冒志祥主编,1997 年 5 月南京大学出版社出版。该书分绪论、秘书工作历史沿革、秘书工作机构、秘书素质、秘书工作通论、秘书工作方法、领导人活动安排、机关行政事务管理等共十三章。其写作队伍由高校研究者和省级机关秘书两部分人员组成,有些内容是具有机关特色而又有很强实践性的工作概述,如领导人秘书工作建议和提案的办理、机关行政事务管理等,都是同类书中较少涉及的。该书既具有理论性,又具有实践性,而且也具有实战性。

(9)《应用写作学》,丁晓昌、冒志祥合著,2002 年苏州大学出版社出版。本书出过许多版次,有单行本,有将《应用写作学》与《应用写作学习指导》合二为一的合订本,开本形式也较多样。该书为江苏省财经类、金融类、中文类、秘书学类等许多学科的公共基础课,印量很大。而且,该书命名为"学",在写作理论上进行了多种探讨。后来出版的诸如《秘书写作》(高等教育出版社 2014 年版,国家"十二五"规划教材)、《应用写作学》(南京师范大学出版社 2009 年版)、《新编应用写作学》(南京师范大学出版社 2013 年版)等均以该教材作为蓝本。该教材最大的贡献是对应用文体进行了诸多理论探索,改变了以往单一的"以体论文"的做法,取之以文体族群来论述文体,试图探讨文体之间的共性,找寻应用文体的写作规律。

(10)《电脑写作》,胡元德编著,2005 年东南大学出版社出版,30 万字。该书将写作基础理论和电脑文字处理功能相结合,根据写作学理论框架对文字处理软件的各功能模块进行系统排组,体现出"写作为目的,电脑为手段"的理念,对文字处理所遇到的各种操作均作了详细介绍,具有很强的实践性和实用性。该书为江苏省秘书学"专接本"自考指定教材。

第六节　编辑出版专业简介

一、专业概况

编辑出版专业的前身为汉语言文学(编辑出版方向),现为独立的编辑出版专业。该专业于 1997 年首次招生,经过十多年的不断努力,已经形成

了独特的办学特色,逐步建构起包括高校、出版社、杂志社、书店、图书市场等在内的学界与业界联动的一体化人才培养模式。

近年来,随着科技的迅速发展,电子出版物、网络出版等的出现,传统的纸介质出版发生了巨大的变化,承继了几千年的图书出版理念和出版方式面临着巨大的挑战。该专业紧扣这一出版趋势,在学科建设、教育教学上确立"大教育"的观念,实施语言学、文学、传播学、管理学、心理学、营销学、社会学等专业学科相结合的教学思路。在教学方式上注重多种教学方法并行的授课方式,采用"讲授—讨论—模拟—调查—实习"五合一互动的授课模式,极大地调动同学们的学习热情,对于提高教学质量、提高学生综合素质发挥了很好的作用。毕业生具有较强的实际应用能力,能够适应市场经济条件下我国出版产业的特殊要求。十多年来,为江苏省出版业培养了大量的应用型人才,毕业学生受到用人单位的普遍好评,其中有一部分人目前已成为江苏省出版业的中坚力量。在新的时期,编辑出版专业为国家和地方培养了更多的出版领域的应用型创新人才。

二、师资力量

目前,该专业已初步形成了一支整体素质优良的教师队伍。

(1)职称结构。该专业拥有一支高素质、高效率的教师队伍,截至2014年9月,该专业有专职教师5人,其中高层次人才众多,教师队伍整体水平高。专职教师中教授1人,占教师总数的20%;副教授2人,占教师总数的40%;讲师2人,占教师总数的40%。

(2)年龄结构。该专业重视青年教师的引进和培养,注重师资队伍的年龄结构,已形成一支老中青结合,以中青年教师为主、年龄结构合理、富有活力与朝气的师资队伍。35岁以下教师2人,占教师总数的40%;36—45岁教师1人,占教师总数的20%;46—55岁教师2人,占教师总数的40%。

(3)学位结构。该专业积极引进和选留优秀的高学历年轻教师,同时鼓励在职教师攻读学位,提高学历层次,使得该专业师资队伍的学历结构不断优化,高层次人才队伍不断扩大。截至2014年9月,专职教师中具有博士学位的教师3人,占教师总数的60%;具有硕士学位的教师5人,占教师总数的100%;其余2人均博士在读。

第二章 文学院特色课程

第一节 文学理论类课程

一、唐诗哲学精神

课程类别:校级精品视频公开课

主讲教师:骆冬青

课程介绍:

"床前明月光,疑是地上霜",那些几乎从我们会说话起就成为"心头语言"的唐诗,人们在熟知中却往往对其意蕴懵懂无知。唐诗水晶般精炼莹澈的语句,包孕着最复杂深邃的民族精神密码。该课程旨在讲述人们最为熟知的唐诗之中包含的哲性思想。课程精心选取代表性的诗歌,从精神现象学的角度,自纵、横两个方面,试图展示唐诗博大而深远的精神世界,让人们对这些熟悉的诗歌重新感到"陌生",从而更深刻地认识它们。

或曰:唐代无哲学。殊不知,诗也是思,甚至是更深刻的思。该课程的主旨即在于探讨唐诗中的思,从哲学角度探讨唐诗的审美境界。包括乡愁与春望、形而上的悲歌、醉与思等专题。对唐诗中涉及的各个专题,以作品为经纬,进行深入探讨。既包括艺术的探析,又包含哲学的深思。如,"形而上的悲歌",研讨唐诗中的"高度"所带来的"浩叹",从而对登高的哲学意蕴做出阐释。登高,是古人涵有形而上意味的诗性活动。"天高地迥,觉宇宙之无穷。"在警醒般的觉悟之中,猝然与宇宙的"无穷"晤对,心胸立时为之震颤!立足点的高度,顿时转化为精神的高度、境界的开张。天高、地迥,原来只有从日常的庸庸碌碌、奔竞追逐中超拔,才能够看到。位置的登高,让自己肉身的"形"变得微不足道;心灵,在超拔而上之中凸显。哲思,原本就是心灵的登高。高而又高,以至于无穷。当"只在此山中,云深不知处"时,更恍然具有宗教的神秘和高蹈了。无论如何,在高处发现的"高",是一种超越的眼光和眼界。在疏离了芸芸众生、万丈红尘后,眼前,天,如是之高;地,如是其广。惊觉到这个"如是",正如维特根斯坦所说,神秘的不是世界是"怎样"的,而是它是"这样"的。这样的世界,我们却往往熟视无睹,只有诗歌的冰水当头泼下,让我们的日常意识被垂直切断,陡然一惊之中,才会发现生命的真相和真谛。

又如，论"乡愁与春望"，对《静夜思》和杜甫的《绝句》"两个黄鹂鸣翠柳"进行比较，从中提炼出"远离"与"返乡"的双重精神运动轨迹。《静夜思》中，最初的月光是人在寒夜中被惊醒的寒意、凛冽，扩大到人的孤独、寂寞、冷清，以"冷"为基调。后来抬头看到天上的月亮，看着月亮让我们想家、想回家，月亮与家、与故乡联系在了一起，勾起了我们的思乡之情。这里有一种故乡情结、家园情结。"我要回家"在任何文化中都是非常神圣的语言，所有人在某个时刻都会有"我要回家"的念头，家的观念在每个人心中牢牢地缠结。当我们进入现代社会后，从农业文明进入工业文明，人从"植物人"变成了"动物人"，变成了移动的、流动的人。人可以自由流动了，就会改变"家"、"家乡"的观念。家在哪儿？哪里"好"，我们能在哪里立足，那里就是"家"。但这不代表"家"的观念就没有了，我们所有人还是"想回家"，哪怕我们住的地方离我们原初的故乡已很遥远，但我们在某个时候还是想要回去，寻根。从根本上说，我们是想要回到母亲的怀抱。甚至可以说，我们根本是想回到母亲的子宫里，子"宫"啊！因为在这座宫殿里，我们是王子，是太阳。所以，念起"举头望明月，低头思故乡"，我们的心里会突然涌上来一种柔软的、温暖的、亲切的感情。我们所有人都需要有个家。

这首诗前两句中的"月亮"，给我们的是凛冽的感觉，唤醒了我们的冷清寂寞、孤苦无依；而后两句中的"月亮"与故乡相连，给我们的却是温馨的感觉。与李白同时代的大诗人杜甫有这样一句诗："露从今夜白，月是故乡明。"杜甫从"露白"说到"月明"，说这里的月亮却不如故乡的美。李白是从"霜"寒说到月亮与"故乡"，"举头望明月，低头思故乡"，都是把月亮与故乡联系起来，从月亮之中，找到了故乡。这是否说明，月亮与中国文化深层次的感情基因相关，她代表了我们的家、我们的心？有首流行歌曲叫《月亮代表我的心》，你问我爱你有多深？"月亮代表我的心"。月亮为什么能代表我的心呢？因为月亮与中国人亲切的情感相关，在李白这首诗中月亮代表我们的故乡。但是，我们应当注意，这首小诗是否出现了一种分裂、一种悖论呢？前面的月亮给人一种寒冷感、异乡感，后面的月亮给人一种温馨感、家园感、故乡感，所以这首天真而天才的小诗包含了很复杂的情感，是很难分析清楚的。

老杜的《绝句》所展示的则是另一种情怀。杜甫作为一个伟大的诗人，他具有一种时间的意识和辽阔的胸襟，即我们的人生注定不会局限在一个地方,当春天到来时,它引发我们向广阔空间进取的一种精神,引发我们向往人间天堂那样一个美好的地方的心愿。在古今的变化中,人生尽管渺小,春天尽管短暂,但当我们把心放飞到很远很远的地方,当我们有了人生的目标和追求,有了某种人生愿望、某种梦乡、某种乌托邦的向往时,我们的人生还是值得的,春天还是美好的。杜甫有一首《春望》,我们以为,这首绝句写的是思想意义上的"春望",是哲学的也是诗的"春望"!

德国大哲学家谢林曾把人类精神比作两个部分的史诗,一个从中心出发而远离,一个是回归,正如古希腊的史诗《伊利亚特》和《奥德赛》。最具有远游精神的"诗仙"李白,在《静夜思》中写的是希望"回归"的"乡愁",而"诗圣"杜甫在这首《绝句》中表达的却是"春望"的心灵远游。悖反吗?从分析中我们可以看到,这种悖反、悖谬在诗歌的文本中就深刻地体现着,它展示了人类精神的复杂、微妙和深沉。

课程分为八讲。其中,"乡愁与春望",讲述《静夜思》和杜甫的绝句"两个黄鹂"。"形而上的警醒",讲述《登幽州台歌》和《登鹳雀楼》。"人在天中",讲述孟浩然的《宿建德江》与杜甫的《旅夜书怀》。"美的牵系",以王维的两问讲述王维的两个绝句。"爱与自由",以两首绝句讲述杜甫和李白诗歌的主要精神。"生命的酒",讲述王瀚的《凉州词》与李白的《将进酒》。"回不去的故乡",讲述贺知章的《回乡偶书》。"雪:孤独与温暖",讲述白乐天的小火炉与柳宗元的钓翁。并以"秦时明月汉时关"、"禅心与诗意"、"云山苍茫"、"梦雨灵风"、"天上的歌谣"、"江南江南"等节,作为讲座的候补篇目。

二、文学理论

课程类别: 校级研究性教学示范课程

主讲教师: 骆冬青

课程介绍:

文学理论课的目标是什么?

一件事情曾经给我很大的刺激。有一次,我遇到一位20世纪80年代的校友,他早已从事与文学无关的工作。他问我是教什么课的,我告之:文学理论。不料,他居然流利地背出了一段自己在学校学过的教材内容。背完,面露嘚瑟。可见,在学校时,这门课学得不错。可是,我听后,感到的却是深深的悲凉。因为,他记得的,还是以群主编的教材,观点已很"陈旧",与现在的教材已是睽违甚远。可是,他以为背下来的这些就是"文学理论"。

如果说大学就是忘掉所学的知识后剩下的东西,那么,这样的"记住",至少对于理论课来说,堪称悲剧。这种悲剧,当然与授课分不开。因为,把理论当作知识课程来灌输,往往是造成如此学习"成果"的重要因由。文学理论应当点燃用理论的方式思考文学的智慧火苗,进而养成理论思维的习惯。最理想的目标或许是:用文学的方式观照一切,用理论的方式探究一切。因而,文学理论课更重要的任务应当是让学生"忘记"知识,学会"理论"。

学习"理论"

"让我们理论理论吧!"

"谁跟你理论?!"

"你不讲理啊?"

"对!我就不讲理,你能怎么着?"

这里的"理论理论",乃动词也。正如先有动词的"歌",然后才有名词的"歌",理论,首先是一种行动,尽管这往往是一种"看不见"的行动。之所以强调这一点,就是因为,在我们的教育中,理论常常变成了知识,变成了种种体系,乃至教条。与"不讲理"的一方相遇在某种特殊情境中,我们才会真切甚至痛切地感觉到"讲理"的迫切性、重要性和其中蕴含着的人性的光辉!正如,当鱼儿被拎出水面才知道水是何等的重要,我们只有被置于"不讲理"的环境,才发现能够"理论理论"是多么可贵。

"不讲理"了,往往是一场打斗的序幕。"秀才遇见兵,有理讲不清。"讲不清,是因为"兵"的手中有"兵器",有暴力的支撑,有诉诸暴力的欲望和冲动。枪杆子里面出政权,在特定情况下,武器的批判当然会消灭批判的武器。当然,"兵"往往没有多少文化,也是无法跟他讲清道理的原因:讲道理是有要求的。这种要求,除了道德的,更重要的则是知识文化和逻辑理性。"蛮不讲理"、"不讲理"原是野蛮、愚昧、粗暴的表现。不过,它也会是一种情感的表达,诗歌"不讲理",情人之间也毋须"讲理"。这里,我们只关心暴力的"不讲理"。

在暴力面前,特别是体制化的暴力面前,讲理的弱者最好是免开尊口。可是,暴力却并非不需要用"道理"来武装。寓言故事中,狼要吃羊,还煞费苦心找借口。其实,故事里的狼,正是代表了暴力优势的一方,有了暴力优势,还要寻求道义优势;其行径乃"人性"对道理的需求的表现。赤裸裸的

"不讲理",是连"狼"都避讳的。相反,当暴力与理论结合,"替天行道",就更能够战无不胜、攻无不克了。

讲理,是"文"明的标志。赤裸裸的暴力则代表着野蛮。人之所以为人,就在于人不仅像动物一样"活着",还要为自己的"活"寻找理由和依据,探索意义。简言之,就是活着要有理论的支撑。理论之重要性由此可见。讲道理也是一种力量,不过,这是一种柔性的力量、思想的力量、智慧的力量。柔弱可以胜刚强。理论也可以成为一种暴力。用大道理也能压死人。戴震曰:"人死于法,犹有怜之;死于理,其谁怜之?""以理杀人",可要比以武器杀死的人多得多。

——我是基于上述认识,开始"文学理论"课的。看起来,好像扯得远了些。可是,首先强调了"理论理论"中"理论"是动词,其实就是"讲道理"。其次,让大家晓得理论具有的力量,以及理论在何种情形下无能为力。

当然,更重要的是说明"理论"需要的高度文化教养。讲理,是人类智慧的高级形态。柏拉图学园的门上写着"不通几何者不得入内",至少说明几何和哲学思维之间有着密切关系。西方哲学史证明了这种深刻的关系。几何学严密的推理、抽象的运演、想出意外的"辅助线",堪称逻辑思维的精妙展现。而在我们的大学文科教育中,逻辑学教育却面临着颇为严重的缺失。这是亟待补上的一课。至少,学习理论课程时需要具有这种意识。要增强这种意识和可供调动的资源,不妨从学生熟悉的知识——几何学入手。

几何的"证明"过程,展现了严密的逻辑推理和所具有的特别力量。细品"证明",颇堪玩味。由"证"而"明",经由"论证"的过程让我们逐渐"明白"起来,就像一道光芒照亮了我们迷蒙的心。我们"心明",我们"眼亮"。理论,是照亮、更是开启我们"心眼"的过程。"明白",英文就是"I see",就是我们"看见"了"真理"。这种"看见",是澄明世界和人生意义的至高享受。文学、哲学、科学在同一种光明中相遇。

文学理论教学最感困难的,是学生哲学知识的贫乏。在这门课上,我向学生推荐了西班牙哲学家费尔南多·萨瓦特尔的《哲学的邀请——人生的追问》,要求他们认真研读并写出读书笔记,作为课程之补充。这部西班牙中学教材写得颇有特色,既有哲学深度,又出之以优美的文笔,亦不乏一部哲学著作所应有的见解,可以当作一部哲学专著来读。学生初读,具有一定难度;但反复研读,把自己"感"进去"思"之,对文学理论中的诸多问题自有触类旁通之效。而且,由这些问题的"追问,再追问",学生渐次阅读哲学史上的名著,自可进入高远深微之境。学生作业中的佳妙者,已编为《追问,再追问》一书。以不懈"追问"作为理论的根本任务,当是切题的。

更重要的,当是教材的选择。文学理论教材,国内已有多种。但作为大学教师,更应当具有自己的眼光和观点。在网络资源已非常发达的今天,理想的大学当废除教材。尤其文科,每一个教授之所以具有价值,就在于他自有一种思想、一种学术、一门绝活。很难想象,照本宣科的教授能够培养出"自由之思想,独立之意志"的创新人才。对文学理论来说,这更加重要!但考虑到学生从中学积累的学习习惯需渐进打破,所以,在选择一本国内教材的同时,还重点选用了乔纳森·卡勒的《文学理论入门》作为主讲教材,韦勒克、沃伦合著的《文学理论》作为要求阅读的辅助教材。这样做的目的在于,打破学生"尽信书"的迷信,学会运用自己的脑袋瓜子。对教科书的"集体无意识"的崇拜和迷信,是理论思维的大敌。所有教材,都只能作为教学中的材料,"摸着过河"的"石头"。教师的作用,则是以自己的方式,凌驾教材,驾驭教材,组织理论结构,安排内容,融化诸书,使讲解过程变为共同思考的过程。如此,首先在课堂上,"理论"就成为"动词"。如此,才能够让理论课"不是灌满一瓶水,而是点燃一团火(法国电影学院校训)"。

意识到理论也能成为暴力,对教师自己也是一种警醒。教材如是,讲授如是,而经由作业、考试等,亦往往强化了理论的暴力。为此,需要的是解放。采取方法解放自己的思想,更重要的,是解放学生的思想。

我将文学理论课的"解放",总结为这样四句话:把惯性切断,把思想搞乱,把感觉激活,让观点流窜。

把惯性切断

惯性思维,是理论学习的大敌。正如在文学创作中,需要俄国形式主义所谓的"陌生化",以恢复对世界的新鲜感,从习以为常的生活状态中换一种心肠、换一种眼光,增加感觉的强度、难度和时间的长度;或者,审美所需要的一种切断日常意识,进入审美心态的"隔离"的智慧,从而让世界以感性的诗意光辉对着人微笑。理论思维,亦需要"隔离"的智慧,以"陌生化"恢复对事物的新奇感。理论是毫不留情的追根究底,需要的是从根本上着手。这个"根本",就是"事情本身",或者说,就是事情的本来面目。而要恢复对事情本来面目的看法,首先需要的是宛若初见的"惊奇"与"惊醒",把惯性切断,才可能有这样的"眼光"。

切断惯性,需要"归零"的智慧、"无知"的心态。乔布斯所谓的"stay foolish",恐怕也是强调"归零"与"无知"的重要。"初生牛犊不怕虎",无知才无畏,这是一种盲目而可爱的勇敢。对于思维而言,抛弃既有的"常识"、"成见",是一种大智,亦是大勇。道家强调"忘"的重要,亦是指对于"成见"的扫荡和涤除。在文学理论教学中,也许最重要的首先是教师对自己的"归零"和恢复"无知",而要"stay foolish",即长期地坚守愚钝,则更为困难——积累的"学识"往往无情地湮没了"无知",从而令自己进入一种不知不觉的惯性状态,甚至以此为"成熟"、"自如"的标志,而私心自喜。

相反,要"归零",则需要抛弃"已知",从"未知"开始,进行探求。对教师,这无疑是一种严峻的挑战。而理论,就是这种西西弗斯式的挑战:我们总得重新思索已经被思考过无数次的事情,而且是许多天才思考过的。所以"stay foolish"正是为了以一种盲目的勇气、傻瓜般的天真,去重新上路。当然,从教学来说,老师和学生同样处于"无知"状态,也预设了一种良好的共同探求的情境。从对概念、范畴的思索,而不是钻研现成定义,理论的"上手",也能处于一种积极的"动词"的状态中。

例如,在讲"抒情"时,我首先想到了"表情"。那么,就试着从"表情"思向"抒情"。最终会得出怎样的结果,自己也不晓得,只是让思想按照自己的规律行进。下次,或许又有了新的"火花",那么,就"从头再来"。关键是恢复思想的活力和锐气,恢复那种"无知"感,从而具有"理论理论"的勇气。对许多学生而言,理论,正如叔本华所言,不过是让自己的头脑成了别人思想的跑马场;而且,往往是未必高明的思想。即使是"跑马",我们也得让自己的思想之"马"在别人的"马"激发下"跟着跑",最终"独自跑"。

把惯性切断,需要"悬搁"判断、扼制判断。因为判断几乎是人的本能性反应,遇到任何事物,我们都会凭着惯性本能地作判断。这种匆忙、习惯性的判断,往往得自以往的经验、素养和整个心灵结构,缺少容纳异质因素、改变"看法"的可能,是以"不变"应"万变"。当我们"悬搁"判断时,也就具有了现象学意义上的"还原",有可能对"成见"、"前理解"作出质疑和"反思"。这在文学理论教学中是颇为重要的。因为文学教育是每个人从小就开始的,积淀的"前理解"较之其他课程更加多,也更加顽固。怎样把学生的"成见"和"前理解"悬搁起来,在一种直面对象的心态下展开理论思维,是需要理论的"当头棒喝"和"截断众流"的。

这就强调了质疑"常识"的重要性。据说,欧债危机时,美国和欧洲的贸易代表互相争执。欧洲代表以为美国人缺少文化教养,而美国人则讥讽对方为"老欧洲"。欧洲人说美国人不讲常识,美国人则反唇相讥:常识?什么是常识?按常识,地球是平的!确实,正如乔纳森·卡勒的《文学理论入门》中的归纳,理论常常是反常识的。那么,我们就需要用理论的力量首先切断导致常识思维的惯性势力,进入真正的理论思维。

如此,我们就可以"返璞归真",把以往的一切"放下","从头再来"。

把思想搞乱

从头再来,意味着以往的一切都要被放置到理性的天平上进行审视,任何观念都没有豁免权。那么,我们原有的看法不可避免地要受到冲击和考验,要在不同观念的交叉错叠中得以丰富与提炼。一方面,这是因为把惯性切断之后,事物的丰富复杂直接呈现,我们重新面对现象;另一方面,则是我们的思维本身也需要破除简单性、抽象性思维,而具有复杂、具体的思想方式。

一个大贪官,因为挪用大量公帑给情妇而被捕。律师提醒他,如果要与情妇结婚,那么,这笔钱就属于两人共有,就是贪污;贪污巨款,极刑无疑。若只是一般通奸,则是挪用,因为自己并不占有,可免一死。可是,这个贪官说:"我本一个放牛娃,组织培养我,让我有了如今的高位,可谓恩重如山;但我和她真心相爱,可说是情深似海。我是要和她结婚的,钱是为将来生活打算的。我宁愿死,也不承认我们只是通奸。"他最终被枪毙了。这可作为文学理论的思维之例,从法律、道德的角度,这个贪官罪有应得。可是,我们隐隐感到他还有某种"崇高",那就是作为情人的深挚情意,这是令人动心的。简单的思维方式,在这里失效了。或曰:形象大于思想,正是思想在形象面前常常苍白的另一种表述。文学的形象世界,表现的是一种复杂的精神。文学,以一种特别的力量,促使我们回到事情本身,直面现象,警醒着我们,思想要"复杂"。

黑格尔曾写过一篇小文——《谁在抽象思维》。他认为,在现实生活中,进行抽象思维的往往不是有教养的人,毋宁是些无教养的人。抽象地思维,就是幼稚地思维。"且说一个凶手被押往刑场。在常人看来,他不过是个凶手。太太们也许会说,他还是个强壮的、俏皮的、逗趣的男子呢。那个人却认为这种说法骇人听闻：什么？凶手俏皮？怎么能想入非非，说凶手俏皮呢？你们大概比凶手也好不了多少吧。这是上流社会道德败坏的表现！深通世道人心的牧师也许会这样补充一句。在凶手身上，除了他是凶手这个抽象概念之外，再也看不到任何别的东西，并且拿这个简单的品质抹杀了他身上所有其他的人的本质……，这就叫做抽象思维。"黑格尔对"抽象思维"的看法，与我们所说的"把思想搞乱"确有联系。

按黑格尔的看法，抽象地思维就是幼稚地思维，所以，把思想搞乱，首先就要求我们要改变学生简单的思维方式。尤其是理论，往往被认为就是"抽象思维"，以艰深文浅陋成为理论的某种常态，从而在理论学习中，往往是幼稚的思维被貌似学术的概念术语所掩盖，更易令学生堕入幼稚思维与复杂概念的双重陷阱。其实，一些看似高深的理论表述，若剥去其艰涩的伪装，则剩下的不过是再简单不过，甚至有些弱智的想法。在文艺理论教学中，我也会教学生透过那些虚浮的"大辞"，发现其骨骼与血脉的"简单"与"庸常"。

而这种幼稚思维，正是因为单一线条、单一角度所造成的。把思想搞"乱"，首先在于意识到对象的混沌和多面，要求着思维的多元取向。即以"文学"的概念为例，乔纳森·卡勒的书以"杂草"喻之，并列出了他所理解的几种文学"本质"。那么，用"杂草"来比喻文学合适吗？我们是否可以分析"杂草"？引导学生思考，竟可得到意外的收获，他们较之卡勒，想得更加深远。本是一种饶有解构主义色彩的比喻，被解出了别样的滋味。课堂上的众声"喧哗"，乱是乱了点，却乱出了思想的活力。

"活"的都是"乱"的。完全排除了"乱"，则或是机器，或是无生命的无机体。理论要动起来，必须得活起来。思想的活力在于具有多种可能、多种取向。把思想搞乱，实是唤醒思想的活力，让学生的思想中各种因素被积极地调动起来。为调动思想的活力，应当让关于相同问题的想法"杂草丛生"。这就要求授课中既保持理论推演的逻辑严密，又呈现出开放的理论视野。课外的阅读若能跟上，那就更为理想了。我推荐学生阅读按专题编辑的《文学批评理论——从柏拉图到现在》，在相当程度上可打破学生对教材的迷信，挑动对单一结论的怀疑，从而让思想变"乱"，变"复杂"。

中国文化中对思想统一的追求，导致尚"同"的路线成为主流。其实，只有不同思想相碰撞、相冲击，进而相融合、相分化，思想才能具有不息的活力，精神才具有不灭的创造力。把思想搞乱，其实是思想解放的前提，是激发创造精神的必备条件。理论如欲成为一种创造性活动,则此乃必由之路。

把感觉激活

理论思维往往被认为是单纯的抽象思维,感性和想象力的作用则被蔑视,以致许多研究文学理论者文学感觉迟钝,文学鉴赏力低下,本应充满魅力的"文学"理论,却在课堂上、论著中单调乏味,令人望而生厌。美学亦复如此。可是,文学与美学本是研究反思性的"判断力",鉴赏力至关重要。只有具有诗性的感受,才具有文学研究的资格,何况是文学研究中最高层次的理论研究。所以,借助文学作品与文学现象、文化事象来激活学生的感觉,不是一种权宜的教学策略,而是文学理论教学重要的不可或缺的环节。因为,只有深深地进入感觉,灵性的感觉,才能真正进入文学的理论思维!

如果说,一般的文学鉴赏和研究是灵魂在杰作中的探险,那么,理论研究则是灵魂从杰作中起飞、翱翔。恰如《庄子·逍遥游》中的鲲化为鹏,从深深海里行,变到高高云中飞。云,是另一个海。所以,无法彻底脱离文学作品、文学现象,思考文学的理论问题。运用文学作品的"激活",是将沉睡的文学"感"唤醒,而真正的理论恰可刷新、激发感受力,反过来,这又可以推进理论思维。

其实,真正进入理论思维,也许最重要的是切身感——全身心地"感"入到对象世界之中,体会到思想的行进、节奏、张力,乃至微妙的灵机和神韵。因为,虽然理性思维具有抽象性,但是,思维过程却充满"人"的特征;用身体思想,亦题中应有之义。对于文学理论而言,因其对象是充满感性的丰富、具体和复杂的现象,所以,更需要"投入"身心感觉的思维,并由此而更切近地进入理论的思维世界。要求学生"感觉"理论,就是要他们通过感性的激发,真正"体会"理论思维由"鲲"化"鹏"的奇妙飞跃和升华。

"感——悟",是理论思维起飞的契机。审美本就具有由感而悟的特质,自刹那中悟得永恒,自一粒沙中悟得大千世界,看似神秘,甚至,康德认为,艺术中才具有天才,也是基于这种反思性的判断力而来。中国话中,我们常说的"味道",其实便具有甚深微妙之义:从"味"中品尝出了"道"!无非是指感觉与理论的直接贯通,是一种神奇的理性直觉,是马克思所说的"感觉自己成为了理论家"。让文学理论课程中充盈着感性的激发,而且是"诗"的精粹激发,就能够充分刺激学生的"性灵",让他们的"灵感"从蛰伏而猝然惊醒。感觉,由"感"而"觉",需要文艺的美来"惊醒"。而"灵感",无非是一种

"通灵"之"感",它应当从杰作经由老师、同学到整个课堂,都氤氲流动,从而如柏拉图所说,形成无形的链条,完成神秘的传导。这样的一种"传导"状态,当是教学乃至一切文化传通的理想境界。

文艺需要灵感,否则就失去了灵性和灵韵;理论同样需要灵感,否则,就成为僵死的逻辑游戏。要获得文学理论的创造力,尤需从复杂而灵动的感性现象中获得理论的灵机与灵思。由"感"而"灵",思想可以多种路向、多种飞升;理论的飞升路向则尤其"难于上青天"。因此,在讲解理论课程时,若能知其然、知其所以然,深中款曲,则可进入理论思维创生过程,更能令学生加深理解。对于无法还原其过程的诸多理论,我们则不妨"虚验"之,即以文学现象为"由头",探索、印证,甚至阐发、发挥,让理论的意蕴随着感性的力量进入一种体会、感悟,进而加深理解。更重要的,则在于重建思想的情境,让自己与学生一起,亲切地感受思想的历程。

在教学中,最珍贵的往往也是那种偶然的奇遇般的体验,那种看似"溜边"、"走题"的时刻。一方面,是突如其来的忽发奇想,信手拈来的例子却脱离了原来的轨道,顺着"想"下去,往往有意想不到的收获,激活了感觉也激活了思维。另一方面,理论的阐发中,"言路"的运行却意外"脱轨",使得"思路"进入了"无人区"。凡此,都是每句话都写好讲义的课堂所无法想象的。我很厌恶写好讲义的课堂,而宁愿逼迫自己当堂发挥,使自己成为一个和学生一样"无知"的探索者——当然,教师应当是"有学识的无知"。那种苏格拉底式的"盲目"探索,那种朱子、王阳明式的"传习",不正是当今大学最缺少的吗?在信息化时代,知识传承已多渠道,大学教育尤其是文科,恐怕不应再是车间式、工业化的班级授课,而应当重新瞻望先哲们的风范,重回那种自由讨论的"师徒"模式。

话扯远了。课堂上的感觉激活,其根本意义在于一种自由的思想空间的开启。对学生如此,对老师何尝不然!激活感觉,随之而来的,就是激活思想。"活",从而导致积极的思维投入,导致心灵的高飞远引,从而产生一些"走神"、"出轨"。这些,正是从固有理论框架中解放的极佳契机。如何对待这些契机,实是如何对待"偶然"、"突发"与"不受控制"因素的问题。这些"调皮"的因素,本是感觉激"活",却极易被既有理论、既定理想所扼"死",并且,往往把这种"扼杀"当作理论教学成功的标志。这就是理论课的悲哀了。相反,"意外"的发挥,则往往能够获得既有观念外的思想。

例如,从文学创作的规律讲到"无病呻吟",我忽发奇想,抛出怪论:有病呻吟,该去医院;无病呻吟,才是文艺创作。"花落水流红,闲愁万种","风乍起,吹皱一池春水"("干卿甚事"),"便无风雪也摧残","无故寻愁觅恨"……无病之病,无病之呻吟,才真正探到人性之底里。那么,学生提问:心病也是病呐。答曰:心中无病才是病。人生而大患存焉,对"生"本身的忧患,较之具体生活中的病痛、灾难遭际,应当是几及存在的深度,所以,无"病",即不针对任何具体病、灾的"呻吟",才是更为艺术创作所珍视的。是否有些诡辩呢?也许吧!但却开辟了思想的另一种可能性。

理论的创造力亦有赖于理论的想象力。所谓理论的想象力,往往取决于悬拟新情境、想象新图景的能力。所有理论,都有一个基本的隐喻,或曰"隐喻基点"。在教学中,对理论隐喻基点的强调,是引导学生打开理论之门的钥匙。可是,更重要的是,观察理论家如何寻求到那个开启创造性思维的"点",并且,能够自己试着寻求自己的"点"。例如,经济学中的"囚徒困境",物理学中爱因斯坦的"思想实验",文学理论中的"镜与灯",哲学中如德里达的危险的"替补"……这种能力,正是感性力量的延伸与深化,是理论思维中激活感觉的进一步成果,它已触及理论之中创造的关键。它将知、情、意融洽为一,并以感觉的感性与悟性为动力,催生出智慧,激荡着思想,孕育着新的理论根苗。

让观点流窜

学生正值青春,需要有"狂飙突进"的精神,需要有天马行空般不羁的野性和想象力,至少,也当"有一点叛逆还有一点疯狂,有一点个性还有一点嚣张"。可是,往往在体制化的教育与规训中,过早丧失了朝气和锐气,变得老成持重,令人心酸地"乖巧"与"听话"。教化成了扼杀创造精神的凶手,理论成了禁锢思想的牢笼。

在文学理论教学中,我主张要"回头看,连连看,试试看"。即在经过一系列的理论推演之后,蓦然回首,脉络往往清晰可见。对理论著作亦复如此。严肃的理论著作往往严密,由概念,经推理,到论断。概念是凝缩的论断,推理是概念的展开。"回头看",往往能"回头是岸",对全书的逻辑结构了然于心。对于看似缺少逻辑演进的著作,则需要"连连看"。我曾在一门课结束时,让学生练习"连连看"。通过观点间的连络,学生学会了在思想间建立关系。"试试看",则鼓励学生大胆地迈出一步,作思想探索。

首先,是在各种观点、各种意象之间的"连连看",或曰"思想流窜"。法国哲学家德勒兹崇尚"游牧思想",以为可以反抗总体性、同一性、中心、本质等。游牧思想与传统思想的最大区别,正在于一种流窜、漂泊的精神。在看似不相干的意象之间建立联系,是诗意思维的特征。如在猛虎与玫瑰之间,在毒蛇与爱情之间,在飘泊的星星和儿童的乳牙之间。而在不同领域的概念之间、不同学科的理论之间建立起观念的联系,则无疑是创造性思维的跳跃和飞翔。在文学理论之中,不同概念连结一处思考,实是扩展问题域,让思想进入新颖的挑战和刺激之中,感发学生的思考力,从而对教师也形成了检验和挑战。例如,曾考试学生:论孤独与灵感。有"标准答案"吗?如何判分?我以为,学生的思想野马是否狂纵,决定了其思维的灵性和才气,从而也决定着其论述的深度。而其达到的结论并非绝对重要,细密的论述亦可待以后再深入。应当把他们穿梭于观点和概念之间的能力作为一种重要的训练目标。

文学理论本身就集纳着多种学科的"话语",哲学、心理学、文化学、人类学、社会学、政治学、经济学,等等,等等。转换"观点"和"视角",尤为重要。让一个案例经受不同学科的打量,"反对方法"、"怎么都行",让观点流窜于不同学科之"间",学科的"间"性,往往也是"窜"出新思想的"间隙",是创造性的空间和余地。所以,在文学理论教学中,开阔乃至开放的学科视野尤为重要。"只知其一,一无所知",比较宗教学的这句名言,对于文学理论来说,具有更急迫和切实的真理性。在当下,学生对不同学科的知识尚较贫乏。但正因如此,就更需打开学生的视野,让他们知道文学世界包括宇宙、弥纶群言的跨学科特性,让他们在一种放旷的视线中锻炼"迁移"与"跨界"的思维能力。这是一个系统工程,但我们总得从力所能及处做起来。至少,让学生晓得文学理论中诸种学科的隐喻是如何渗透到话语之中,并悄然起着支配作用的。有了这样的意识,就有了观点流窜的胆识,从而为以后的理论思维打开四通八达的道路。

其实,正如乔纳森·卡勒的教材所云,文学理论日益成为"理论"。文学理论的边界,在思想观念的流窜中早已变得无边开放。卡勒定义文化研究,就是以"理论"的范式作理论指导的实践活动。文化研究,或可视为"无边的文学批评"。反之,经过文化批评的洗礼,文学研究亦更为开放而多元。在文学理论课上,我要求学生阅读罗兰·巴特才华横溢的文化研究著作,引导他们自己也尝试以多种对象为题,进行"准理论"、"类理论"的写作训练。如阅读一个演员的脸,分析一种食物(台湾作家焦桐的《暴食江湖》可作参照),研究某个建筑,等等。比如,谁说建筑就只能从建筑学的角度去分析?!让思想突破牢笼,冲出习惯的对象与学科的限制,自由地发挥。这种文化研究方法的导入,不是要建立一个新的学科之框,而是要打破学科间的框,在学科的跨越中相互激发,创生出新的观点。

最重要的,当然是思想的纵向"窜"升。思想的跨越和流动,最终还需层级的上升,即思维层次的提高与提炼、提纯。理论的力量,最终是以金刚石般的坚硬与简洁而呈现。对于理论思维的层层深入和不断提高,一方面,逻辑的力量不可或缺;另一方面,理论的灵感与想象力更是根本的动力。这种观点的纵向"流窜",既需要"更上一层楼"的登高望远,更需要"念天地之悠悠"的目极今古。所以,观点的恢弘与高明,与激荡的时空感相关,更和前述综合能力密不可分。

我从事文学理论与美学教学已十余年,在教学上向来不安分,总是折腾,总是不愿重复,不甘做"复读机"。所以,不断地否定别人、否定教科书,也不停地否定自己、否定自己的成见。可是,才力有限,学养不足,虽奋斗不息,却所得甚微。与其说是"教",不如说是为自己的"学"。教师职业的残酷就体现在一切都须化作自己的话来"说",不似著述可以"逃"而避之。学生避不开,他们是挑战,亦是提高自己的动力源泉。对上课,略有心得;献芹献曝,虽是可嗤,但或有一得之愚,故未敢藏拙,谨斗胆就教于大方之家。

第二节 文学史类课程

一、中国古代文学名作精读

课程类别:省级精品视频公开课

主讲教师:陈书录,等

课程介绍:

课程内容包括从先秦至清末各个时代具有代表性的优秀文学作品,跨越了先秦、秦汉、魏晋南北朝、隋唐五代、宋金、元明清等时期,包括诗歌、辞赋、散文、骈文、词、散曲、杂剧、小说等多种体裁。这些作品是中华民族丰富文化遗产的重要组成部分。

中国古代文学，是文学专业的必修课程之一；名作精读，则有助于同学们从细处把握住中华民族流传下来的文学瑰宝。

精读，关键在于"精"。从先秦到清末，历经先秦两汉、魏晋南北朝、隋唐五代、宋金、元明清，在诗歌、辞赋、散文、骈文、词、散曲、杂剧、小说等多种体裁领域，出现了像孔孟老庄、三曹七子、李杜苏辛、关马郑白等具有赫赫地位的作家，卷帙浩繁。首要的，就是选出哪些作品来阐释，也就是如何"精"的问题。

一是要有个好本子。不是同学们自备的笔记本，而是由教师在多年执教经验中总结而遴选的教材。我们选用的，是郁贤皓教授为主编，钟振振、张采民两位教授为副主编的《中国古代文学作品选》。除了耳熟能详的名篇佳作外，特别注意选入通常被忽视却在文学史上代表某种流派和风格的、对某种文体的发展有重要影响的佳作。入选的作品，原文自然是选用较好的版本；除此而外，作品前面还有充分利用新出土的文献材料及最新的学术研究成果而写就的"作者介绍"和"解题"；作品后的"注释"在重视简洁准确的基础上，亦发挥创新见解；"选评"和"备考"旨在帮助同学们全方位了解该作品。简言之，这是一个重思考的文学名作选。

二是精选的师资力量。俗话说"好马配好鞍"，教材再好都是死的，还得有好老师把它点活。与别的精品课程不同的是，"中国古代文学名作精读"是持续三个学期的课程，并在多个专业同步开设，故而，任课教师人数也不是一般的多。文学院古代文学方面的资深名教授如陈书录、钟振振、徐克谦、高峰、党银平、张采民、鲁同群、潘百齐、程杰、王青、陆林、孙书磊；后起之秀如曹辛华、马珏玶、郦波、葛恒刚、彭茵、张石川、邓晓东、黄卓颖、黄浩然总计21位专家学者齐齐为该课程主讲或辅导。

"体大思精"。课程内容会串联起一些文学史常识知识，如：以"玉茗堂四梦"（《紫钗记》、《牡丹亭》、《邯郸记》、《南柯记》）蜚声人间的汤显祖，一生诗文创作亦是颇为丰富，不仅有《梅花百韵》诗，还著有诗文集《红泉逸草》、《雍藻》（今佚）、《问棘邮草》、《玉茗堂文集》、《玉茗堂集》多种。其中，《问棘邮草》受徐渭赞扬："兰笤翡翠逐时鸣，谁解钧天响洞庭？鼓瑟定应遭客骂，执鞭今始慰平生。即收《吕览》千金市，直换咸阳许座城。无限龙门蚕室泪，难携书札报任卿。"此外，课上还会谈及一些研究方向，比如明清雅俗文学。

雅俗文体有交叉影响,比如传奇的辞赋化与杂剧的诗化;雅俗文学艺术风格交叉影响,如诗文的节奏感、韵律美对长篇小说风格的影响;同时从事雅俗文学两个方向的文人,如康海(既创作杂剧《中山狼》,又振兴古文)、金圣叹(既评点《西厢记》、《水浒传》等,又有《唐才子书》、《杜诗解》、《唱经堂诗文全集》)、吴敬梓(既创作《儒林外史》,又有诗文集《文木山房文集》及文学批评著作《文木山房诗说》)等。这些亦俗亦雅的现象说明了什么?明清雅俗文学的交融甚是壮观。就像现在人的审美,在一定程度上来说也是在审丑——把丑的美化,或者从丑里头看到美的突出表现,或者挑剔那些现在"漂亮"的整容明星,人在消费美的同时也脱不了丑陋的一面。古代亦是这样。雅与俗,它们不是二元对立的,阳春白雪,下里巴人,雅俗共赏。《红楼梦》,你说它是俗是雅?古代文学精读这门课啊,就像个大观园,里面有日常生活的感慨,有轻松休闲的读物,有弄风舞月的诗赋。百花齐放,用灿烂消弭压抑。

这门课,旨在以轻松的氛围带领同学们领略古代诗文的美,从作品入手加深对文学史的系统化感知,点面结合,在增加文学修养的基础上,争取有进一步的理性思索。

二、中国现代文学史

课程类别:校级研究性教学示范课程

主讲教师:杨洪承

课程介绍:

"中国现当代文学史"课程作为南京师范大学研究性教学课程,自2007年立项建设以来,在教学内容、教学方法或手段、教学条件等方面均有了全面提高。该课程建设内容的进展或成效,主要的创新点和实践效果,呈现出这样几个方面的特色:

第一,把"中国现当代文学"研究性课程作为一个完整的系统来建设,建立了课程群教学体系。

从"中国现当代文学"各门课程之间的相互关系入手,将中国现当代文学课程群分为"作品选读"、"文学史"和"系列研究性选修课程"三个层次。研究了不同层次课程之间具有的整体性与逻辑性关系,以及各自在教学目的和教学要求等方面存在着的差异性,探索了课程群分层次教学的规律,从而为不同层次课程的教学做出了准确的定位,使以往因各门课之间分工不明所造成的许多内容重复而影响教学效果的状况得到了改变,提高了每一门课程的教学质量和教学效果。

在建设期内,系统的课程建设获得了如下具体成效:2009年顺利完成了"本科生的能力建设与中国现当代文学课程教学体系的改革与创新"学校教改项目的结项;从2007—2009年连续三年该课程教师三人获得学校指导优秀本科毕业论文奖;有一人以"素质教育的创新与中国现当代文学教学的实践"教改项目入选学校名师培养工程。最重要的收获还有研究性课程体系有力地支撑了我们首批获得"中国现当代文学史"教育部国家级精品课程的建设,与2009年分别获得"中国现当代文学研究生创新性人才培养体系的建构与实践"江苏省高等学校教学成果特等奖、国家教学成果二等奖。

第二,建立了"中国现当代文学"课程研究性体系,编写出了高质量的系列教材,以教材的系统建设带动了课程教学内容的全面改革。

在建设期内,由教材建设突出对研究性课程教学目标的准确定位,我们对教学内容进行重新筛选、确立、更新、完善。我们把教材建设同样视为一个系统工程,建立了三个层次研究性课程的教材体系。

一是课程的基础性教材在内容和形式上调整充实。2008年开始启用北京大学出版的教育部"面向21世纪课程教材"《中国现代文学史》,新版教材不仅在原1917—1997时段上增加十年文学史内容,而且在大部分章节上充实了最新的研究成果。朱晓进教授是该教材的主编之一。

二是重新修订出版了《二十世纪中国文学作品选》,立足新的编选原则,即知识传授、方法训练和能力培养,强调选目的作品有较高的艺术经典性。高永年教授主编的《中国现当代文学作品精选》四卷本2010年由凤凰出版集团出版,并且立即投入本科生使用,学生反映较好。

三是"研究性系列"选修课程的教材,通过"中国现当代文学思潮流派"、"中国现当代作家"、"中国现当代诗歌"等专题研究教材的前沿性和学术性追求,旨在对"中国现当代文学史"课程不同方面的合理延伸和深化,提升学生的专业研究意识。在建设期,我和朱晓进教授重点完成了《鲁迅研究》(中华书局)本科选修教材的重新修订,将此教材纳入汉语言文学专题研究系列。此书2011年已由中华书局出版。还有"中国现当代文学思潮流派研究"课程教材《文学社群文化形态论》(安徽文艺出版社)、"中国现当代作家专题研究"课程教材《20世纪作家文化心态考察》(中央编译出版社)、"中国现当代小说专题研究"课程教材《当代知识分子写作与现代性问题》(中央编译出版社)、"中国现当代诗歌专题研究"课程教材《中国叙事诗研究》(江苏教育出版社)、"中国现当代散文研究"课程教材《中国当代散文艺术演变史》(浙江大学出版社)、"中国现当代文学现象研究"课程教材《中国现代文学现象研究》(百花文艺出版社)等。这些教材突出其研究性,侧重于对学生在方法论上的启示和研究能力的培养,是对"中国现当代文学史"课程不同方面的合理延伸和深化,是对学生中国现当代文学专业能力培养和训练等方面的检验与提升。

第三,建立了教、学互动体系,通过多种途径,培养学生的自主研究性创新能力和实践训练能力。

为了切实提高课堂授课内容的质量,我们注意探讨课堂讲授内容与教学大纲和教材三者之间的关系。一方面,我们要求课堂讲授内容必须"遵本循纲",即不折不扣地完成教学大纲所规定的教学目标和教学任务,按照教学大纲的基本要求,去把握教材的基本内容,使教师教有所本,让学生学有所本;另一方面,我们又特别强调课堂讲授内容的自主性,即反对课堂讲授内容对教学大纲和教材内容作简单重复,反对"照本宣科",以充分调动教师教课的主观能动性和学生学习的积极性。我们要求,课堂讲授不重复教材中的一般性常识,这部分内容布置学生自学,课堂讲授中心在于抓重点、难点、疑点。课堂上,教师紧扣重点展开讲授,围绕难点详尽阐释,面对学术界有争议的问题和教学疑点,引导学生进行讨论,在与学生共同探讨的过程中教学相长。这样既避免了课堂讲授对教材内容的简单重复,让学生失去听课的兴趣,同时又解决了教材内容多而授课时数少的矛盾,而且还为教师的课堂发挥留有了空间,为激活学生的学习兴趣和学习积极性创造了条件。

在建设期内,我们注意强化了课堂教学中的指导机制,结合不同层次的课程教学,将研究性思考题的布置、学生间的专题对话讨论等作为专业常规教学方式,在教学方法上多启发、多交流,师生对话,每学期不少于两次专题讨论课。该课程教学研发,一是开列最低阅读书目,指导学生写作"读书笔记",注意检查督促和讲评,为文学史教学打下了基础;二是文学教学和文学科研写作训练结合,重在强调对学生从文学赏析到文学评论再到文学研究的科研能力的逐步培养。开设多场次的"中国现当代文学科研论文的阅读与写作"系列讲座。

注重开辟第二课堂,支持学生开展与专业课程研究性学习有关的实践训练;鼓励学生开展学术研究,比如指导多名学生积极申报"大学生创新能力实践训练计划"项目,培养学生的研究兴趣,提高学生的研究能力。何平指导的2007级学生的"南京高校文学教育现状及对策研究"2009年项目,杨洪承指导的2008级学生的"迟子建笔下的乡村女性世界专题研究"2010年项目、"文本选择倾向与中国现代文学作品选读版本的探究"2011年项目,注重依据不同层次课程的性质,强化课堂教学中的指导机制,注重开辟第二课堂,逐步培养起了学生的研究兴趣,并在提高学生研究能力方面取得了明显效果。成果实施以来,经过我们推荐发表的中国现当代文学方面的本科生论文多篇,其中也有论文发表于全国中文核心期刊。我校培养了一批在中国现当代文学研究方面颇具潜力的科研人才,为本校和其他许多重点高校的中国现当代文学专业输送了一批高起点的研究生生源。如2008级学生花明凤在"大学生创新能力实践训练计划"实施中得到了锻炼,专业发展提高很大,2014年获得推免保研被武汉大学出版专业录取。

第四,建立了教、研互补互促体系,以科研带动教学,追踪学术前沿,保持较高学术水平,推进研究性课程的可持续性提高。

我们为了克服过去课堂教学中"注重耳学,遗弃眼学"的不足,在教学方法的改进上也做了一些探索。首先,我们狠抓了学生对原著的阅读。我们为学生开列了最低阅读书目和鼓励阅读书目,围绕阅读书目,组织学生进行学术研讨,同时在作业布置和课程考试中给考查学生对原著的阅读情况留有一定比重,使学生真正在阅读原著方面肯下工夫并取得实效。同时,我们要求教师的课堂讲授,不能仅仅满足于教材内容的传授,更要融指导的机制于课堂教学之中。即既要讲"是什么",又要讲"为什么";既要讲过程、讲结论,又要讲获得结论的途径和方法;要使课堂上的每一讲都具有举一反三的意义,让学生在听课中不仅获得专业知识,而且获得方法论的启示;不仅要让学生知其言,还要让学生知其所以言,目的在于让学生真正学会"言"。此外,我们还以不同方式活跃学生思维,注意培养学生的独立思考能力。例如,在课程每一讲结束后,给学生布置一些研究性的思考题,鼓励学生就这些思考题与老师及同学展开辩论性对话,并将自己的思考写成文章。再如,要求学生围绕该门课程做研究性作业,任课老师认真批改,对有较好基础的作业,再指导学生进一步完善、深化与提高,最终形成小论文。又如,在期中和期末考试的试题中加大研究性题目的比重,在判分时对创新性思考、创见性见解予以倾斜等。通过上述措施,鼓励学生思考问题,培养学生的研究兴趣,激活学生的创新潜力。

我们还加强了课外的指导和辅导,努力将该课程的课堂很好地延伸到课堂之外。该课程任课教师与所上课程的班级都建立了良好的辅导关系,定期在课余时间进行答疑和交流,对学生们的习作进行评点等。同时,我们大力支持学生开展与专业课程学习有关的业余实践活动,如帮助同学组织和开展文学社团的活动、帮助同学自办好内部文学刊物、支持学生业余剧社对现代话剧的排练和演出活动、举办"诗歌朗诵比赛"和"中国现当代文学知识大赛"等,既提高了学生的学习兴趣,又加强了学习效果。通过这些实践活动,一方面有效地激发了学生对中国现当代文学专业的兴趣,调动了学生学习中国现当代文学专业的积极性;另一方面,也使学生的专业实践能力得到了很好的锻炼。

为了培养学生的研究能力,我们在讲授中国现当代文学专业课的同时,也为学生开设了"中国现当代文学科研论文的阅读与写作"的常规性讲座,从中国现当代文学研究论文的选题、文献检索、资料收集以及研究方法、论文写作等方面培养学生对中国现当代文学进行研究和写作相关论文的能力。近几年来,经过我们推荐发表的中国现当代文学方面的本科生论文、文学作品多篇,其中不乏有论文发表于全国中文核心期刊。由此我们也发现和培养了一批在中国现当代文学研究方面颇具潜力的科研人才,为本校和其他许多重点高校的中国现当代文学专业输送了一批高起点的研究生生源。

我们注重教学规律的研究,该专业的任课教师结合自己的教学实际发表大量教学论文,2005—2007 年主持学校"本科生能力建设与中国现当代文学教学课程体系的改革与创新"教改项目,并且《中国现当代文学史教学——如何适应大学教育改革的思考》中的"中国现当代文学教学问题研究系列论文"获得学校 2007 年研究性教学推进年的优秀项目。近年来青年教师赵普光、李玮重视教学论文的发表,如:《大学课堂:走近鲁迅何以可能》(《玉林师范学院学报》2011 年第 1 期)等多篇。为了以科研带动教学,研究性课程的教师们在中国现当代文学专业的学术研究方面也取得了丰硕的研究成果:曾先后主持国家社科项目3项,主持教育部科研项目2项,主持省级项目5项,出版个人学术专著5部,在《中国社会科学》、《文学评论》、《鲁迅研究月刊》等重要学术刊物上发表学术论文100余篇;先后获得过江苏省哲学社会科学优秀成果一、二、三等奖,获国家教委人文社会科学优秀成果奖,其他优秀成果奖多项。科研成果向课堂教学方面转化,提高了课程教学的水平。

三、中国现当代文学史

课程类别:国家级精品资源共享课

主讲教师:谭桂林

课程介绍:

(一)课程性质

该课程是汉语言文学专业、中文教育专业等专业的专业必修课程。

(二)课程意义

(1)向学生传授中国现代文学史上的社团流派、思潮论争、报纸杂志、作家生平、文学事件、名词概念等基本知识;

(2)帮助学生全面了解重点的作家作品;

(3)引领学生深入领会文学史意义,在学习中探究现代各种文学体式的演变轨迹,考察各种文学思潮的流变和成就得失,分析中国新文学作家作品的创作特点与艺术成就,梳理中国新文学与古今中外文学传统和艺术资源之间的密切关联,理清现代中国新文学的发展脉络,探索和总结它的发展规律。

(三)课程特色

1. 教学内容的特色

(1)该课程以中国文学的现代化和现代性为线索贯穿和引导整个文学史的叙事;突出的是文学史发展的文化性与本体性视角。以文学历史、文学思潮、文学体式演变的讲述为主要内容,在各个门类的创作概述上突出思潮性与流派性,在作家作品的分析上突出其文学史意义,从而使本科学生对中国现代文学历史形成一个完整而清晰的文学史体系。

(2)对于经典作品文本的详细分析与鉴赏则放在另一门与该课程配套

的《中国现当代文学作品选读》课程中完成,二者形成鲜明而有效的互补,既可相互印证,相得益彰,又可有效地克服现在本科学生不愿阅读文学原著的学习习惯。

(3)内容上,将中国现代文学历史划分为现代化的发端、现代化的多元选择、民族圣战时期和20世纪40年代后期四个阶段,这是从中国社会现代化的视角来划分的,如抗日战争时期的国共合作、全国团结,这是中国社会现代化的一个重要契机,所以该课程突出了民族抗战文学,以显示中国社会现代化的新兴气象。而将1945年以后的文学分开来论述,也突出了解放区文学与共和国初期文学的联系与连续性。这种划分时段和命名的方式与国内其他同类课程相比较,显示出了自己的思想特色。

2. 课程体系的特色

该课程以中国现代文学史为核心课程,同时把有关中国现当代文学专业的各门课程作为一个完整的系统来建设,建立了合理的课程群教学体系。通过对课程群分层次教学规律的把握,使课程群各门课程的教学定位更准确,教学质量和效果全面提高。同时建立了中国现当代文学课程群教材体系,编写出了高质量的系列教材,以教材的系统建设带动课程群教学内容的全面改革,为课程群的建设提供了高水准的平台。再次,在教学方式上,该课程建立了教、研互补互促和教、学互动体系。一方面,以科研带动教学。通过对教学规律的研究、教学方法和手段的革新以及加大科研成果向课堂教学转化的力度,促进了授课内容的不断调整和更新,切实提高课堂授课内容的水平。另一方面,强化了课堂教学中的指导机制,加强了与学生的对话讨论,并且注重开辟第二课堂,例如开设"中国现当代文学科研论文的阅读与写作"系列讲座等,鼓励学生思考问题,培养学生的研究兴趣,提高了学生的研究能力。

(四)课程内容

该课程的基本内容是1917年至1949年的中国新文学史。全课程共有五个单元,分别是:中国文学现代化的发生(1917—1927)、五四文学革命的实绩、中国文学现代化的多元选择(1928—1937)、民族圣战中的文学(1937—1945)、40年代后期文学概述(1945—1949)。各单元之下又设若干章节,分别介绍本单元的文学史发展线索、文学现象、文学思潮及各类文体创作概述、重要作家作品的评述等。

第三节　文化类课程

一、先秦诸子散文

课程类别：教育部精品视频公开课

主讲教师：徐克谦

课程介绍：

（一）课程性质

该课程的学习内容主要为先秦时期诸子百家著作的文本，探究其思想文化价值，鉴赏其文学艺术成就。先秦诸子学作为传统国学经、史、子、籍四大类中"子学"的主体部分，是中国传统思想文化和学术精神的重要载体，具有自身独立存在的逻辑、意义和价值。在现代学科门类中"子学"的内容被分解到哲学、历史、文学等不同学科门类，故该课程暂隶属于汉语言文学内中国古代文学之先秦文学科目下。但其实际教学内容并非限于语言文学范畴，也涉及哲学学科下中国哲学史之先秦哲学、历史学学科下中国史之先秦思想史等相关学科的内容。

南京师范大学文学院"先秦诸子"课程的历史，可以上溯到20世纪80年代初诸祖耿教授在本校中文系开设的"先秦学术概论"选修课。而诸祖耿先生的"先秦学术概论"课程的渊源又可以上溯到20世纪30年代诸先生的老师章太炎先生在苏州国学讲习会系列演讲中的"诸子略说"。诸祖耿先生是太炎先生的入室弟子，是太炎先生晚年国学演讲录的主要记录人与整理者。目前担任该课程教学的主讲教师徐克谦教授则是诸祖耿先生的研究生。该课程传承前辈学者的学术薪火，学脉悠久，传承有自，积累深厚，堪称品牌课程。

进入90年代后，该课程经过升级，成为中国古代文学专业硕士研究生的学位课程。同时为适应广大非文科专业学生思想文化素质教育的要求，对课程内容进行精选和调整，设计为面向全校非中文专业本科生的"博雅课"。自2009年秋季起，考虑到培养中国学生对外文化交流能力和专业英语能力的需要，该课程在研究生层次的教学中尝试采用中、英双语教学，适当采用国外相关汉学研究文献，以扩大学生的国际视野，提高同学们研读相关外文学术文献的水平。研究生层次的"先秦诸子研究"于2011年获得"江苏省研究生创新工程"双语授课教学试点项目立项资助。2012年该课程申请国家精品视频公开课建设,选题获得教育部批准。随后在面向全校本科生的博雅课内容基础上进行压缩提炼,形成8个课时的讲座,在学校教育技术中心的支持下,拍摄为8集视频公开课,命名为"先秦诸子精华"。经各级专家审查后,于2012年下半年在教育部"爱课程"网站成功上线,并于2013年5月30日被教育部正式确认为"精品视频公开课"。另外,为适应来华学习的外国留学生进一步了解中国传统文化的需求,该课程部分内容(关于孔子和儒学、老庄与道家思想、中国传统哲学思想等)曾以全英文讲授的形式,为来访的英语国家学生、学者进行讲座,并曾在美国北卡罗来纳州立大学孔子学院为美国学生(其中包括美国大学生、研究生、美国大学教授、退休教授、政府官员、商界人士等)讲授。2013年4月,该课程以部分全英语授课录像及相关材料申报教育部"2013年度来华留学英语授课品牌课程",并成功入选。

(二)课程意义

"先秦诸子散文"课程通过对先秦诸子各家学说基本内容的讲解和先秦诸子代表人物主要著作文本的研读,使学生比较全面地掌握先秦诸子百家争鸣的概况、各家学说的基本内容和思想特色、重要诸子人物的思想观点和贡献、诸子百家争鸣中的基本哲学问题和争论的焦点,欣赏诸子散文文本的文章特色和文学价值,从而使学生加深对作为中国思想文化和文学重要源头之一的先秦诸子文学及其思想文化精神的了解,并提高阅读理解、分析批判的能力。

作为面向全校不同专业本科生的通识教育、文化素质教育选修课(网络"博雅课")的"先秦诸子精华",在内容上有所压缩精炼,重点引导学生学习了解作为中国思想文化源头的先秦诸子百家的基本思想和文学精华,学习内容包括先秦诸子百家争鸣的历史概况以及孔子、墨子、老子、庄子、孟子、荀子、韩非子等人的基本思想主张和文学成就。通过对诸子思想家代表作、主要思想观点、论题争辩的学习,使非文史专业的大学生掌握一定的中国传统文史知识,了解中国传统文化的核心精神及其价值,提高文化素养,培养辩证思维和批判思维能力,加强对民族文化传统的认同,增强民族自信心。

(三)课程特色

"先秦诸子散文"课程针对不同层次、不同来源学生的具体情况,在教学内容和教学手段上进行适当调整,既保持了基本教学内容的主体一贯性,又能根据不同情况加以变化,形成了自己的教学特色,积累了多套针对不同学生的教学课件和教学方案。

在面对研究生和专业学生的小课堂授课中主要采用课堂面授、课堂讨论、课外阅读和作业的教学方式。在面对全校乃至外校学生参与的网络博雅课中,则采用观看视频、教师面授答疑、助教辅导、在线讨论、在线测验、小组专题讨论等多种教学形式。例如在面对本校非专业本科生的博雅课"先秦诸子精华"的教学中,即采用如下教学方式:

(1)观看课程视频录像。学生们按照教学周历的进程,自主选择时间观看《先秦诸子精华(1—8)》课程视频录像,并阅读教师指定的相关阅读材料。

(2)经典导读和答疑。主讲教师在课堂上当面回答学生在观看视频和阅读有关材料中产生的问题,并引导学生对先秦诸子原著经典篇章进行选读并讲解。经典导读是对视频课内容的辅助和补充。

(3)完成在线试题测验。根据教学内容设计的四次课程小测验随教学过程在学校课程网站(毕博平台)陆续发布,并开放自助测验。同学们可在规定的截止日期前独立完成小测验。

(4)参与主题学术研讨。学生需参加由研究生助教主持的研讨课。学期内将分组进行若干场学术研讨课。每位同学至少要在一场研讨课上作一次5分钟左右的主题发言,并由在场的其他同学进行评论、质疑、提问。最后由助教和出席研讨会的同学对每位演讲人分别进行评分。

(5)参与课程网站讨论。在课程网站(毕博平台)开辟课程讨论版,鼓励同学们积极参与课程网站讨论版的讨论(发帖、回帖),与教师、助教及其他同学进行交流互动。

(6)完成期末书面作业。同学们可以将讨论课上的主题发言修改充实为一篇小论文,在课程结束前提交给助教,作为该课程的书面作业。

(四)课程内容

面向该专业学生的"先秦诸子散文"课程教学内容包括对先秦诸子思想和著作的整体研究或某些诸子人物、著作的专题研究。教学内容包括诸子人物生平、著作、相关文献的考辨,诸子著作文本的源流演变,诸子著作的导读、名篇的解析,诸子文本思想内容的分析和阐释,后代对先秦诸子经典著作的注释和评论,诸子著作文学价值的探讨,诸子思想和著作在中国思想史、文化史、文学史上的影响和地位,先秦诸子著作在海外的流传,海外学者对先秦诸子著作的翻译和研究,先秦诸子思想的现代转换及其意义等。

课程教学可分九个单元(九讲),每单元课时数不等。主要内容如下:

第一讲　概说:先秦诸子学术兴起的社会背景;先秦诸子主要流派和发展分期;有关先秦诸子的史料文献(2课时)

第二讲　阴阳家:阴阳五行学说探源;阴阳五行学说发展;邹衍的学说;阴阳五行学说的影响(2课时)

第三讲　儒家:"儒"与儒家、儒家的经典;孔、孟、荀思想的发展;先秦儒学的基本精神及其现代价值(6课时)

第四讲　墨家:墨子和墨家门徒;墨学十论;墨家的基本精神及其影响(3课时)

第五讲　法家:先秦法家思想的源流;早期法家人物的实践;韩非子思想;法家思想的评价(4课时)

第六讲　名家:"名"与名家;惠施的命题;公孙龙的学说;"墨辩";名辩学派的特点及其湮没的原因(4课时)

第七讲　道家:关于"道家";道家内部的差异与分支;老子与《道德经》的思想;《庄子》的思想与文学(6课时)

第八讲　其他各家思想:关于农家、纵横家、小说家、杂家;《吕氏春秋》;兵家与《孙子兵法》(4课时)

第九讲　先秦诸子的影响:先秦诸子思想与中国文化;先秦诸子文献的注释与研究;海外学者的先秦诸子研究;先秦诸子思想的现代价值和意义(3课时)

面对全校非专业学生的博雅课"先秦诸子精华"主要内容则以8节视频公开课为中心,并适当拓展阅读范围,根据学生个人兴趣进行探究性阅读学习。

8节视频公开课的内容如下:

第一讲　轴心时代,百家争鸣——先秦诸子和他们的时代

第二讲　仁者情怀,万世师表——孔子和《论语》

第三讲　兼爱非攻,舍身救世——墨翟和《墨子》

第四讲　尽心知性,保民而王——孟轲与《孟子》

第五讲　道法自然,上善若水——老子和《道德经》

第六讲　逍遥无为,万物齐一——庄周与《庄子》
第七讲　大儒老师,隆礼重学——荀况与《荀子》
第八讲　严刑峻法,犀利辞章——韩非与《韩非子》

二、中国家训思想精华

课程类别:教育部精品视频公开课

主讲教师:郦波

课程介绍:

该课程原本授课对象为本科阶段的大学生,为视频公开课设计,授课对象作相应调整,大致定位于15岁到22岁之间的青年学子。

(一)课程意义

通过该课程的公开教学,希望能激发青年人对国学、对民族传统思想文化的学习与研究兴趣,希望能帮助青年学子树立正确的人生观与价值观,并帮助他们形成良好的社会行为习惯与学术思维习惯。同时,进一步弘扬优良的民族传统文化,取其精华,弃其糟粕,为社会核心价值观的重塑贡献"正能量"。

首先,该课程具有非常强的现实教育意义。

当前的中国社会,核心价值观的挖掘与重塑已经是一个迫在眉睫的社会问题,种种社会乱象,尤其是年轻人成长过程中的价值底线、道德底线、良知底线屡屡被突破的现象(如"我爸是李刚"、李双江之子堕落案、药家鑫案、复旦学子投毒案等)更引发了教育界与全社会的广泛探讨,即什么样的教育才是"人"的教育?教育什么样的"人"才是教育的目的?知识教育、技能教育的背后到底缺失了什么?由此来看,道德教育、人生观教育、价值观教育已经成为当前教育突破"改革瓶颈"的关键所在。该课程汲取国学优良传统,立足于中国古代家训研究,从儒家传统教育思想中去粗取精,祛劣存优,有所扬弃,把其中具有鲜明民族文化特性的教育思想进行提炼与总结,以主题归纳的形式,通过对家训名言警句的训诂、诠释与解读,通过对古今中外典型案例的分析与探讨,向青年学子传输正确的价值观与人生观,继而为社会的良性发展提供"正能量"。

其次,该课程注重对国学优良传统的挖掘与整理,在家训研究与教学领域具有创新价值与探索特色。

虽然近些年来国学热已成趋势,但相比较于社会教育,大学课程的相关设置还显得较为薄弱。尤其是家训研究,作为国学研究中一块相当重要的内容,长期以来没有受到足够的重视,而研究成果的教学转化更是微乎其微。相比较于大陆以外的华人地区对传统家训的重视以及教育,我们的家训教育研究与教学只能算是刚刚起步。在大学选修课程中设置传统家训思想的相关教育课程,就全国范围来看,也属于创举。而实际效果证明该课程的教学非常受学生们的欢迎,每堂课除已选修该课程的同学外,尚有大量学生及校内外人士选择旁听。课程学期评定俱为优,学生对于授课情况的反馈也大多优良,可见该课程的实践探索还是取得了一定的成果。

最后,该课程教学与其他相关课程已形成立体教学效果,在校内外已产生广泛而良性的社会影响。

课程主讲老师承担着"中国古代家训与儒家教育思想研究"的科研与教学任务,其研究成果的教学转化已体现在多个方面。如,主讲教师在中央电视台《百家讲坛》栏目主讲的《郦波评说曾国藩家训》系列(上、下)已分别于2011、2012年在央视科教频道播出,获得巨大的社会反响。2012、2013年,该系列经央视国际频道转播,在国际华人圈亦产生巨大影响,主讲教师因此获国侨办与海外机构邀请,多次赴欧美作中国家训文化系列讲座。该课程视频公开课顺利推出后,所产生的社会影响取得进一步的叠加效应。《中国家训精华》系列专著已由天津新蕾出版社出版。主讲老师更因此获聘全民阅读形象大使与江苏省中小学阅读指导委员会特别委员。

(二)课程特色

该课程选题立足于中国古代经典家训,总结、归纳中国古代家训思想精华,同时涉及文学、史学与教育学多门学科,在内容上具有鲜明的普及国学精髓、弘扬传统文化、提高国民素质教育的教学特色。

从课程规划来看,其将中国古代家训思想归纳为为学、处事、品格、孝顺、礼仪、友爱等六个方面,基本涵括了中国古代家训教育着重于个人修身的各个层面,从思想体系的归纳上来看,充分完整,科学明晰。

因为古代家训思想具有鲜明的儒家教育思想特色,而该课程以古代家训名言的解读作为课程讲解的突破口,继而在家训名言与思想上呈现两个层面,去粗取精,有所扬弃,这就使得该课程具有鲜明的弘扬国学优良传统的特色,其内在蕴含了丰富的思想性与民族性特色。同时,弘扬国学优良文化传统,弘扬民族教育思想精华,这对社会主义核心价值观的形成也不无裨益,其鲜明的社会导向性尤其有利于该课程作为视频公开课的社会推广。

从课程的具体设计与教学实践表现来看,课程整体而言是规范而严谨的。不论是每讲内容的层次设计与逻辑延展,还是具体家训引文的注释训诂或评点分析,甚至是教学多媒体课件的制作与教学支持,都体现出既简洁明快又严谨细致的特点。

课程主讲教师作为南师大青年教师的代表,曾多次获得各种教学大赛与评比大奖,具有丰富的教学经验,更曾代表南师大步入中央电视台《百家讲坛》,迄今已主讲多个系列,受到全国观众的认可与好评,其本人的教学风采非常适合视频课程教学。具体到该课程的教学视频情况来看,主讲教师能够通过深入浅出、生动形象的讲解,把纷繁复杂的古代家训思想去粗取精、条分缕析,教学效果理想,教学风采值得认可。

(三)课程内容

该课程立足中国古代家训研究,将传统家训思想精华进行提炼与总结,通过对家训名言的分析讲解,结合生动案例,用历史的眼光来审视人生、审视社会、审视当下,以图为青年学子提供人生观的借鉴,为社会核心价值观的重塑提供"正能量"。

章节课时安排与每课时教学内容安排如下:

第一讲,为学篇:学习不仅是一种成长的需要,更是一种人生姿态。如何养成正确的学习习惯,如何获得快乐的学习心境,是学习的关键。

第二讲,处事篇:事情的处理体现了人生的智慧,大到人生欲成伟业,小到谋生必需的职业,大到团队与组织的兴亡,小到个人生活点滴,处事技巧,处事智慧,不可不知。

第三讲,品格篇:儒家学说认为,修身是人生的根本,而品格则是修身的根本。人立于世,当有根本,有原则,有所为,有所不为。有格,才有品;有品,格自高。

第四讲,孝顺篇:孝道教育是一种感恩教育,孝的背后体现了中国人"致中和"的家庭观与社会观,有价值的人生是对父母、对社会的最好报答。

第五讲,礼仪篇:公共关系中礼仪不可或缺,仪自心出,良好的礼仪是个人素质与修养的最佳表现。中国自古被称为"礼仪之邦",礼仪教育是中国古代家训教育中非常重要的核心内容。

第六讲,友爱篇:仁者爱人。有爱心,有奉献,才能有收获,有生活的幸福感。友爱是团队生活的润滑剂,也是人生事业的重要保证。

三、中国戏曲艺术

课程类别:校级精品视频公开课
主讲教师:孙书磊
课程介绍:

(一)课程性质

该课程是在高等学校实施的通识教育性质、博雅教育性质的公共课程,教学对象是全日制高校在校所有专业的本科生。旨在通过向学生讲解中国戏曲艺术即中国传统戏剧的形成、发展、艺术特征、表演形式与风格等知识,总结戏曲创作与演出规律,传授戏曲鉴赏方法,培养学生对戏曲艺术的兴趣和鉴赏能力。

(二)课程意义

作为人文素质类教育的课程,该课程严格落实国家教育部关于对当代高校学生进行人文素质教育的指导精神,将引导学生对中国戏曲艺术的理性认识与感性认识结合起来,将对中国戏曲史知识、戏曲理论的讲解与戏曲舞台鉴赏结合起来,既突出不同时期中国戏曲形态的共同艺术特征及其发展脉络,又强调剧种之间的艺术差异。冀望在重点讲解昆曲、京剧的基础上,选择具有区域代表性和戏曲史意义的不同剧种,全面展示中国戏曲的艺术魅力,从而使学生对中国戏曲艺术有着全面的理性了解和感性体验,提高他们对中国传统文化的理解力和认同感,将中国的传统艺术精神转化为他们自身的人文素质,最终提高他们在未来世界中的创造力和竞争力。

(三)课程特色

该课程将对中国戏曲历史、艺术特征的介绍与引导受众对戏曲鉴赏结合起来,将对戏曲作品的内容鉴赏与表演鉴赏结合起来,将对戏曲艺术特征与戏曲文化关系的讲解结合起来,利用图、文、音、影、讲等不同教学形式,全方位地使受众从理性到感性接受中国戏曲艺术。

由于该课程教学内容设置全面,教学手段多样,所以该课程在同类的文化素质课中,具有突出的特点,有较大的影响力。该课程在设计和实施的过程中,注意借鉴哈佛大学公开课的一些成功做法,开放性较高,在国内外的文化素质教育课程中具有自己的鲜明特点。从博雅课的学生反馈和网络评论情况看，该课程广受欢迎。

附：教学内容

该课程共有16讲，视频时长共计590分钟。

该课程所涉及的戏曲史知识主要包括中国戏曲的概念、起源与形成，古代戏曲的发展，以及昆曲、京剧和有代表性的各地方剧种的发展等；戏曲理论知识主要是与戏曲艺术民族特征相关的古今戏曲理论，以及昆曲、京剧理论等；戏曲舞台鉴赏部分，重点讲解昆曲和京剧，其次是越剧、黄梅、秦腔、豫剧、川剧等剧种。课程最后还将从总结和前瞻的角度，讨论中国戏曲的现状与未来。

各讲的具体教学内容如下：

第一讲：戏曲的概念、起源与形成。主要讲述戏曲的概念、起源，分析戏曲行程中诸因素的发展与交融，重点讲解戏曲的雏形——宋杂剧和金院本，成熟形态——南戏。

第二讲、第三讲、第四讲介绍戏曲的发展。第二讲主要介绍宋元南戏的产生、艺术体制、四大声腔以及具有代表性的作品，分析其剧情、艺术地位、舞台留存、后世影响。第三讲介绍北曲杂剧的产生、兴盛、艺术体制及具有代表性的作品，重点介绍"元曲四大家"中马致远、白朴、郑光祖的剧作。简要介绍明杂剧出现的南曲化现象及其明中叶著名作家作品。第四讲介绍明清传奇。首先明确其概念，重点介绍其与宋元戏文、明初文人改本戏文的差异。接着按时间顺序介绍明初、明中叶、明后期传奇，重点介绍明万历年间传奇，以汤显祖的《牡丹亭》为代表，涉及"汤沈之争"。另介绍昆曲的出现，从声腔开始，重点介绍昆曲在明中叶形成的过程。清代传奇同样以时间为线，介绍清初李玉伟代表的"苏州派"，李渔的喜剧，"南洪北孔"（《长生殿》《桃花扇》）；清中叶"花雅之争"的内涵、背景、过程、结果及其影响；清后期的京剧。

第五讲：戏曲的艺术特征。首先介绍戏剧（含戏曲）的特征，重点比较"世界三大表演体系"的异同，指出中国戏曲表演体系兼有体验与表演的双重追求。分析戏曲的基本特征、表演程式（四功五法）。

第六讲、第七讲、第八讲介绍昆曲。第六讲介绍昆曲的起源、形成、发展与传播。第七讲介绍昆曲的艺术特点、审美原则与风格及其对其他剧种的滋养。第八讲介绍昆曲文化与昆曲欣赏。

第九讲、第十讲介绍京剧。第九讲介绍京剧的形成、发展、思想内容与艺术特征,使学生准确认识京剧戏剧史的地位及其表演风格,了解京派与海派、样板戏,引导学生正确区分样板戏的内容、功能与表演之间的关系。在艺术体制部分详细介绍京剧在题材、结构、音乐、表演追求等方面的体制特点。第十讲介绍京剧舞台造型,结合舞台录像引导学生学会鉴赏京剧的具体角度。

第十一讲至第十五讲主要介绍地方戏剧种。第十一讲介绍越剧的产生、发展、优秀剧目、特点、优秀演员,并进行欣赏。第十二讲介绍黄梅戏的产生、发展(三个阶段)、特点、著名演员,并进行欣赏。第十三讲介绍秦腔的形成、发展及其剧目、特点、主要表演艺术家、风格及其影响,并进行欣赏。第十四讲介绍豫剧的名称、形成与发展、流传范围、特点、题材、伴奏、剧目、优秀演员,并进行欣赏。第十五讲介绍川剧的形成与发展、流派、艺术特点与风格、剧目、主要表演艺术家,并进行欣赏。

第十六讲介绍戏曲的现代化与未来。首先介绍现代化、全球化与中国戏曲的命运,分析民族思维、审美的特殊性与中国戏曲发展的劣势,世界艺术发展的趋势、世界非物质文化遗产与中国戏曲的优势。其次探讨戏曲主题、情节与戏曲艺术的现代化问题。最后展望中国戏曲的未来,中国戏曲艺术不应也不会成为博物馆艺术。戏曲的未来,应在"非遗"的框架内既有继承又有发展。

四、当代港台电影研究

课程类别:校级精品视频公开课

主讲教师:孙慰川

课程介绍:

(一)课程性质

"当代港台电影研究"是文学院影视系戏剧与影视文学专业"影视编导与评论"方向本科生的专业方向课程(必修课)。

(二)课程意义

该课程旨在让学生了解当代港台电影发展和演变的历史脉络,熟悉重要的港台电影人、电影运动和重要的影片文本,并且在课程学习的过程中,引导学生逐步掌握电影研究的基本方法和常用技巧。帮助学生了解港、台华语电影的艺术成就和审美价值,加深学生对本民族文化的认知和理解,激发并强化学生对本民族文化的认同和热爱,同时也更深地体会香港、台湾与中国大陆是一体,在语言、文化、历史等方面同根同源的事实。

(三)课程特色

该课程的教材(2004年已经由中国电影出版社出版)是主讲教师自己写作的,此外,主讲教师还围绕当代港台电影发表了一系列的学术论文,自己收藏并研读了大量的相关影片,且先后主持完成了南京师范大学三期教改项目"当代港台电影研究"、江苏省教育厅 2004 年度哲学社会科学基金指导项目"当代港台电影史论"、2006 年度江苏省社会科学基金重点项目"当代台湾电影艺术研究"、2010 年度国家社科基金艺术学项目"1987—2009 台湾电影研究"。因此,主讲教师在当代港台电影这一领域的研究水平,在国内学术界居于最前沿的地位。这就使得该课程的学生们在学习伊始就可以获得较高的立足点和较佳的起点,也可以参与主讲教师的有关研究。

(四)教学内容

上篇:香港电影

首先介绍香港电影诞生和发展的几个阶段、特征和成就。其次介绍香港电影新浪潮,包括新浪潮兴起的原因和背景、徐克与特技电影、许鞍华的人文电影、严浩的艺术电影几个部分。再次介绍当代香港电影,着重介绍吴宇森与东方暴力美学,关锦鹏的电影创作,王家卫的后现代电影,女编剧李碧华、陈果的写实电影。最后介绍香港的电影教育、电影刊物、电影评奖活动和香港国际电影节。

下篇:台湾电影

首先介绍台湾电影的诞生、发展、特征、成就与不足,使同学们对台湾电影有初步了解。其次介绍台湾新电影运动的原因、背景、成就和不足。最后介绍重要的台湾电影人及其创作,包括杨德昌的批判现实主义电影、侯孝贤的诗意电影、李安的《父亲》三部曲、蔡明亮的写意电影及其美学观、赖声川的戏剧电影。

五、汉字书写技能与艺术

课程类别:校级精品视频公开课

主讲教师:刘莹

课程介绍:

（一）课程性质

"汉字书写技能与艺术"作为南师大文学院中文师范专业（2010年起中文师范专业归入教师教育学院）及秘书学专业的必修课程开设已久，授课对象主要为师范专业大一或大二年级的学生、秘书学专业大三或大四年级的学生，除文学院以外的如物科院、教师教育学院等亦有所涉及，授课人数依据每年所招人数而定。有时以讲座的形式出现，讲授对象亦多为中小学教师或师范专业的学生。

（二）课程意义

该课程最初的开设目的非常简单，就是教会学生用正确的方法书写规范的楷书和行书。我们的大学生尤其是师范类的大学生不会写字已经成为十分普遍的现象：一是总写错别字、常写不规范的简化字。二是字写得不规范、不美观、不大方。其中，倒笔顺现象日益严重，有时已经到了让人不能容忍的地步。三是完全不会写行书。这种现象在央视《汉字听写大会》的节目中暴露无遗：执笔方法千奇百怪、倒下笔顺俯拾皆是、不会行书自然而然。作为师范大学的学生，未来的人民教师，自己都不会写字或写不好字，将来如何承担起为学生示范的使命。而这里的示范又与板书的书写水平直接联系在一起。因此，"汉字书写技能与艺术"的课程，其内容又包含板书的书写技能和考核标准，对普通大学生尤其师范类大学生有相当的针对性。可是，遍寻目前的出版物，或是高等师范院校的课程，很难发现系统论述或是教授板书的。以湖南师范大学出版社几经再版又极度热销的《教师书写技能》（全国中小学教师继续教育教材——教师职业技能训练丛书2）为例，板书（粉笔字）也仅仅作为其中的一节，区区四页纸而已。可就在这短而又短的篇幅里，其最为宝贵也最具标准示范性的"粉笔字作品选"中，还是出现了不能原谅的常识性错误：采用了竖写格式，使用了繁体字。之所以说是常识性错误，是因为粉笔字和粉笔书法是两个不同的概念，粉笔书法属于艺术范畴，繁体也好，竖写也罢，为达到线条的最大表现力而无所不用其极；粉笔字属于实用范畴，受课堂教学原则严格限制，标准简化字、横写格式是其基本要求之一。如此专业的教师训练用书都难免出现错误及疏漏，足见系统论述板书的重要。再比如徐林祥、张中原主编的《语文教学技能全程训练新编》，全书几乎没有涉及板书的书写技能问题。因此，开设该课程更是迫在眉睫，对学生来讲也意义重大。

(三) 课程特色

当我们面对目前的书写状况而冷静思考时,就不难发现我们的书法教学和写字训练的方式远远落伍了。虽然长达数十载的书法热遍及城乡,可书法教育观仍未得到根本的改变。长期因循守旧所积淀出的种种刻板教条与保守方法,不同程度地制约着书写教学质量的提高。书写教学要想跃出低谷,克服少慢差费现象,提高普通人的实际书写水平,就必须进行有效的改革。除了更新书法教育观外,最重要也是最迫切的就是在写字训练中确立一个"转化"的高效训练系统,这个系统在书写训练中能使被训练者自然实现两个转化,即毛笔向硬笔的转化、楷书向行书的转化,使毛笔、硬笔、楷书、行书四者自然结合,彼此促进,以使书法训练朝着科学化、序列化、系统化方向发展,为了达到"转化系统"的要求,特从书法史中精选影响力最大的名家碑帖中的有关范字,作为分析训练的依据。在写字评价体系中确立"动态—过程"比书写的"静态—结果"更重要的理念,从根本上杜绝倒笔顺现象,从而掌握正确的书写技巧和方法。

第四节 语言文字类课程

一、古代汉语

课程类别:国家级精品资源共享课

主讲教师:董志翘、何亚南、徐朝东、化振红、刘冠才、赵红、赵家栋、汪祎,等

课程介绍:

(一) 课程性质

"古代汉语"是南京师范大学文学院历史最为悠久的课程之一,也是汉语言文字学专业和古典文献学专业的核心基础课程之一。经过几代南师大人的努力奋斗,该课程 1996 年被评为南京师范大学一类优秀课程,1998 年被评为江苏省一类优秀课程,2004 年被评为江苏省精品课程,2007 年被评为教育部精品课程。

(二) 课程概况

近年来,在国家级教学名师董志翘教授的主持下,形成了由何亚南、徐

朝东、化振红、刘冠才、赵红、赵家栋、汪祎等8人组成的教学创新团队（团队成员全部具有博士学位，其中教授5人、副教授2人、讲师1人，平均年龄47岁，分别毕业于南京大学、复旦大学、四川大学、南京师范大学等著名高校，专业领域涵盖古代汉语词汇训诂、语法、音韵、文字、语言学史），课程团队严格按照教育部《国家级精品资源共享课建设技术要求》，通过精心设计、努力建设，历经体系构架、课程设计、材料准备、视频拍摄、资源上传；校内外专家审读、教育厅遴选推荐、教育部专家审核等一系列环节，最终高质量完成建设任务。该课程于2013年6月入选"中国大学资源共享精品课程"（该课程全国仅北京师范大学、南京师范大学两家入选），并于同年11月成功上线教育部"爱课程网"，成为我校成功上网的第三门国家级精品资源共享课程。

（三）课程内容

知今宜鉴古，无古不成今。我国数千年来积淀的丰厚优秀的文化遗产凭借着古代文献用古代汉语、古代汉字记载传承下来，要发扬光大这批文化遗产，必须掌握一定的古代汉语知识；要规范使用现代汉语、现代汉字，也必须了解它的源头及发展轨迹。"古代汉语"课程正是打开我国文明的一把钥匙。此次上线的课程内容体系分为古代汉语通论、文选和常用词三大模块，共105个学时。其中古代汉语通论部分57学时，着重讲授文字、词汇、语法、修辞、音韵、诗律、古书的注解、标点、翻译和常用工具书等内容；古代汉语文选部分48个学时，着重讲授先秦、两汉、唐宋的文言散文和韵文名篇；古代汉语常用词部分重点介绍文言虚词和实词1000个左右，结合古汉语通论和文选学习两部分内容大致掌握。课程内容全部配有高清讲授视频，并以由董志翘教授主编，本团队成员参编的《王力〈古代汉语〉同步辅导与练习》（上、下册，中华书局2009年版）、21世纪普通高等院校文科示范教材《古代汉语》（上、下册，武汉大学出版社2011年版）两部教材以及教学大纲、历年试卷、练习、教学科研论文等为网上共享资源，同时还设计了师生网上互动环节。

（四）课程价值

课程旨在培养、训练、提高学生运用古代汉语知识和阅读古代文言作品的能力，使学生能借助工具书读懂一般难度的、没有今人注释的文言文；帮助学生掌握文言文教学中的基本方法，培养学生正确分析和讲授文言作品的能力；使学生比较扎实全面地掌握古代汉语的基础知识和基本理论，初步学会科研方法，加深对现代汉语的理解，为进一步研究深造打下坚实的基础。与此同时,通过专业教学对学生传统文化和情感态度价值的教育培养。着力促进教育教学观念转变、教学内容更新和教学方法改革,提高人才培养质量,服务学习型社会建设。

二、语言科技系列课程

课程类别:省级精品课程

主讲教师:李葆嘉,等

课程介绍:

(一)课程性质

课程设置的本质是知识结构和能力结构的建构。围绕语言科技复合型人才的培养目标,突出文理工渗透和语言研究技术化,"语言科技系列精品课程"建构了包括理论语言学、计算语言学、应用数学、认知科学四大主干课程的新型课程体系。目前已经建设了理论课程群、应用课程群、技能课程群三个课群,其他课群正在分期分批进行建设。

该课程体系以培养语言科技复合型人才为目标,立足当代语言科技领域,放眼未来相关科技前沿,以语言事实为研究对象,以语言学与相关学科相衔接、理论研究与应用研究相结合为导向,注重基本理论、研究方法和操作技能的掌握。

(二)课程意义

语言科技系列精品课程旨在建立前瞻性、原创性、共享性的语言科技教育平台,全面实现"语言科技课程"的网络教学,在语言科技教育领域发挥引领作用。为一批高质量的复合型人才提供课程支撑,为率先实现从传统文科教育范型向现代科技教育范型的转变提供了保证。语言科技课程不同于以往的文科课程体系,每一个环节的完成都与动手和动脑密切相关。理论课群、应用课群、技能课群,相互联系,互为补充,为培养面向21世纪的文理工交叉、理论和实践并举,具有"两动·两新"的复合型人才提供了可靠支持。

(三)课程特色

语言科技系列课程建设的背景是课程结构体系的创新,课程结构体系创新的背景是专业建设的创新,专业建设创新的背景是教育理念的更新以及教育范型的转型。与单门课程的建设不同,系列课程的建设是从系统论、协调论和耗散论等出发,不但注重课程结构的学理性,更注重知识传授和技能教育的整体效应性。与传统文科课程的建设不同,语言科技系列课程的建设是要实现传统文科教育范型向现代科技教育范型的转变。

本系列课程的主要创新点在于原创性理念、前瞻性视野、交叉性课程体系、复合型培养目标、科技教育范型。

课程特色主要有以下几点:

(1)理论语言学、应用语言学、技能教育训练三个课群相互补充,对知识和能力进行了新的配置。具体言之,以"语言科技新思维"为导向,以"两动"(动脑设计—动手操作)、"两新"(知识更新—工作创新)为培养特色,建构和实施了语言科技复合型人才培养课程体系,对知识和能力进行了新的配置。

(2)突出知识和技能的素质培养平台建设。具体言之,依据"面向科技、面向社会、面向应用"的专业建设思路和复合型人才的培养要求,围绕理论语言学、应用语言学、技能教育训练三个课群,突出了知识和技能的素质培养。依据"要把应用型文科当做理工科来建设"的理念,语言科技实验室和所建网站为技能教育训练提供了平台。

(3)以培养语言科技复合型人才为目标,实现了由传统文科教育范式向现代科技教育范式的转变。具体言之:通过教学研究和改革的实践,已经和正在培养一批高质量的语言科技复合型人才,率先实现了由传统文科教育范型向现代科技教育范型的转变。

(四)课程内容

围绕语言科技复合型人才的培养目标,突出文理工渗透和语言研究技术化,建构了包括理论语言学、计算语言学、应用数学、认知科学四大主干课程的新型课程体系。图示如下:

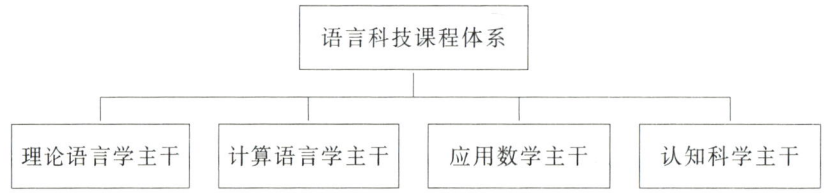

四大主干课程,目前组成了"语言科技系列精品课程"的理论、应用和技能三个课群,如下:

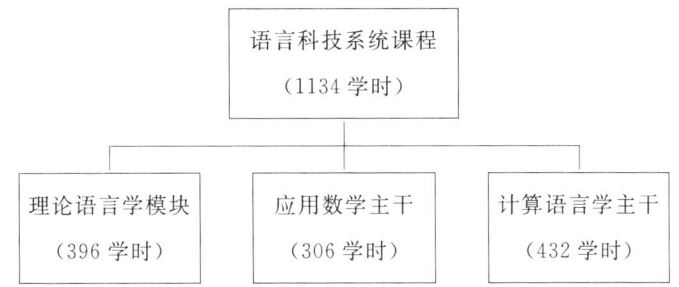

理论语言学课群主要为汉语言专业学生提供与语言学相关的语义、语法、语用等专业理论知识。包括：汉语语义学，主讲教师李葆嘉教授，辅讲教师孙道功副教授；汉语语法学，主讲教师董晓敏副教授；汉语语用学，主讲教师梁丹丹教授，辅讲教师章婷副教授。

应用语言学课群主要为汉语言专业学生提供运用语言学知识解决问题的相关方法或理论。包括：中文信息处理概论，主讲教师陈小荷教授；语言统计方法，主讲教师冯敏萱副教授，辅讲教师许超实验师。

技能教育训练课群主要为汉语言专业学生提供办公自动化或网络等相关的技术。包括：多媒体制作技术，主讲教师贺胜副教授；现代网络技术，主讲教师许超实验师。

第五节　阅读写作类课程

一、写作系列课程

课程性质：文学院传统基础课程

主讲教师：郭平，等

课程介绍：

写作是什么？

写作是有生命的人进行的一种活动。

生命的证明，是新陈代谢。花草树木、猪狗鸡鸭以及人，健康的、活着的证明，是在进行新陈代谢。假如新陈代谢出问题了，花草就会打蔫，猪狗就不欢实，人就会得病；假如新陈代谢终止了，那生命也就结束了，死了。

人还有一种非常重要的代谢：精神的、思想的新陈代谢。意识到这一点的人、积极主动努力的人不多，许多人很年轻的时候就中止了精神思想的新陈代谢,可以说不少人的精神其实早就处于病中甚至早已死去。

那么,精神的代谢如何正常进行?答案很简单:阅读与思考。阅读的对象不止于书本,还包括社会与世界;阅读的方式也不止于读书,还包括经历。但是,精神的最重要的、最高质量的新陈代谢是写作。它比阅读重要得多、深刻得多、有效得多,同时,也有更强烈的创造的快感。

我们学中文的,读书都多,古今中外,经典无数,通过阅读,我们的精神不断代谢、不断进境,但是,如果只是读书,不上手实践写作,会眼高手低,最后,连眼界也不会高到哪里去。为什么这么说呢?因为中文、尤其是中文中的文学,要紧的是心灵系统的激发与培养,绝不仅仅是知识系统,或者,准确地说,文学知识的学习,必须是心灵系统为主导的知识学习。读书当然能够有激发、培育心灵的作用,但写作,自由的、自主的写作会更大地发挥这种作用。

我们深知写作的意义,多年来我们开设这门课,实践也证明了它的价值。通过写作,陶冶自我,在表达既有生活体验的同时,在发抒个性的同时,又不断地自我更新,放开胸怀,立意高远,走向更阔大的生活、更高的艺术境界和精神境界。

写作真正打开了学生的可能性。因为写作,人们会看得更清楚,想得更深透,表达得更自然更全面。绝大多数学生都有这样的震动与惊喜:原来我根本不知道自己可以写出这样的文章,原来我根本不认识自己。

一个人真正深刻的变化,一定会在写作中发生。

简单介绍一下我们写作类的课程。

写作课是我们这个学院的传统基础课程,说它传统,是因为这门在有的大学已经不再开设的课始终在我们学院开设着。现在,许多大学都意识到写作的重要性,也都很羡慕我们能为学生开这么多写作类的课程。

这门课,原先只在我们一年级开设"基础写作",后来改名为"写作训练"。2006年开始,在高年级增设了"视听与写作"、"小说创作实践"、"艺术感觉与审美批评"、"散文创作"、"文学作品与影视改编"和"近体诗与文言文写作"等课程。

我大致介绍一下这些课的内容和要求,让同学们对写作类的课程有一个基本的概念。

"写作训练"分为两大块,一是叙述类文章写作,一是议论类文章写作。

叙述类文章的写作,主要是散文这一体裁,有的老师也会根据班级的具体情况讲一些小说写作的方法。课堂教学大体是三周一轮,一次是老师就写作的某一个方面讲授,一次是学生动手写,第三周老师讲评学生的习作。一学期大概要请学生写四到五篇叙述类的文章。我们的课非常重视实践,学生写作实践是第一位的。道理很简单,文章是写出来的,学生不写,甚至对自己能写什么样的文章都不知道。这就如同旅行,不上路,就不会看到真正的风景。事实证明,我们历届的学生在一年级就写出了大量非常出色的好文章。一个人,用笔走过这样的旅程,与完全没写过文章大不一样。

写作实践这一环节并不是随堂完成,因为三节课的时间很难写出有分量的作品。我们希望学生的叙述能够有较大的幅度,往往不命题,而是由学生自主地选择他们想写的,至少有一个星期去写一篇文章。学生的表现常常出乎我们的意料,有的学生一篇文章就写了十几万字,标准的小长篇,课结束时,他的长篇小说也正式出版了。

学生写了文章交给老师,老师要花相当多的时间和精力去批改。这是一个非常关键的环节,我们要求老师认真仔细地阅读学生的习作,不仅每篇作文都要写文末的评语,而且要有很强的参与性,即参与构思及具体过程,在主题的方向、结构的安排、语言趣味格调的打磨等各个方面提出具体意见,使评语能真正地触动学生对自己文章的价值判断,并找到更好的修改方法。

课堂讲评过程中,会让同学们自己互相提意见谈看法。因为大家同窗共读共写,交流起来就会非常有意思。甚至他们相互间的意见比老师对他们的影响还要大。仔细想想,这其中有很值得人思索的道理。有多少人能有这种同窗共读、相互切磋的条件呢?

这是叙述类文章的写作。

第二大块,是议论类文章的写作。

有的同学可能不大看得上议论文,认为议论文没什么才情,不如散文、小说来劲。其实,议论有着非凡的意义。

生活意味着选择,而选择的前提是思考。思考是什么?就是议论。事实上,是议论而不是叙述深深地影响了每一个人自己和世界。比如《共产党宣言》、《论人民民主专政》、《我有一个梦》、《实践是检验真理的唯一标准》等,它们对世界产生了多么巨大的影响!可这些文章,都是议论文。对于具体个人来说也是如此,你的思考、议论质量有多高,你的生活质量就有多高。

为了应对高考,学生们在进入大学之前已经学习过议论文的写作。而我们的写作有更高的要求。首先,强调学生打开视野,关注更广阔、更深厚的社会人生背景,并且,要有明确、强烈的意识,建立自由的、正确的思考方法,那什么叫自由的、正确的思考方法呢?我看,就是知识分子的立场与方法。这可以概括为"三度":理想的热度,知识的宽度,以及思考的深度。具体的议论方法和写作方法当然有多种,可以是严谨端正的,也可以是嬉笑怒骂的,可以是精于思辨的,也可以选择有趣的。但是,其中应该有一个端正的核心,这就是关怀,是更高理想,是正确的人文精神。

具体议论文的类别,大致要学习思想评论写作、文学评论写作和电影评论写作。其中以思想评论写作为主,这是许多评论包括文学评论、艺术评论、电影评论的基础。文学境界、艺术境界,说到底,其核心还是情感、思想境界。

因为有了写作实践,文学评论写作便有了实在的基础,这有别于文学理论的学习,也是讲究实践性的,既要求有理论知识的基础,又强调具体而微的艺术感觉。或者说,这是"及物"的文学研究。

电影评论写作,着重于拓展学生的艺术眼界,培养学生审美的敏感,建立良好的艺术趣味和格调。

这是第一学年的写作训练内容。

二年级开设"视听与写作"课。这是我们的特色课程,在国家文科基地班开设。开设此课,目的也是进一步拓展学生的眼界,激发、增进学生的艺术感觉。授课方法比较灵活,通过观览一些富有艺术灵感的视听作品,激发学生的情感和创作灵感,以特殊的方式引导学生写作出有创意的作品,文字作品可以,图文并存的作品也可以。不拘形式,重在创意。"艺术感觉与审美批评"也是相同的用意,旨在熏陶、影响学生的艺术感觉,建立丰富的、更高的写作标准。

三年级上学期在这个班开设"小说创作实践"课。这也是我们文学院的特色课程。一来,我们的专业本身就有创作小说的教师,有实践积累,有体会心得;更重要的是,我们认为在一、二年级写作相关课程的基础上,可以提供这样的课程,让学生们进入更高层次的文学写作。因为小说具有综合性强的特点,相比于散文,要求有更丰富的生活支持,要求更开阔的视野、更复杂深入的思考,在时间、空间和心灵的把握方面,在艺术构想的完成方面有更大的难度,也更能磨练写作者。事实证明,我们的学生写出了非常优秀的小说。即便放置在目前中国文坛的范围中看,我们学生的相当一部分作品都堪称一流。

这门课更强调学生的实践,因为篇幅大,写作的时间要求更高。学生写成初稿以后,要求教师对每篇作品进行具体指导,并选择其中一些作品在课堂上分析讲评,主要是就作品的可能性提出建议。

三年级下学期开设的是"近体诗与文言文写作"课。同样也是我们学院写作类的特色课程。文学院的学生在四年学习过程中读过大量的古代诗歌和文言文,但长期以来,却忽略了让学生自己动手写写格律诗和文言文。这在知识与能力之间造成了很大的距离。我们汉语言的历史极为悠久,积累极其丰厚,是前人留给我们最大的一笔财富。尽管我们今天的口语表达和书面表达都是现代汉语,事实上这样的语言与文言文有着直接、间接的深刻联系。大家都知道,语言是写作的生命,而这种生命的力量,深藏在历史语言之中,可供我们无尽地汲取。学习近体诗和文言文的写作,既有助于学生们更深入地领会中国古代诗文,也非常有助于我们现代文的写作。在现代文写作中提高语言水平,是相当艰难的事情,谁不想有一笔好语言呵?而学习了近体诗、文言文的写作,语言的变化会更明显。至少,学生们对语言的运用有了更多的选择和斟酌的基础。

我们这类写作课程,极重视实践,它的学习方法,可以简明为一个字:写。道理千万,方法众多,但都比不了实践。写,是最好的老师,最好的方法。

我们不准备推荐有关写作技法、写作理论类的书,因为我们认为,法无定法,我们教的不是应用文写作。机械的方法、拘泥的框框越少越好。我们特别愿意学生多读一些好的经典作品,可以从中感受心灵的境界,熏染情怀、意识,感悟方法。在这个意义上说,我们并不认为开卷有益、什么书都值得读,而是应该反复品悟大师的不朽作品,读透了、读熟了,会在性情底色中有明显的反映,于写作而言极重要的语感也会因此在不觉之中臻至佳境。同学们在其他课程中接触的大都是经典,我们希望大家能够从写作的角度重新体会经典,也就是说,一般的读书,其对象是作品,而我们则要让自己成为经典作者的眼睛和心怀,成为他们的呼吸和歌唱。尤其要细致地体会、琢磨大师的动机和语言，读《左传》、《论语》、《庄子》、陶渊明、王维、杜甫、苏轼、李商隐、王实甫、《红楼梦》、《声无哀乐论》、《文心雕龙》、鲁迅，读《圣经》、莎士比亚、巴尔扎克、雨果、《浮士德》、《战争与和平》、海明威、卡夫卡、乔伊斯、博尔赫斯、卡佛，等等，等等，要从写作的角度去体会和领悟。而这一点，只有自己有写作实践，才能更细致地体会到。

老话说，功夫在诗外。我们特别愿意同学们多从其他的艺术类别中，从生活、大自然中获得精神和方法的启迪。四季山川的形容，行将就戮牛羊的眼神，月照风摇满墙的竹影，亲人寻常的话语，云横翠微的变化，旧椅朽败的模样，生老病死，爱恨情仇，音乐建筑，道路器皿，所有的事物，只要大家有心，都可以从中获得写作的启示，不仅是性灵的，也是方法的。

可以说，我们推荐的"阅读书目"，是世界。

人们活着，有各种需求。而精神的需求显然是极为重要的，人们需要吸纳对自己有利的精神，也需要将自己的精神欲求抒发出去，要说自己的话。写作是一种话语，是最重要的语言，它不但是力量的释放，同时也是力量积聚的方式，是对有质量的生活和情感的重温和追加。是歌哭与欢笑，是凝望与惦念，是对生命的挚爱。更重要的是，通过写作，我们可以创造出新的美，创造新的世界。

好风景都在路上。

旅途快乐！

二、阅读学

课程类别：校级精品资源共享课

主讲教师：万宇

课程介绍：

阅读学是编辑出版、心理学、语言学等多领域的一门交叉新科学，是一门研究阅读理论的专门学科。阅读学作为编辑出版专业的基础课程之一，侧重于研究出版发行领域内的阅读学。主要包括对阅读概念的阐释，对阅读心理、购买行为、阅读个性的分析，对影响阅读行为因素的研究，对阅读进行的分类研究，对阅读心理与市场营销之间关系的探讨，另外包括对阅读障碍、阅读治疗等的研究。总之，就是研究阅读行为产生、发展和变化的一般规律，及其与出版发行工作相互协调发展的规律。

该课程内容具有学科前沿性,旨在引导编辑出版专业的学生对编辑出版学科有进一步了解;让学生对阅读在出版发行领域的重要地位有深刻的认识,并对阅读与出版发行工作之间的相互联系和相互制约有更加透彻的理解。要求学生在结合案例、现象分析的基础上明晰阅读学的基本概念、基本原理,为学生日后的编辑实践工作打下良好的理论基础。

教学内容包括作为科学的阅读学、阅读概念解析、阅读心理、影响阅读行为的因素、阅读分类研究、阅读心理与图书市场营销等内容。它主要可以分为以下几个板块:阅读学的产生与发展;阅读学的研究内容;阅读学的任务和意义;阅读学的学科性质及相关学科;阅读学的研究方法;各阅读群体研究,包括少年儿童阅读、青年阅读、大学生阅读、农民阅读、知识分子阅读、老年阅读等。各板块内容彼此相互联系,互为依存。我们还引入了阅读领域中比较前沿的阅读障碍和阅读评价内容,例如"阅读评价"模块介绍了国际上比较权威的两项阅读测试,与我国阅读测试现状做了对比与反思。

课程科学阐述了阅读的原理与当今世界范围内对于"阅读"的新理解与变化,在阅读理念、阅读方法、阅读评价上都为学生们提供了更为开阔的视野。

三、影视写作

课程类别:校级研究性示范课程

主讲教师:沈国芳

课程介绍:

"影视写作"是文学院在"播音与主持艺术"和"戏剧影视文学"等本科专业中开设的学科基础课程。本科学生通过该门课程的学习应掌握电影、电视、新闻和广告基础文体的特点、写作方法,从而提高专业写作的能力。

作为在"写作"课程后开设的第一门影视文本创作课程,希冀引领学生进入到影视创作的领地,为后续的"新闻采访写作"、"影视评论写作"、"论文读写"等系列课程打下坚实的基础。

该课程教学成果以影视策划方案、微电影创作稿本、专题片稿本的形态出现,因而给后续的"摄像艺术与技术"、"微电影剧本创作"、"电视专题片制作"等课程做了文本写作能力的准备,在影视策划和制作教学整个体系中,这门课程为学生的创作和制作建构了一个腾跳的平台。多名学生的课程作业拍成影视作品并获得了省级以上相关奖项,主讲教师也获得"优秀指导教师"等荣誉称号。

主讲教师沈国芳领衔主编的教材《影视写作教程》是普通高等教育"十一五"国家级规划教材,2014年又入选为"十二五"普通高等教育本科国家级规划教材。该教材曾获得南京师范大学教材一等奖和江苏省高等学校精品教材奖。

在实际教学中,以激发学生"兴趣"为目标,以培养艺术思维和影视写作"能力"为教学目标。

从影视写作的构思讲起,谈到影视文本的语言、电影文本的写作、电视剧本的写作、文学的影视改编、影视评论写作、电视新闻写作、电视专题片写作、电视广告文案写作。注重各类型影视写作的特性、结构形式、思想以及表达。

第三章 文学院经典导读

第一节　文学类经典导读

一、文学理论

[1][希]柏拉图.文艺对话集[M].朱光潜,译.北京:人民文学出版社,1963.

[2][希]亚里士多德.诗学[M].罗念生,译.北京:人民文学出版社,1962.

[3]刘勰.文心雕龙注[M].范文澜,注.北京:人民文学出版社,1958.

[4]严羽.沧浪诗话[M].北京:人民文学出版社,1983.

[5]叶燮.原诗[M].霍松林,校注.北京:人民文学出版社,1979.

[6][德]康德.判断力批判[M].邓晓芒,译.北京:人民出版社,2002.

[7][德]黑格尔.美学[M].第一卷.朱光潜,译.北京:商务印书馆,1979.

[8]王国维.人间词话新注[M].滕咸惠,注.济南:齐鲁书社,1981.

[9][美]勒内·韦勒克,奥斯汀·沃伦.文学理论[M].刘象愚,邢培明,陈圣生,李哲明,译.南京:江苏教育出版社,2005.

[10]朱光潜.西方美学史[M].北京:人民文学出版社,1979.

[11][美]乔纳森·卡勒.文学理论入门[M].李平,译.南京:译林出版社,2008.

[12][德]沃尔夫冈·伊瑟尔.怎样做理论[M].朱刚,谷婷婷,潘玉莎,译.南京:南京大学出版社,2008.

(一)《文艺对话集》导读

由古希腊著名哲学家柏拉图著,中国当代美学家朱光潜编译的《文艺对话集》共收录柏拉图所写的八篇对话体文章,它们分别是"伊安"、"理想国"、"会饮"、"大希庇阿斯"、"斐德若"、"斐利布斯"、"法律"等篇。柏拉图所写的对话总共有四十篇左右,内容所涉及的范围很广,主要的是政治、伦理教育以及当时争论非常激烈的哲学上的问题。"对话"在文学体裁上属于柏拉图所说的"直接叙述"一类,在希腊史诗和戏剧里已经是一个重要的组成部分。柏拉图把它独立出来作为一种特殊的文学形式,运用于学术讨论,并且把它结合到所谓"苏格拉底式"的辩证法。这种辩证法是由毕达哥拉斯和赫拉克利特等人的矛盾统一思想发展出来的,其特点在于侧重揭露矛盾。对话者在相互讨论的过程中,各方论点的毛病和困难都像剥茧抽丝似的逐层被揭露出来,这样把错误的见解驳倒之后,就可以引向比较正确的结论。这些对话还展示了生动具体的辩证发展过程,不从抽象概念出发,而从具体事例出发,生动鲜明,以浅喻深,由近及远,去伪存真,层层深入,于活的思想辩证发展过程看到最后的结论。柏拉图树立了这种对话体的典范,后来许多思想家都采用过这种形式,但至今还没有人能够赶得上他。柏拉图的对话是希腊文学中一个卓越的贡献。

《文艺对话集》集中探讨了柏拉图对美学和文学艺术的看法,概括起来大致可以分为以下三个主要问题。第一,文艺对现实世界的关系。柏拉图认为,文艺是对现实世界的模仿,但是这个现实世界并不是真实的世界,只有理式世界才是真实的世界,而客观现实世界只是理式世界的摹本。只有"理式"才是世界的本质。这一观点亦贯穿于《文艺对话集》中对"美"的探讨。"大希庇阿斯篇"是人类历史上第一篇系统研究美学的文章,其主要探讨的问题是"美是什么"。通过借用其老师苏格拉底的名义,柏拉图在与古希腊赫赫有名的诡辩者希庇阿斯的针锋相对的辩驳中,体现了自己的美学思想。在柏拉图的思想中,他始终这样认为,美的现象为什么会是美的,这都是因为美的事物中具有美的本身的原因,是因为美的现象"分有"了美的本身、本质或"美的理式"。第二,文艺的社会功用。柏拉图认为,文艺必须对人类社会有用,文艺的好坏必须首先从政治的标准来衡量,如果从政治的标准看,一件文艺作品的影响是坏的,那么无论它的艺术性有多么高,都需毫不留情地把它清洗掉。第三,文艺才能的来源——灵感说。柏拉图认为诗人之所以能够写出伟大的作品,完全是出于灵感。《文艺对话集》中所体现出来的柏拉图美学和艺术思想对西方和中国当代文艺理论产生了深远的影响。

(撰写人:常俊玲)

(二)《诗学》导读

《诗学》为古希腊著名思想家亚里士多德所著,原名是《论诗》,是亚里士多德的讲义,内容有佚失。《诗学》首次在西方文化史上建立了系统的美学理论,具有完整的体系与严密的论证逻辑,对后世文艺理论和文学创作的发展有至关重要的作用。

《诗学》现存二十六章,分为五个部分,主要讨论悲剧和史诗。第一部分为序论,包括第一至第五章,主张艺术起源于摹仿。第二部分讨论悲剧的特征及构成要素,包括第六至第二十二章。第三部分讨论史诗,包括第二十三到第二十四章,介绍史诗的情节、结构、分类和成分。第四部分即第二十五章,分析批评家对诗人的指责,并提出反驳的原则与方法。第五部分即第二十六章,比较史诗与悲剧。亚里士多德在《诗学》中通过对艺术起源、悲剧、艺术的社会作用等三个问题的讨论,提出了文论史上的三个重要美学命题,即摹仿说、悲剧论、净化说。

在第一部分,亚里士多德从艺术对现实的摹仿谈起,通过"诗"与"历史"的比较分析了"诗"的独特特点。他认为,"历史"具有个别性,是一种描述,是一种记载;"诗"是一种艺术,是通过摹仿个别来表现一般的。"诗"作为一种摹仿的艺术,现实是其依照可然律或必然率进行虚构时的参照。不仅是诗,一切艺术都源于摹仿,摹仿也是把艺术和技艺区别开来的基础。亚里士多德还深信,摹仿是人的天性,人从孩提时代就有摹仿本能。艺术家不仅可以如实摹仿现实,而且还可以将其美化或丑化,但艺术家必须遵守可然律或必然率的规则。艺术还能够在模仿中将人的天性不断完善。

《诗学》讨论的核心问题是悲剧。亚里士多德将悲剧定义为"是对于一个严肃、完整、有一定长度的行动的摹仿;它的媒介是语言,具有各种悦耳之音,分别在剧的各部分使用;摹仿方式是借人物的动作来表达,而不是采用叙述法;借引起怜悯与恐惧来使这种情感得到陶冶"。同时,亚里士多德把悲剧分为情节、性格、思想、言辞、形象、歌曲六大部分,还重点讨论了情节和"性格"。他认为,情节要有一定的安排,要有内在的密切联系,而且要完整。"性格"必须善良、适合,必须相似、一致,必须合乎必然律。亚里士多德认为悲剧的主角应该是怜悯和恐惧的对象。一个善良的人因犯了过失而陷入厄运,但灾祸如果不是罪有应得,就会引起怜悯之情。同时,悲剧的主角"在道德品质和正义上并不是好到极点",而是"和我们自己类似",在遭受了不应遭受的厄运时,才能引发观众的恐惧之情。

亚里士多德还提出"净化说"的观点,认为悲剧能够使人的"情感得到陶冶"。国内学界有时直接将此处翻译为"卡塔西斯"(Katharsis),因为在西方美学史上,此处争议很大,既可以理解为"陶冶",也可以理解为"宣泄",至今未有定论。不过,从总体上来看,《诗学》所涉及的文艺与社会的关系以及文艺的社会功用等问题却是极为深刻的,也对后世产生了深远的影响。

(撰写人:李永新)

（三）《文心雕龙注》导读

说起《文心雕龙》，我们马上想到刘勰在《序志》篇中写到在而立之年曾梦见自己奉着丹漆祭器追求孔子向南而行，他早上醒来，非常高兴。原来是圣人、大儒的治学精神深深地激励了他，而后刘勰握笔调墨，终成《文心雕龙》，由此深深感喟中国文化精神的力量。《文心雕龙》的"原道"、"征圣"、"宗经"三篇频频标举《周易》、《诗》、《礼记》、《春秋》，主张以圣人经典为范本，提倡自然的文风，要求文采与声律也必自然生发，反对矫揉造作、过于注重形式，这显然是为了纠正当时讹滥浮靡的文风。可见，儒家的治学精神、文艺思想对刘勰有着深刻影响。

刘勰曾精研佛家经书，编定经藏，为此刘勰网罗佛家经论，区别部类，这样的研究无疑启发了他。刘勰的《文心雕龙》网罗天下古今文章，并按部类结构著作，体大思精，全面总结南齐以前中国文学创作与批评的丰富经验，论述清晰，体系完整。全书共10卷，50篇，包括总论、文体论、创作论、批评论，内容涉及不少文学理论中的重要问题。在文体论部分，《明诗》论述各代诗歌的特点，《乐府》则列举"南音"、"北声"、东音、西音展开文体地域性的讨论。在创作论部分，《神思》总言构思："陶钧文思，贵在虚静"，重点讨论了想象："寂然凝虑，思接千载"。《风骨》彪炳"志气"，推崇风力遒劲的创作风格。《情采》以"文附质"、"质待文"清晰阐释了"文质彬彬"的儒家创作观。在批评论部分，《时序》讨论文学风格与时代政治、文化的关系："时运交移，质文代变"。《物色》则充分诠释了自然与创作的关系："物色之动，心亦摇焉……情以物迁，辞以情发"。在讨论上述问题时，刘勰都能在吸取前人研究成果的基础上而有所丰富与提升，而且刘勰对我国文学的历史发展面貌，对许多重要的作家作品的艺术特色，对文学创作的方法技巧，都发表了许多有价值的意见，这些意见对中国文学史研究、古代文章学和修辞学研究，都很有参考价值。

最后想说，《文心雕龙》堪称文质兼美。我起初接触《文心雕龙》曾沉醉于颇具"浪漫"情怀的文字，"日月叠璧"的丽天之象，"山川焕绮"的理地之形，"仰观吐曜"，"俯察含章"，囊括天地万物的诗意情怀深深吸引着我、感染着我。如今，我仍常读《文心雕龙》，当然不仅是当作美文来读，偶尔也会因为曾经误读《文心雕龙》、辜负了它的文论价值而感到羞愧，但始终庆幸自己曾被它吸引。掩卷的那一刻，不禁想到："今人该去追随哪个古人以完成梦想呢？"

（撰写人：杨隽）

（四）《沧浪诗话》导读

"沧浪之水清兮，可以濯我缨。沧浪之水浊兮，可以濯我足。"清水洗帽带，浊水洗脚丫，孟子用人与自然交融的生活样态引导世人认识人自身的仁与不仁、尊贵与卑贱的差异根本取决于主动选择这一道理，可见，古人是如此善于参悟自然、妙解人生。千年后，自号沧浪逋客的严羽以一部《沧浪诗话》主张"诗有别材"、"诗有别趣"，强调诗歌具有区别于其他文体的特殊艺术规律。"别材"主张诗歌的题材源于"吟咏情性"，"别趣"强调诗歌重在"兴趣"、重在"妙悟"，严羽用虚实相生、空灵朦胧的"空中之音，相中之色、水中之月，镜中之象"传达以有限表现无限的诗学观念，追求言尽而意无穷的审美境界，这其中所涵纳的审美意味显然已经超越"意象"范畴而发出了对诗歌意境的艺术追求。可见，严羽充分汲取道家"虚实相生"的思想精华，以及由儒家的"易象"理论而生发成熟的"意象"文学理论，又在此基础上"熟参"佛禅境界，三者融会贯通而成《沧浪诗话》的诗歌意境，对盛唐意韵的称赏溢于言表，对李杜发出"金鳷擘海、香象渡河"的赞美。

此外，还要说上若干句的就是《沧浪诗话》的理论体系。宋代诗话繁兴，但大多近于随笔，严羽的《沧浪诗话》是其中最系统、理论性最强的一部诗话。全书分为五部分，《诗辨》提出论诗的基本主张，《诗体》、《诗法》、《诗评》分别谈诗歌的体制、写作方法和评论历代许多作家、作品。《考证》对一些诗篇文字、作者等进行辨证，有些也反映了严羽的文学思想。末附《答吴景仙书》，对诗话的主旨作了说明与补充，可视为作者自序。成熟的理论体系也决定了《沧浪诗话》具有较强的针对性，因为严羽主张"兴趣"与"妙悟"正是对宋诗"以文字为诗、以才学为诗、以议论为诗"不良风气的沉重一击，颇有针对性地批判了苏黄诗风、江西诗派、四灵诗派、江湖诗派，而将盛唐诗歌作为体现诗歌艺术本质的范本大加欣赏。自此真挚的情性、空灵的境界与隽永悠长的韵味成为品评诗歌审美意味的重要尺度，《沧浪诗话》由此深刻影响了后世诗歌理论的发展。明代前后七子"诗必盛唐"的主张显然与严羽推崇盛唐诗歌有关，"别趣"、"妙悟"对清代王士祯的"神韵说"和袁枚的"性灵说"也都有较大影响。

（撰写人：杨隽）

（五）《原诗》导读

叶燮（1627—1703），字星期，号己畦，人称横山先生。叶燮所作《原诗》

总结诗歌创作与批评史上的成果,特别吸取了明代至当时诗坛上复古与创新、宗唐与守宋等经验教训,着重探索了诗歌的发展规律、创作的主客观条件、艺术表现方法的多样性等问题,是古代诗话中理论性、逻辑性、系统性皆强的著作。《原诗》分内外四卷,"内篇,标宗旨也;外篇,肆博辩也"(沈珩《原诗叙》)。《原诗》集中论述了诗歌变化演进之道,以源、流、正、变论述诗歌的历史发展,以沿、革、因、创论述诗歌发展中继承与创造的关系,而且还着重探讨了审美主体与审美对象的关系。叶燮用"理、事、情"三者概括世界的万物事理,认为"才、胆、识、力"四者是审美主体必备的素养,"凡物之美者,盈天地间皆是也,然必待人之神明才慧而见"。叶燮认为审美活动的发生依赖于审美主体对审美对象的发现,依赖于审美主体的神明才慧,这里显然强调了审美活动的主观因素。但实际上《原诗》还是主张从审美主客体交互作用的角度把握情感与理性,即"情必依乎理",审美活动是"情理交至"的过程。这一点充分体现了《原诗》美学思想的现代意义。

《原诗》更有针砭时弊的意义,它批判的对象除了明代七子、公安、竟陵余风之外,还针对程嘉燧、冯班、吴乔、汪琬等学晚唐和宋元诗派,不愧为清代富有理论光辉的著作,这种批判精神是《原诗》现代意义的另一表现。因此《原诗》不仅是中国古典文论的集大成者,并且超越古典,通向了现代。但由于时代的限制,《原诗》在作者生时没有产生应有的影响,其思想主要通过他的学生沈德潜得到较为广泛的传播。

(撰写人:杨隽)

(六)《判断力批判》导读

德国著名哲学家康德的《判断力批判》初版于1790年,是一部标志着美学学科体系建立的极为重要的美学著作。康德的批判哲学主要研究人的认识能力及其范围与限度。该书是康德在《纯粹理性批判》与《实践理性批判》两部著作中分别完成了对人的"知性"与"理性"——"知"与"意"——的批判之后,主要以"判断力"——"情"——为批判对象的著作。全书除序言和导言之外,分为"审美判断力批判"和"目的论判断力批判"两个部分。

序言和导言部分主要指明了《判断力批判》这部著作在康德的全部批判哲学体系中的地位、必要性和意义。序言部分主要指出,在我们认识能力的秩序中,判断力构成了知性与理性的一个中介环节,也即"情"是沟通"知"与"意"的桥梁。因此,《判断力批判》既是前两个批判的联结,也是纯粹理性的全部批判的最终完成。导言则简明扼要地说明了康德的批判哲学体系是由"知性"、"理性"以及"判断力"三个部分构成,知性立法和理性立法——自然和自由、认识和道德——作为两个相互独立的领域必须由判断力的先天原理联系起来,否则批判哲学既不能构成一个完整的体系,也无法对人的认识能力做出明确界定与分析。导言还进一步指出,作为联结中介的判断力是一种"反思性的"判断力,并且出于这种需要而确立了可以分为主观的、形式的合目的性和客观的、质料的合目的性两类自然合目的性的立法原则。

"审美判断力批判"部分是康德论述美学观点的主要部分,主要以主观的、形式的合目的性的判断力,也即审美的判断力为分析对象,分为"分析论"与"辩证论"两部分。"分析论"首先对美做了分析,以无利害的快感、无概念的普遍性、无目的的合目的性以及无概念的必然性等鉴赏判断的四个契机对美的普遍一般进行了说明;其次对崇高做了分析,主张无论是数学的崇高还是力学的崇高,都是想象力和知性不能和谐(因而带来痛苦)却跳出知性去和理性达到和谐(因而带来更高层次的愉快),因而同样显示为想象力的合目的性活动。"辩证论"主要分析了审美标准问题的二律背反及其解决。

"目的判断力批判"部分主要论述了康德的自然观。这部分以客观的、质料的合目的性的判断力,也即审美的判断力为分析对象,并强调自然的客观合目的性只是反思判断力反思自然的一条调节性原理,而非构成性原理,分为"分析论"、"辩证论"和"方法论"三个部分。这部分与美学关系不大,在此不再赘述。

(撰写人:李永新)

(七)《美学》(第一卷)导读

黑格尔的《美学》是西方美学史上具有划时代意义的鸿篇巨著。朱光潜先生在《美学》中译本"译后记"中曾写道:"在马克思主义以前,西方美学和文艺理论的书籍虽是汗牛充栋,真正有科学价值而影响深广的也只有两部书,一部是古希腊亚里士多德的《诗学》,另一部就是19世纪初期的黑格尔的《美学》。"

《美学》第一卷是整部著作的总论,也可以说是核心前提,后面的几部都是对第一卷的一种艺术史的验证。它大体上谈了几个部分的内容。首先指出"理念就是概念与客观存在的统一",黑格尔把艺术确定为绝对精神的体现,它是绝对精神的第一个阶段。紧接着论述"理念的最浅近的客观存在就是自然,第一种美就是自然美",但他否定自然美崇尚艺术美。后面谈"理想"的特点以及论艺术家创作的一般规律。从方法论的角度,黑格尔把他的辩证法运用于美学。他认为最高的实在也是一个运动的、动态的过程,充满着矛盾和对立,不能用抽象的概念来理解和论证实在,常人的抽象思维只能孤立静止地理解存在的事物,只能单独地思考它们的特殊的阶段和对立,而不能思考对立面的统一。既然一切存在物的真理只存在于理念之中,理念是唯一真正的实在,那么正确的方法必须论述实在的所有矛盾,并表明它们如何调和、保存于一种协调一致的整体中。所以思维就必须从最简单、抽象和空洞的概念开始,前进到比较复杂、具体和丰富的概念,前进到总念,这就是黑格尔辩证法的认识。他对美有一个宏观的定义:"美就是理念的感性显现"。他所说的理念就是最高精神和最高的实在。他认为美就是普遍与特殊、一般与个别、客观与主观、理性与感性等的统一。这种统一是通过艺术的感性的形式表现出来的。黑格尔的《美学》在美学研究中运用了辩证发展的观点和历史的观点,它以"美是理念的感性显现"这个定义为中心,强调了艺术与人生重大问题的关系,并且深入地讨论了艺术的理性内容和艺术的发展史,史无前例地拓宽了美学研究的范围。黑格尔的美学思想代表了那个时代的美学的最高成就,对现代美学也产生了深刻的影响。

(撰写人:常俊玲)

(八)《人间词话新注》导读

王国维是中国最早援引西方哲学和美学理论分析中国传统文学和文论范畴的理论家,在开启中国现代学术研究进程的同时也对其作出了极为重要的贡献。《人间词话》是王国维借助西方理论资源分析中国传统诗学概念的一部成功之作,具有明显的中西汇通的特点。王国维以中国古典诗词和诗学概念为分析对象,借助西方理论资源,将西方哲学和美学概念与中国传统文学批评相嫁接,不但一改中国传统学术研究的方法和理路,更为重要的是,努力将西方各种思想资源与中国传统研究兼容,为中国学术研究开出了一条新路。《人间词话新注》分上、下两卷,上卷为"人间词话",下卷为"人间词话附录"。上卷是根据王国维《人间词话》原稿本整理而成的;下卷系辑录《人间词话》以外的王国维零星论词的言论。书前有周振甫的《序》和滕咸惠自撰的论文《略论王国维的美学思想》两部分。滕咸惠的《略论王国维的美学思想》对王国维的"境界说"以及所表现的美学思想进行了详细论述。

《人间词话新注》上卷"人间词话"共六十四则词话。第一到第九则是"境界说",阐述了王国维诗词批评的基本原则。事实上,"境界说"是王国维融贯中西理论思想而形成的新产物,是中国诗词批评的一种全新的理论。

第十至第五十二则的主要内容是,王国维按照时代先后顺序对李太白、温庭筠、韦应物、中主(李璟)、后主(李煜)、正中(冯延巳)以下以及清之纳兰性德等历代名家作品进行的分析与批评。第五十三则及其以后部分,则是王国维总结前述的文学作品评析所得到的一些重要结论,如文体演化、诗人与外物的关系、诗中的游词等。最后两则是,王国维大胆地运用"境界说"分析了元曲,为"境界说"的应用开辟了新的领域,指明了"境界说"的无限潜力。当然,这一部分也并非仅限于此,还提出了诸如"隔"与"不隔"说等新的文学批评范畴和观念。《人间词话新注》下卷"人间词话附录"部分则主要是王国维零星论词的言论,对上卷的理论部分进行了有效的补充。

(撰写人:李永新)

(九)《文学理论》导读

《文学理论》是韦勒克和沃伦合著的最具代表性的理论著作。韦勒克(1903—1995),美国著名文学理论家,英美新批评派的代表人物。韦勒克的《文学理论》是20世纪30年代"新批评"思潮的产物。《文学理论》最大的贡献就是区分了文学的内部研究和外部研究,强调文学内部研究的重要性,凸显了"新批评"的研究理路。韦勒克把对文学自身的种种因素,如作品的存在方式、叙述性小说的性质和模式、类型、文体学以及意象、隐喻、象征、神话等形式因素的研究划归到文学的"内部研究",体现了20世纪新批评理论的文学诉求,即凸显了文学的审美价值。只有重视对作品的内部研究,才能真正理解文学作品的审美意义和价值。因而,这一部分无疑是全书的核心。从章节安排可以看出,作者首先驳斥了文学艺术品是"人工制品"、"声音序列"、"读者的体验"、"作者的体验"、"一切经验的总和"等观点,主张把文学作品看作一个"多层面"的复杂结构。作者借鉴了波兰现象学哲学家英伽登的阐释模式,把文学作品分为四个层面:一是声音层面——谐音、节奏和格律;二是意义单元——它决定文学作品形式上的语言结构、风格与文体以及规则;三是意象与隐喻——文体中最核心的部分;四是存在于象征和象征系统中的作品的特殊"世界"。作者用了三章依次讨论了这些不同的层面,接着又专章探讨了叙事性作品的形式和技巧,最后用三章分别讨论了文学类型、文学评价和文学史的问题。

韦勒克的《文学理论》强调"文学的内部研究",在文学作品的语言、形式、结构、技巧等属于文学自身的因素中追寻"文学性"。这对中国20世纪80年代以来的文学观念的更新和文学理论的建构有着重大影响。20世纪

80年代以来形成的文学的"审美意识形态"之说,深受《文学理论》的影响。《文学理论》的第二大贡献就是划清了文学研究的三大疆域,第一部第四章《文学理论、文学批评和文学史》中规定了三大疆域,即文学理论、文学批评和文学史的研究对象,这已经成为文学理论界的共识性知识。《文学理论》的第三大贡献就在于韦勒克作为比较文学的著名学者,从比较文学的视野,对"比较文学"、"总体文学"和"民族文学"作了辨析。这部《文学理论》也成为"比较文学"学科的必读书。韦勒克的《文学理论》无论是在文学观念上,还是在方法论上,对中国文学理论界的示范意义都极大。

(撰写人:常俊玲)

(十)《西方美学史》导读

美学的概念,来自西方。西方已有许多著作可供学习、研讨,为什么还需要读一位中国学者写的《西方美学史》?

我想,朱光潜的这部书,无论在资料的占有,还是具体问题的分析上,都有不逊于西方学者的地方。这在作者自己所列的对西方著作的评骘书目中就可以看出他所下的工夫。例如,对韦勒克的《近代文学批评史》的评点。而且,不仅在对美学本身所体现的眼光、胸襟,更在于对整个西方审美文化的重视上。可以说,胸中装有一部西方哲学史,一部西方艺术史、文学史,还有一部西方文化史,才能够自如地写出这样一部《西方美学史》。这就是许多后来的著作无法超越的地方。其实,在一些叙述、一些论述上,作者都有超迈西方学者之处,不妨比较一些同类作品,自可看出优劣。

朱光潜先生的《西方美学史》,对美学在西方的发展历程,作出了清晰而深入的叙述。朱先生的文章,清晰而流丽,是一种汉语表达的典范,尤其是汉语学术表达的典范。朱先生继承了中国文化、尤其是中国文学的精髓,在这部书的文字表达上,达到了一种高度自然而自如的境界,使得此书处处可以涵咏沉潜。较之时下的某些散发所谓文采的文章,其高下不啻千里。这既体现了中国美学家的一种风范,又体现了中国美学家对西方美学精深的解读、宏观的把握能力。这,或许是西方美学著作所难以提供的。

在写作过程中,作者心中始终有着读者。他不仅教给我们如何读最为重要的那些西方美学基本著作,而且在现身说法的解说中,处处显示自己庖丁解牛般的精湛技艺。例如柏拉图、维科、黑格尔,作者自己倾注大量心血,在本书写作当时和后来,翻译了他们的重要著作,皆蔚为经典;而且书中的阐述更体现了清晰明白的风格。其"清",如水晶,在阳光下显出斑斓五彩;

如边疆的泉水,清又纯,有点甜。其明晰,则是吃透了原著后才能达到的"明白"、"澄明"。如果我们首先读过了原著,对此当有更深的体会。正是这种对西方美学的深刻把握,使得这部西方美学史的开创之作,成为后人难以超越的高峰。例如,对康德美学的解说,作者自己的《判断力批判》译文,清晰而流畅,堪称经典,虽作者未曾译出全书,但已足见本领;而从康德哲学整体结构中,把握康德美学的特征,步步深入,提出康德的若干命题,其解析之精妙、之流畅,真恢恢乎若有余地也。

这里,似乎说的都是朱光潜先生的"怎么写",与"怎么读"有关吗?或许,还真的有关。如果能从"怎么写"领悟到"怎么读",我们才会真正进入"读"、"写"之间的"美学"。

(撰写人:骆冬青)

(十一)《文学理论入门》导读

乔纳森·卡勒,是美国解构主义批评的代表人物,是康奈尔大学英语与比较文学教授。他的《结构主义诗学》和《论解构:结构主义之后的理论和批评》,对欧洲结构主义和解构主义在美国的传播作出了突出的贡献。作为欧洲理论在美国的权威阐释者之一,他在文学理论和文学批评领域取得了重要的成就。难能可贵的是,《文学理论入门》并非常见的晦涩难懂的理论巨著,而是一本为文学理论入门者所写的相对通俗易懂的小书。《文学理论入门》勾勒了理论所倡导的各个关节点的"流变",非常清晰地阐释了文学理论的内涵。全书除前言、附录和索引外,共有八章,分别对文学理论的基本问题和近年来的一些热点问题进行了论述。

前言部分主要指明了《文学理论入门》这部著作是以讨论的方式来介绍理论的。

在第一章中,卡勒开门见山地提出"理论是什么",认为文学理论不是文学的附庸品,而是由思想和作品汇集而成的一个整体,很难界定其范围。卡勒用福柯论性和德里达论写作两个例子来说明他所谓的"理论",并展示现代理论的主要发展趋势,指出理论就是对常识的批评、对自然而然的怀疑、对现有理论的反思,并认为理论不过是历史和文化的产物。总之,理论很麻烦,是不可预测、不可控的。

第二章"文学是什么?这个问题重要吗?"中,卡勒强调文学的当下意义是近两百年才有的,不同理论视角下的文学本质也各式各样,"文学是什么"并不重要,对"文学性"的理解才是关键。

第三章"文学与文化研究"中,卡勒讨论了文学研究和文化研究的共同问题与明显差异。文学研究尽管已然成为文化研究的一部分,但与文化研究的明显冲突在于:一个是精英式的,一个是大众化的。还借助"什么是文学经典"和"谁的分析方式更好"两大议题对文化对象进行了讨论。

在后面的五章中,卡勒通过"语言、意义和解读"引出对解释学和诗学的讨论,阐释形式与意义;在"修辞、诗学与诗歌"中通过对文学手段、文学效果的讨论阐释修辞学和诗学,通过对抒情诗和叙事诗的讨论引出"叙述理论";在"叙述"一章中,作者强调文学叙述是人类理解生活的模式,叙述结构更具有说服力,通过对情节、表述、聚焦三要素的分析阐释"叙述理论";而"述行语"则是作者对理论的一个实例的研究,从奥斯汀与德里达关于述行语的论争中,解构主义的母题再次出现:没有什么是自然的。接下来,分析解构叙述背后的"身份、认同和主体"也成为必然。

最后的附录部分,卡勒对主要批评学派或流派做了一个简要的描述。

(撰写人:李永新)

(十二)《怎样做理论》导读

德国著名文学理论家沃尔夫冈·伊瑟尔,是读者反应批评的创始人,其所著的《隐含的读者》(1974)和《阅读行为》(1978)已成为文学理论的经典之作。《怎样做理论》是伊瑟尔教授最后完成的一部著作。他在这部著作中以简洁流畅的语言,对20世纪主要的批评理论流派进行了清晰明了的梳理和简明扼要的分析。他运用不同的批评理论,对济慈的《希腊古瓮颂》、斯宾塞的《牧人月历》、艾略特的《荒原》等作品进行了多元解读。伊瑟尔在对作品进行解读的同时,勾勒出每个理论流派的主要观点,梳理该流派的产生与发展。《怎样做理论》中伊瑟尔语言的清晰,其对理论的准确把握,对作品解读的客观,展现了不同的文学理论流派在文本解读中所具有的潜力。《怎样做理论》除前言、术语表和三篇附录外,共有十四章:第一章为导论,其后十三章分别介绍各理论流派。

前言部分伊瑟尔主要阐述了《怎样做理论》的成书主要是为使初学者认知各式各样的理论建构的方式。

第一章导论部分伊瑟尔较为宏观地阐述了"为什么需要理论?理论是什么?"等几个问题。他主要解释了文学理论到底是什么,以及为什么有这么多理论流派的原因。在其后的十三章中,伊瑟尔对现象学理论、阐释学理论、格式塔理论、读者接受理论、符号学理论、心理分析理论、马克思主义理论、解构主义理论、文学人类学理论、艺术经验理论，以及女性主义理论等影响较大的理论流派进行了阐释。在每一章中，伊瑟尔首先从自己的角度出发，用顺畅的语言条理清晰地描述晦涩难懂的理论，并在字里行间保有客观谨慎的态度，仅仅阐明各理论的主要论点及其得失，以免影响读者的判断。其次，伊瑟尔通过大量的引述，梳理各个理论家们的认知程式，来解释其认知框架据以建立的方式，而对每种理论几乎都只选择一个代表人物来解释理论建构的方式则是为了以免扰乱理论建构的连贯性。最后，为了便于初学者理解，伊瑟尔通过各批评理论在具体文本分析中的应用，以此为范例生动地评述各理论特点。

最后附有的术语表，客观地解释了各理论的主要术语以便学习。附录的几个文本则便于理解实例。

（撰写人：李永新）

二、中国古代文学

[1]鲁迅.中国小说史略[M].北京：人民文学出版社，2007.

[2]胡适.白话文学史[M].北京：北京大学出版社，2014.

[3]朱光潜.诗论[M].北京：三联书店，1998.

[4]王遥.中国文学史论[M].北京：北京大学，1998.

[5]陈寅恪.元白诗笺证稿[M].北京：三联书店，2011.

[6]朱祖谋编选，唐圭璋笺注.宋词三百首笺注[M].北京：人民文学出版社，2013.

[7]钱钟书选注.宋诗选注.北京：三联书店，2011.

[8]王国维.宋元戏曲史[M].上海：上海古籍出版社，1998.

[9]胡适.中国章回小说考证[M].北京：北京师范大学出版社，2013.

[10]王骥德.曲律注释[M].陈多，叶长海，注释.上海：上海古籍出版社，2012.

（一）《中国小说史略》导读

鲁迅先生从1920年开始，在北京大学、北京师范大学、北京女子师范大学开设中国小说史课程，本书就是在课程讲义的基础上不断修订完善而形成的。1923年由北京大学新潮出版社分上下册首次出版,1925年由北新书局合为一册再版,1930年修订后重印,1935年再次修订后出了第十版。全书共分二十八篇,叙述了从上古神话到清末谴责小说的发展演变过程。

在此之前,传统文学观念对小说并不重视。中国人所编的中国文学史如林传甲的《中国文学史》(1904年出版)对小说基本采取了排斥的态度,谢无量的《中国大文学史》(1918年出版)只用了不到十分之一的篇幅叙及小说;即便在外国人所撰写的中国文学史著作中,对中国古典小说的叙述也都是片断、零散而不成系统的。鲁迅先生在讲授中国小说史之前,曾对相关材料作了充分搜集、考订工作,汇辑了《古小说钩沉》《唐宋传奇集》等小说文本,以及《小说旧闻钞》这样的小说材料。与鲁迅同时,胡适开始了对明清时期一些著名的章回小说的研究,挖掘到了许多第一手的宝贵材料,大大丰富了人们对明清小说的认识。这些都为鲁迅先生写作此书打下了很好的基础。

《中国小说史略》是中国小说史的开山之作。第一,它基本确定了中国小说史的研究对象。"小说"这一概念在古代与现代有较大的差异,不同的学者对其内涵与外延也有不同的理解。鲁迅先生在此书中阐明,唐以前的所谓小说,以著录于子部小说家类的文献为主要研究对象,而且做了作品辑录、作者辨伪、创作时代考订等基本的文献工作;唐朝则以散见于各种类书的传奇为主要研究对象;宋朝则以话本、拟话本等白话小说为主要研究对象;明清则以章回小说为主要研究对象。以后的学者虽然在研究范围上有所扩充,但都承认,以上文本在中国小说中价值最大、成就最高,因此,小说史的研究对象至今为止并没有太大的变化。

第二,此书以高屋建瓴的眼光提纲挈领地叙述了中国小说的历史变迁过程,相关叙述充分表现出鲁迅具有非常现代的文学观念。比如,前人将志怪小说的源头追溯到《齐谐》与《夷坚》,鲁迅则引入当时还非常新鲜的外来概念,将小说的源头追溯到神话,而且对神话产生的原因、演变的过程、文献中存留的主要神话以及中国神话数量少的原因等都作了简明扼要的分析与叙述。他指出,与诗一样,唐朝也是小说的一个重要的转捩点,唐代传奇与唐前小说相比,最大的不同是"始有意为小说",实际上,这也是古代"小说"与现代小说的最大不同。而宋朝以后,小说的一大变迁是白话小说的出现,它们代表了中国小说的最高成就。这些观点,至今依然为学术界所沿用。

第三,鲁迅先生往往能够揭示出文学现象背后的政治、社会、宗教、文化原因。如谈及魏晋志怪小说的兴盛时,鲁迅指出这与汉末以后道教的兴盛、佛教的传入密切相关;在谈到此一时期志人(轶事)小说的兴起时,鲁迅指出,这与东汉以来士人注重人物品第以及清谈之风具有因果关系。在论述神魔小说时,鲁迅联系宋代宣和以来"道流羽客"的习俗,以及明时方伎杂流拜官的社会现象,指出这种社会风气是神魔小说产生与兴盛的土壤。

第四,由于对研究对象有着深入的认识,加上本身具有高度的分析、概括与语言能力,鲁迅对相关小说的分类、命名与评价往往准确精当,如将明代小说区分为神魔小说、人情小说;将清代小说区分为讽刺小说、人情小说、才学小说、狭邪小说、侠义公案、谴责小说等,大部分为后人沿用。如评价《世说新语》:"记言则玄远冷峻,记行则高简瑰奇。"说《儒林外史》的结构:"虽云长篇,颇同短制;但如集诸碎锦,合为帖子,虽非巨幅,而时见珍异,因亦娱心,使人刮目矣。"这些均为不刊之论,后人很难再措一辞。

总之,此书是这一领域内的开山之作,距首次出版已经九十多年,但大部分的观点、结论依然为学术界所沿用,几乎没有发现什么重大的错误,这可以说是学术史上的一个奇观。

(撰写人:王青)

(二)《白话文学史》导读

此书原是胡适在1921年为教育部所办的国语讲习所编写的文学史讲义,经过反复修改后,1928年由新月书店出版。在此之前,中国文学史论述的重点放在传统的诗、赋、文上,而这些作品均是用文言写作的;词、曲以及小说等用白话写就的文体虽有所论及,但重视不够,所占篇幅很小。胡适于1917年1月发表的《文学改良刍议》,标志着新文学运动的发端。这以后的十年间,胡适一直在大力倡导"白话文学"。为了强调"白话文学"渊源有着悠久的优良传统,胡适以一种全新的文学观、价值观重新评判中国文学史,对中国文学史作了全新的叙述,将"白话文学"作为中国文学史的核心内容,这大大影响了后人的文学史编纂。可以说,我们现在所接受的文学与文学史观念,很大部分来自胡适的这部《白话文学史》。

胡适编纂《白话文学史》的逻辑起点在于中国历史上语、文分离这一事实。在他看来,战国时语体与文体就已经分开,到了汉朝,古代的文体就已经基本脱离了语言而不为大众所理解,但依靠着政府实行的诸如科举等政策得以保存,但在日常生活中并无人运用,所以是一种死去的语言。真正的文学则产生于大众所通用的白话文中。胡适此书所说的"白话"有三个意思:一是说得出、听得懂的话,二是不加粉饰的话,三是明白晓畅的话。这样,"白话文学"的概念,不仅指用口语创作的作品,也指用明白晓畅的文言创作的作品。此范围,基本上能够涵盖中国文学史上的大部分优秀作品。据此,胡适认为,"白话文学"是中国文学史的核心部分。

为了提升白话文学的地位,胡适建立了一种新的文学价值观,概括而言,那就是"活"的文学远高于"死"的文学,平民文学远胜于贵族文学。文言作品,是采用业已死亡的语言写就的作品,所以,它是模仿的、沿袭的、没有生气的;而白话文学,则用的是活的语言,反映的是现实的生活,所以它是充满生气的、自然的、活泼的。由于大部分优秀的作品出自于平民,所以胡适特别推崇平民的、贴近平凡的日常生活、表达真实的痛苦与快乐的作品;反对贵族的、矫揉造作的、无病呻吟的作品;从他的个人趣味出发,他更喜欢诙谐生动的风格。

在这些价值观念的指导下,相比于前代文学史著作,胡适叙述的唐代以前文学史的主体内容可以说是全新的,包括了民歌(汉朝民歌、魏晋南北朝民歌),以及受民歌影响的文人五言抒情诗和叙事诗(他称之为故事诗)、浅近的接近口语的散文、口语化的佛教翻译文学、唐朝的白话诗与文人乐府(其中很重要的是文人所写的新乐府)等,这些都是以前的文学史所忽略、轻视的。由于胡适的提倡,这些作品(除了佛经翻译文学之外)都提升为文学史的经典,其内容都成为后来通行的文学史中论述的重点。而胡适倡导的价值观念,也在很长一段时间内成为评判文学作品的主要标准,至今还有很大的影响。

不过,白话文学的很多经典作品创作于宋元明清之时,其高潮出现于元朝之后,但胡适的这部《白话文学史》只完成了上卷,对于唐以后的文学,他虽有一个大致的设想,也搜集了不少材料,却一直都没有完成。这大大影响了此书的价值。

(撰写人:王青)

(三)《诗论》导读

此书原是朱光潜在北京大学、武汉大学等校授课时的讲义,1942年由重庆国民图书出版社印行,1947年增订重版,1984年北京三联书店出版简体字本,1998年重版。作者认为,中国向来只有诗话而无诗学,信手拈来,片言中肯,简练亲切,是其所长;但短处是零乱琐碎,不成系统,缺乏科学的精神和方法。因此,他借鉴西方诗学理论,希望通过谨严的分析与逻辑的归纳对中国诗歌进行全新的阐析。

全书共分十三章,第一至第七章是诗歌基本理论的介绍,其内容包括诗的起源,诗与谐隐的关系,诗的情趣与意象,诗歌如何用语言文字表现情感与思想,诗与散文的差别,诗与音乐、绘画的关系等。第八至第十二章讨论中国诗歌,其内容包括中国诗的节奏与声韵、中国诗律化的原因与过程,第十三章介绍著名的中国诗人陶渊明的身世、交游、阅读和思想、情感生活、人格与风格。

朱光潜采用的主要是心理学的方法,文学理论上的一些基本观念则来自克罗齐。在论述诗歌起源时,他认为,诗歌渊源于人类的天性,人类需要诗歌来表现内在情感或再现外部印象,诗歌最初是与音乐舞蹈同源的三位一体的混合物。其第一重创作是个人的,第二重创作则是群众的。诗与谐隐和文字游戏都有相通之处,处理得好能成为诗的胜境,处理不好,则成为诗的瑕疵,关键在于作者有无至性深情。诗的境界得之于诗人的直觉,其所见的意象恰能表现一种情趣,从而达到情趣与意象的契合,情趣与意象契合的程度可区分出不同的境界。

在谈到语言文字与思想感情的关系时他认为:思想、情感与语言是一个完整连贯的心理反应中的三个方面,情感思想和语言是全体和部分的关系,凡语言必伴有情感或思想,但是情感思想的一部分有不伴着语言的可能,情感中有许多细微的曲折起伏是语言所不达而意识所可达的。诗的特殊功能就在于以部分暗示全体,以片段情境唤起整个情境的意象和情趣。

在讨论诗与散文的根本区别时他认为:音律是诗歌这种文体的最大特征之一,是区别于散文的显著标志,音乐、舞蹈与诗歌的共同命脉是节奏。就中国诗歌来说,所谓的四声,其调质的差别比长短、高低、轻重的分别更为明显,它对于节奏的影响甚微,但对于制造和谐则功用甚大。中国诗的节奏主要是在顿上见出。在中国诗中,韵尤其重要,其最大功用是把涣散的声音联络贯串在一起,以回环往复的方式造成章节的前后呼应与和谐。这些观点非常别致,并富有启发性。在谈到律诗时,朱光潜认为律诗最大的特点在于对音律与对仗的追求,对对仗的重视是受赋的影响,对声律的重视则来自齐梁以后梵学的流行以及对诗歌音乐性的追求。这些都是当时和现今的通行观点。

在论述过程中，此书顺带介绍了西方一些有代表的诗学理论，阅读此书，也有助于对西方文学理论的了解。而在诸多的诗学理论中，《诗论》采择的大部分观点都比较令人信服。因此，此书至今还是最通俗易懂、最有说服力的诗学著作之一。

（撰写人：王青）

（四）《中古文学史论》导读

王瑶的《中古文学史论》写作于1942—1948年间；1951年由上海棠棣出版社出版，分为《中古文学思想》、《中古文人生活》、《中古文学风貌》三册；1956年，在经过增删后，改题为《中古文学史论集》，由古典文学出版社刊行，1982年由上海古籍出版社重印；1986年，北京大学出版社恢复原题《中古文学史论》后再版。

本书所谓的"中古"，起于汉末，迄于梁陈。全书共十四章，大致分三个范围。第一部分着重于文学思想本身以及和一般社会思想的关系，涉及当时的政治社会情况、文士地位以及流行思潮对文论、文体辨析以及小说创作的影响。第二部分侧重于"文人生活"和文学作品的关系，包括文人与药、文人与酒、文人的隐逸之风及拟古与作伪的风气等，明显可以看出鲁迅先生的《魏晋风度及文章与酒及药之关系》对作者的影响，但材料更加详实丰富。第三部分为文学风貌，论述三曹、七子、潘岳、陆机、徐陵、庾信等中古时期的主要作家，并对东晋和齐梁诗歌发展的历史过程与主要贡献作了详细的分析介绍。

作者对文学史的学科性质有着自觉的认识，在他看来，文学史既是文艺科学，又是历史科学，它既不同于以分析和评价作品的艺术成就为任务的文学批评，也不同于以探讨文艺的普遍规律为目标的文艺理论；它的性质应该是研究能够体现一定历史时期文学特征的具体现象，并从中阐明文学发展的过程和它的规律性。因此，本书主要采用文史结合、以史释文、以史证文的方法。作者努力将文学放在广阔的历史背景之下，运用古代文献中的相关记载，来揭示文学现象背后的生活、政治、社会与思想原因。此书描述中古时期文学发展的过程，但他通常不将文学发展的动力归因于文学自身，而更多地从文学外部去寻找。尤其值得重视的是作者对文人生活和心态的研究,他将生活与心态视为社会、政治影响文学的一个重要的中介环节。在作者之前,鲁迅、陈寅恪等运用类似的方法研究中古时期的文学现象,这对作者有很多的启发和引导。

与作者的追求和方法相关联,此书的特点之一是材料丰富,证据充分。他的每一个论断,都不是凭空的臆想,而是有大量史料作根据。有时,为了说明一个论断,作者要连续用上十几条材料。其次是善于总结归纳,能够从丰富复杂的文学历史中找出带普遍性的、可以反映时代特点、体现文学规律的文学现象。比如他将东晋诗歌的发展历程归纳为玄言——山水——田园,将齐梁诗歌的特点总结为隶事、声律与宫体,这些都很好地揭示出这两个历史时期的诗歌特征;通过徐陵、庾信讨论六朝的骈体文,他也很好地抓住了六朝文章的发展趋向与特点。最后,由于作者掌握的材料较为全面,也努力追求尽可能的客观,所以,无论是作品的分析、现象成因的探究还是作者的评判都较为客观公允。此书的大部分观点至今依然沿用,这也充分说明了此书的生命力与价值所在。

(撰写人:王青)

(五)《元白诗笺证稿》导读

陈寅恪(1890—1969),江西修水人。早年留学日本、欧美,先后就读于德国柏林大学、瑞士苏黎世大学、法国巴黎高等政治学校和美国哈佛大学。1925年归国,历任清华学校国学研究院导师,清华大学中文、哲学、历史三系合聘教授,西南联合大学教授,兼任中央研究院历史语言研究所研究员、第一组(历史)主任、故宫博物院理事等,后当选为中央研究院院士。1952年后,任中山大学教授、中央文史馆副馆长、中国科学院哲学社会科学部委员等。著有《寒柳堂集》、《隋唐制度渊源论稿》、《唐代政治史述论稿》、《金明馆丛稿初编》、《金明馆丛稿二编》、《柳如是别传》等。

《元白诗笺证稿》初稿完成于20世纪40年代中期,1950年由原岭南大学中国文化研究室刊行,1955年经修订由文学古籍刊行社重版,1959年再度经作者校正错误,增补材料,由中华书局上海编辑所出版。1978年上海古籍出版社又以1959年版为底本,再度出版。目前通行本为三联书店2001年版、2009年版、2011年版。

在《元白诗笺证稿》中,陈先生运用苦心搜集的大量资料,钩沉索隐,对唐代诗人元稹和白居易的主要作品进行细密的考释和辨证,从而揭示其创作的意旨和背景。全书由《长恨歌》《琵琶引》《连昌宫词》《艳诗及悼亡诗》(附读《莺莺传》)、《新乐府》、《古题乐府》等六章及五篇附论组成。书中的众多独到见解,至今仍为学界所称道,比如《长恨歌》指出此诗与陈鸿的《长恨歌传》"为一不可分离之共同机构",《艳诗及悼亡诗》指出艳诗乃元稹为早年情人(陈先生认为即崔莺莺)而作,而悼亡诗则为原配夫人韦丛而作。

与此同时,陈先生以丰富的实例,集中展示了诗史互证的研究方法。在笺释《新乐府·道州民》一诗中的"城云臣按六典书,任土贡有不贡无"诸句时,陈先生不仅以史证诗,援引《六典》中的相关条文阐明句意,而且以诗证史,指出"《六典》一书,自大历后公式文字中,可以征引,与现行法令同一效力",对有关《六典》曾否行用的史学争论给出了明确的结论。这一研究方法,大大拓展了文学研究的方向,提高了古代文学作品笺释的科学性。

尽管其中的某些具体观点"或有时而可商",但该书凭借宏大的视野、繁复的考证,已经成为中国文史研究史上具有里程碑意义的典范之作。

(撰写人:程杰、黄浩然)

(六)《宋词三百首笺注》导读

朱祖谋(1857—1931),原名孝臧,字古微,号沤尹,别号上彊村民,浙江归安人,与王鹏运、况周颐、郑文焯并称清末四大家。校刻唐宋金元词为《彊村丛书》,辑有《湖州词征》、《国朝湖州词录》、《词莂》、《沧海遗音集》等。朱氏继承并发展清代常州词派的理论主张,所编《宋词三百首》推崇体格、神致,以浑成为主旨,于周邦彦、吴文英分别选录22首和25首,远超两宋诸家。目前可考的版本包括朱氏手抄本(含签条所补,选录86家312首)、1924年刻本(选录87家300首)、重编本(选录81家283首)、三编本(选录82家285首)等。

唐圭璋(1901—1990),字季特,江苏南京人。1922年入东南大学,从词曲大师吴梅学词,毕业后任中学教员、重庆中央大学和金陵大学教授,新中国成立后历任南京大学、东北师范大学、南京师范大学教授,兼国务院古籍整理出版规划小组顾问、中国韵文学会会长。编著有《全宋词》、《全金元词》、《词话丛编》、《宋词纪事》、《宋词四考》、《唐宋词简释》、《词学论丛》等。唐先生据厉鹗、查为仁笺《绝妙好词》例,编成《宋词三百首笺》,1934年由上海神州国光社初版刊行。而神州国光社1947年版的《宋词三百首笺》,依据的则是朱氏1924年刻本。后以笺本"侧重评语一面",故增加注解,汇刊一处,编成《宋词三百首笺注》,1958年由中华书局上海编辑所刊行。1979年,上海古籍出版社据1962年一版二次印本重印。通行本主要包括上海古籍出版社1996年版和人民文学出版社2005年版、2013年版。

  朱氏的《宋词三百首》,既无词人介绍,也无词作注解,不便一般读者阅读,亟需注本帮助理解,由此唐先生的《宋词三百首笺注》便应运而生。朱选"首录帝王,末录女流,乃当时沿袭旧书编选体例",笺注本未作改易。笺注本首先介绍词人生平、词集,继而胪列后世对该词人的评语,然后为词作注解、评笺。原选所录词人,半负盛名,唐先生爬梳遗逸,使其字里爵秩,粲然具备。注解部分侧重名物、典故及生僻字,并援引前人诗词加以参证,简要精当。评笺部分博采宋以来诸家词话,兼取小说杂记,汇集历代点评、遗事珍闻,引书达二百余种。与此同时,笺注本对于朱氏的用心有着深刻的领会,集录陈廷焯、况周颐、梁启超、王国维、陈洵等人的词论,力破周邦彦"疏隽少检"、吴文英"七宝楼台"之谰言,"为后学辨泾、渭,示门户"。唐先生的笺注本,在促进《宋词三百首》不断普及的过程中,成为广获赞誉的经典注本。

(撰写人:程杰、黄浩然)

（七）《宋诗选注》导读

  钱钟书(1910—1998),字默存,号槐聚,江苏无锡人。1933年毕业于清华大学外文系,后考取庚子赔款公费留学资格,就读于牛津大学。1938年回国,先后任教于西南联合大学、蓝田师范学院、震旦女子文理学院、暨南大学。1949年任清华大学外文系教授,1953年调入中国科学院文学研究所。著有《槐聚诗存》、《管锥编》、《谈艺录》、《七缀集》、《围城》、《容安馆札记》等。

  《宋诗选注》作为中国科学院文学研究所编"中国古典文学读本丛书"的第五种,1958年由人民文学出版社初版。其后多次重印或重排,作者均有所校订。1992年第7次重印时,又对注解作了增订,并作为补页附于书末。通行本包括人民文学出版社2005年版和三联书店2002年版、2007年版、2011年版。

  自古以来,凡诗歌选注之价值,大致可见于选诗标准、诗人介绍和诗作注释三方面,而《宋诗选注》在上述方面均有独到之处。钱先生选录宋诗,恪守诗歌审美标准,坚持"六不选"原则,即押韵的文件、学问的展览和典故成语的把戏、大模大样地仿照前人的假古董、把前人的词意改头换面而绝无增进的旧货充新、有佳句而全篇太不匀称的和当时传诵而现在看不出好处的不选。因此,钱选中的诗人既有苏轼、黄庭坚、范成大之类的大家、名家,也有王令、乐雷发之类的所谓"小家"。钱先生对所选诗人的简评,迥异于前人履历表式的作家小传,不仅展现出其对各家艺术风格的精准评定,更体现出其对宋代诗歌主要变化和流派的宏观把握,比如西昆体"只有极局限、极短促的影响",北宋中后期诗坛除贺铸、唐庚等人外,可分为"苏门"和"江西派",南宋从杨万里开始,"宋诗就划分江西体和晚唐体两派"。选本中的80篇诗人简评,几乎可以构成一部宋诗发展史纲要。钱选的诗作注释,往往并不局限于通常注本的名物训诂、章句串讲,而是融注释、鉴赏、评判为一体,将传统的直觉感悟提升到艺术审美的高度,甚至进行规律性的总结,比如对王禹偁《村行》"数峰无语立斜阳"的剖析,对王安石"春风又绿江南岸"的追问,对陆游"此身合是诗人未?细雨骑驴入剑门"的揣摩。囿于选本体例,钱先生在《宋诗选注》中的卓识高论,尚需联系其其他著作,特别是《谈艺录》、《管锥编》中对宋诗的论述,以互相印证、彼此发明。

(撰写人:程杰、黄浩然)

(八)《宋元戏曲史》导读

王国维的《宋元戏曲史》是中国现代第一部具有现代学术意义的古典戏曲史论著,在中国古典戏曲研究学术史上具有开创性的贡献。

该论著脱稿于1913年1月,书成之后,其内容先于1913年4月至1914年3月间在商务印书馆印行的《东方杂志》上分载,后于1915年由商务印书馆刊行单行本。后来罗振玉所编《海宁王忠悫公遗书》及赵万里所编《海宁王静安先生遗书》在收录此书时,将其改名为《宋元戏曲考》,但20世纪下半叶以来,该书一直以《宋元戏曲史》之名行世。

《宋元戏曲史》的撰写集中体现了王国维此前的戏曲研究成果。此前,王国维先后完成了《曲录》(1908)、《优语录》(1909)、《戏曲考原》(1909)、《录曲余谈》(1910)、《古剧脚色考》(1911)等戏曲论著,《宋元戏曲史》就是在此基础上完成的。

《宋元戏曲史》全书共分十六章,前有作者《自序》,末附《元戏曲家小传》。

第一章"上古至五代之戏剧",反映了王国维对中国戏曲起源与形成的认识。认为,中国戏曲起源于上古的巫觋和俳优表演。

第二章"宋之滑稽戏"、第三章"宋之小说杂戏"、第四章"宋之乐曲",旨在揭示宋金杂剧的渊源。

第五章"宋官本杂剧段数"、第六章"金院本名目"、第七章"古剧之结构",是关于宋杂剧和金院本的本体研究,主要是依据所用曲调的差异,对《武林旧事》之"官本杂剧段数"和《辍耕录》之"院本名目"进行分类探究。

第八章"元杂剧之渊源"、第九章"元剧之时地"、第十章"元剧之存亡"、第十一章"元剧之结构"、第十二章"元剧之文章"等五章,集中研究元人杂剧,是该书的精华部分,也是作者用力最勤、影响最大的部分。作者根据《录鬼簿》的记载对元代杂剧作家的时代和活动地区进行了研究,将元杂剧作家划分为三个时期,即由金入元的蒙古时代、一统时代和至正时代,认为第一期作家最多,多为北人,集中在大都和平阳等地,第二期之后元杂剧中心南移至杭州,作家较少,创作衰落。这样的三期划分及其对元杂剧发展的认识对后世影响很大。王国维认为,"元剧最佳之处,不在思想结构,而在其文章。其文章之妙,亦一言以蔽之,曰:有意境而已矣。"体现了其"一代有一代之文学"的文学观念,影响深远。

第十三章"元院本",篇幅很短,试图从明初朱有燉的《吕洞宾花月神仙会》杂剧中发掘元代院本(由金院本发展而来),弥补了元院本研究的空白。

第十四章"南戏之渊源及时代"、第十五章"元南戏之文章",专题研究南戏,分析南戏曲牌类别,认为《荆》、《刘》、《拜》、《杀》"四大戏文"及《琵琶记》"视元杂剧对古剧之关系更为亲密"。

第十六章"余论",补充分析了北剧、南戏之关系,各种戏曲概念之内涵及其联系,中国乐曲与外国音乐之关系,以及中国戏曲的外译等问题,是对前文各项研究的延展。

虽然由于所见材料的限制,《宋元戏曲史》存在一些不足,如在该论著中所得出的"现存南戏其最古者大抵出于元明之间"这样的认识不够精准,将对戏文的讨论置于对元杂剧的讨论之后的做法容易使人误认为元代戏曲是先有杂剧、后有戏文,重视文献考据之法而忽视舞台考察之法有一定的局限性等,但是从整体上看,《宋元戏曲史》首次从文学发展的角度研究中国古典戏曲,其成就达到了当时戏曲研究的最高水平,其将传统考证与文学史观相结合的研究方法也对后世影响深远。

《宋元戏曲史》通行本有中国戏剧出版社《王国维戏曲论文集》所收本(1957)、华东师范大学出版社"二十世纪国学丛书"所收本(1995)、上海古籍出版社"蓬莱阁丛书"所收本(1998)和岳麓书社本(1998)等。

(撰写人:孙书磊)

(九)《中国章回小说考证》导读

20世纪20年代前后是中国学术界研究中国古典小说的高峰期。此时,胡适陆续撰写了一系列有关中国古典小说考证的专题论文、序跋及若干商论信札。1942年实业印书馆出版了胡适的古典小说研究论文集,名曰《中国章回小说考证》。该书收录了胡适于1920年至1929年间撰写的针对11种章回小说的考证文章或序跋,集中呈现了胡适在古典章回小说研究方面的重要成果。

《中国章回小说考证》的内容共有九章:

"水浒传考证"章,包括"水浒传考证"(1920)、"水浒传后考"(1921)及附录"'致语'考"(1921)、"百二十回本忠义水浒传序"(1929)、"水浒续集两种序"(1923)。

"红楼梦考证"章,包括"红楼梦考证"(1921)及附记一则(1921)、"重印乾隆壬子本红楼梦序"(1927)、"考证红楼梦的新材料"(1928)、"跋红楼梦考证"(1922)及附录蔡子民"石头记索隐第六版自序——对于胡适之先生红楼梦考证之商榷"(1922)。

"西游记考证"章,包括"西游记考证"(1923),附录董作宾"读西游记考证"(1923)及胡适"后记"二则(1923)。

"三国志演义考证"章,包括"三国志演义序"(1922)。

"三侠五义考证"章,包括"三侠五义序"(1925)。

"官场现形记考证"章,包括"官场现形记序"(1927)。

"儿女英雄传考证"章,包括"儿女英雄传序"(1925)。

"海上花列传考证"章,包括"海上花列传序"(1926)。

"镜花缘考证"章,包括"镜花缘的引论"(1923)、"关于镜花缘的通信"收录胡适与孙佳讯之间关于《镜花缘》考证问题的往来信札(1928),以及孙氏发表在《秋野》1928年第二卷第五期上的《镜花缘补考——呈正于胡适之先生》一文。

上述这些文章多收在《胡适文存》中。胡适在这些文章中详细考证了上述小说的作者生平、成书过程、版本关系,以及思想内容和艺术成就,纠正了前人的许多错误认识,尤其对于《水浒传》、《红楼梦》的考证极为充分,取得的成就也最高。同是研究中国章回小说,与鲁迅相比,胡适重视文本文献的考证,而鲁迅重视文本思想的研究,二者形成互补。胡适《三国志演义序》说:"作此序时,曾参用周豫才先生的《小说史讲义》稿本。"而鲁迅则建议日本学者在翻译他的《中国小说史略》时注意订正,建议"详见《胡适文选》"(《致增田涉》)。

胡适的章回小说研究在研究方法上创新力度很大。在《水浒传考证》中,他为中国古典小说研究提供了"历史演进法"。这一方法被他广泛地应用在其对其他小说的研究中,如在研究《三国演义》时,提出"《三国演义》不是一个人做的,乃是五百年的演义家的共同作品";在研究《三侠五义》时指出,小说的人物是"箭垛式的人物"等。

胡适的章回小说研究对后世影响最大的莫过于其《红楼梦考证》。他提出《红楼梦》是作者"自叙传",从而结束了"旧红学"的索隐时代,开创了"新红学"研究的新纪元。虽然其将《红楼梦》小说等同于曹雪芹传记的结论不免有些狭隘,但这种知人论世的研究之法为后世的"红学"研究指出了正确的道路,尤其20世纪下半叶的主流"红学"研究基本是循此方向的。

胡适的《中国章回小说考证》虽重考证而又不偏废研究,与鲁迅的《中国小说史略》一起奠定了现代学术界对中国古典小说研究的基础。

《中国章回小说考证》通行本有上海书店1980年据实业印书馆1942年版复印本、安徽教育出版社本(1999、2006)、北京师范大学出版社本(2013)、南开大学出版社"民国中国小说史著集成"本(2014)等。

(撰写人:孙书磊)

(十)《曲律注释》导读

明万历三十八年(1610)春,王骥德、吕天成、孙如法(吕天成表伯父)等人聚会,他们畅谈曲学。事后,在孙如法的建议和催促下,王骥德完成了《曲律》,吕天成完成了《曲品》。《曲品》专于著录曲目,而《曲律》则详于阐发曲理。《曲律》的理论性不仅远强于《曲品》,而且是中国古代选择论题最为专业、展开论述最为全面、取得成就最高的曲学论著。

《曲律》共四卷,各卷内容如下:

卷一:"论曲源第一"、"总论南北曲第二"、"论调名第三"。卷二:"论功调第四"、"论平仄第五"、"论阴阳第六"、"论韵第七"、"论闭口字第八"、"论务头第九"、"论强调第十"、"论板眼第十一"、"论须识字第十二"、"论须读书第十三"、"论家数第十四"、"论声调第十五"、"论章法第十六"、"论句法第十七"、"论字法第十八"、"论衬字第十九"、"论对偶第二十"。卷三:"论用事第二十一"、"论过搭第二十二"、"论曲禁第二十三"、"论散套第二十四"、"论小令第二十五"、"论咏物第二十六"、"论俳谐第二十七"、"论险韵第二十八"、"论巧体第二十九"、"论剧戏第三十"、"论引子第三十一"、"论过曲第三十二"、"论尾声第三十三"、"论宾白第三十四"、"论科诨第三十五"、"论落诗第三十六"、"论部色第三十七"、"论讹字第三十八"、"杂论第三十九上"。卷四:"杂论第三十九下"、"论曲亨屯第四十"。

归纳起来,上述所论主要涉及以下诸领域:

其一,曲之总论。包括曲的体用与亨屯问题、曲之发展史观及曲的音乐基础等问题。其二,曲之体制结构论。包括论散曲的体制与风格、剧曲的体制与章法格局,尤其对于脚色名目及其内涵、本事虚实及谋篇布局等讨论尤深。其三,曲之语言艺术论。包括论南曲音韵及其实际运用问题,修辞及其本色、当行问题等。其四,唱论。论及唱之二度创作的意义、对唱者修养的要求等问题。其五,作者论。包括论作者的特长、才气及作曲过程中的通变问题等。其六,批评论。包括选曲态度、评曲原则等。其中,体制论和语言论是《曲律》的重要内容。

在"汤沈之争"的过程中,王骥德属于汤派还是沈派,学术界看法不一。在《曲律》中,王骥德的表述有助于人们对这一问题的认识,他论南曲主宗南方之音,在音韵问题上认为不得乖法,在修辞问题上重视辞工,进而提出"辞法合一"的主张,认为惟其如此方能达到"神品",体现了其曲论的系统性和周延性。

此外,王骥德在论本色、当行问题时的通达,首创衬字之论,提高宾白地位,建立品第原则,奠定戏剧结构论基础,体现"变"的观念等,也都是《曲律》重要的学术贡献。

从研究对象的要素看,王骥德论曲的层面涉及了作者、作品、读者、演员和观众五大要素,虽然侧重于对曲词创作、演绎的讨论,如提出"乐之筐格在曲,而色泽在唱"的观点,体现了其论曲重视曲词从问世到传播的实践过程,但其研究的视阈超越了前代和当时的学界,清初李渔的《闲情偶寄》亦未能超越它。

王骥德的《曲律》不以对具体作家、作品的评论为己任,而且所论作家作品不多,甚至所阐发的有些观点如认为北曲变而为南曲也值得商榷,但不乏个人的创见。其从总体上看,《曲律》是对戏曲、散曲创作的一次全面总结,具有较为周密的系统性,其论述也有较强的逻辑性,而且,行文委婉赡详,是我国古代戏剧批评史上少有的杰作。诚如任中敏的《曲谱》所言:"无王骥德,则谱律之精微、品藻之宏达皆无以见,即谓今日无曲学可也。"

王骥德的《曲律》通行本有《中国古典戏曲论著集成》所收本(中国戏剧出版社1959年版),俞为民、孙蓉蓉的《历代曲话汇编》所收本(黄山书社2006年版),陈多、叶长海的《曲律注释》(上海古籍出版社2012年版)等。

(撰写人:孙书磊)

三、中国现当代文学

[1]蔡元培总序.中国新文学大系(1917—1927)(导言)[C].上海:上海良友图书有限公司,1935;上海:上海文艺出版社,1980.

[2]陈平原等编.二十世纪中国小说理论资料(五卷)[C].北京:北京大学出版社,1997.

[3]王晓明.二十世纪中国文学史论(三卷)(修订版)[C].上海:上海东方出版中心,1997.

[4]夏志清.中国现代小说史[M].上海:复旦大学出版社,2005.

[5]吴俊等主编.中国现代文学期刊目录新编(三卷)[M].上海:上海人民出版社,2010.

[6]鲁迅.鲁迅全集(1—6卷)[M].北京:人民文学出版社,1981.

(一)《中国新文学大系》(1917—1927)导读

《中国新文学大系》(以下简称《大系》)(1917—1927),是1935年由赵家璧组织编辑,良友图书公司出版的。整个《大系》分为十卷,蔡元培作总序,由代表性学者或作家编选,并就所选内容写导言。十卷分别为:胡适编选的《建设理论卷》、郑振铎编选的《文学论争集》、茅盾编选的《小说一集》、鲁迅编选的《小说二集》、郑伯奇编选的《小说三集》、周作人编选的《散文一集》、郁达夫编选的《散文二集》、朱自清编选的《诗集》、洪深编选的《戏剧集》、阿英编选的《史料索引》。

《大系》以导言加选作的形式,向我们展现了1917年文学革命到1927年革命文学发生之前,第一个十年中"新文学"发生、建设的具体过程、实际面貌、社会文化语境以及它的影响。可以说,它为我们呈现了一个"新文学家"自我理解的"新文学史"。这条历史线索,以其编选和撰写者的参与性和代表性,而具有重要的可信度。并且,《大系》的编选者,以其卓越的艺术修养,摘选了大量文学文本,使这条历史线索生动可感。因此,该《大系》被列为中国现代文学学习和研究不可或缺的基础性书目。

《大系》对"新文学"整体以及各文体发展规律的深刻认识,使它同时成为中国现代文学研究不可或缺的参考书。《大系》各卷导言的撰写者本身就是杰出的学者或作家,他们对于"新文学"的发展规律和趋势有着独到的认识,所论所感灼见频出,经常为后世研究者所引用和借鉴。如鲁迅对于小说发展过程中文学社团作用的认识,对"侨寓文学"的界定;如周作人对于"白话"和"散文"关系的论述;如朱自清对新诗发展阶段和线索的"梳理"等,都成为中国现代文学研究的重要"命题"。

《大系》编选群体的特殊性以及影响力,也使《大系》被认为具有"自我历史化",或者说"经典化"的作用。编选群体对"新文学"的"选择"和"梳理",与他们自身对"新文学"的期待有密切关系,也与他们所处的社会历史环境有密切关系。近年来,已有许多研究者指出,在编选《大系》过程中,编选者受到"进化论"的影响,有着较强的历史目的性,对于其他"历史的可能性"予以忽略。比如在对有关新文学论争的展现中,忽视不同声音交错的复杂性,对"新文学"的分期和阐释中"知识权力"的渗透等。《大系》的论述强化了"新文学"发生发展的某种历史必然,但同时也"规约"和"限制"了对"新文学"的认识。但这些都说明,《大系》除了具有史料价值、文学史价值外,还具有学科史的价值。

(撰写人:李玮)

(二)《二十世纪中国小说理论资料》导读

《二十世纪中国小说理论资料》,共五卷,北京大学出版社1997年版。第一卷选收1897—1916年间的小说理论资料,陈平原、夏晓红编;第二卷选收1917—1927年间的资料,严家炎编;第三卷选收1928—1937年间的资料,吴福辉编;第四卷选收1938—1949年间的资料,钱理群编;第五卷选收1949—1976年间的资料,洪子诚编。因其时间跨度大、搜罗较全、校勘较严,这套书在中国现代文学研究特别是中国现代小说研究中,是非常重要的参考书,颇有影响，特点鲜明。

第一，编者编辑视野较为广阔。此套理论资料，包罗广泛，凡属小说创作、小说理论、小说批评及翻译等方面的重要史料，都得到了关注，选录范围从文体言，包括论文、序跋、发刊词、杂评、笔记、创作谈、广告、书信等。这样的选录方式，突破了文体限制，而是以问题为中心，对读者和研究者具有较大的启发意义。

第二，较为完整的历史呈现。编辑者按照历时的顺序进行编排，不仅五卷之间前后相连，各卷之中的理论资料排列也是严格按照发表时间先后排序。如此一来，通观各卷之后，将会给研究者一个完整的二十世纪中国小说理论资料的发展概貌，期间的小说观念的变迁演进，都能得到直接的呈现，这样在一定程度上还原了中国小说理论的发展进程。

第三，运用第一手资料治学的原则。对史料的全面掌握、竭泽而渔，本是学者治学的前提和基础，但是曾几何时，这反倒成了最高要求了。这种现象并不正常。按照各卷凡例所说，选录的资料，文字均依照最早发表或出版者为准。每卷末还附有此时期的资料编目。这不仅仅显示出了编者爬梳剔抉的严谨刻苦，更重要的是，对第一手资料的掌握程度，直接关系到学者对那段文学史的历史感知，更直接影响到学者的历史评价和文学阐释的准确性、正确性。文学史研究求美、求善的同时，也要以求真为第一要务，而且质言之，真善不二、真美不二，如果没有了真，美、善将焉附？

第四，这套理论资料，不仅是史料汇编，也体现出了严家炎先生及诸位编者的文学史观。第一卷从1897年开始选录，且不论这一起点是否合理、准确（笔者对这一起点持保留态度，具体理由非本解题所能容纳，不赘），单此选择暗含就着编者的"冲破旧有研究格局"，将现代文学史起点上溯的努力，严家炎教授及编者将文学史打通研究的趋向，这为中国现当代文学研究的拓展作出了贡献。对此，读者当识之。

（撰写人：赵普光）

(三)《二十世纪中国文学史论》导读

《二十世纪中国文学史论》，王晓明主编，王晓明、罗岗、倪伟、倪文尖、薛毅编选，上海东方出版中心1997年10月版，书分三卷。此书汇集了1980年代至1990年代末关于二十世纪中国文学研究具有较大影响的论文。

分而观之，所收录论文涉及近代文学、现代文学、当代文学的诸多命题，也涵盖了文学史观、文学思潮、文体问题、作家作品、文学母题等中国现当代文学中的重要研究对象,从方法上也能体现出八九十年代期间文学研究的某些新思路、新趋向。比如,原版第一卷分成四辑,第一辑的文章多从宏观的层面探讨史观和理论概念;第二、三辑则研究清末民初的重要文学现象;第四辑则为鲁迅研究专辑。第二卷讨论1920年代至1940年代的文学问题,此卷所选多着眼于论文与传统文学史观不同的理论趋向,试图展示学界对中国现当代文学研究的新格局和新气象。第三卷选录的是关于从1940年代至1990年代文学问题的研究论著。

合而言之,这些论文大多是在"二十世纪中国文学史"的大的框架下展开的,可视之为"重写文学史"的部分重要成果。在客观上,也显示出了中国现当代文学研究者对八九十年代迭出的文化思潮社会变迁的若干回应与思考。

时隔6年,在原来的基础上,于2003年4月又出版了修订版。修订版分为上、下两卷。修订版《史论》做了大幅度的改动。篇幅有所压缩,原书的八十二篇文章,只保留了二十八篇,并新增了二十一篇。修订版的内容提要曾这样介绍:"作为一种编选本文学史论著作,本书系统汇集1980年代至今有关二十世纪中国文学研究的重要成果,集中展示了中国现当代文学学科的整体水准和最新向度。所选论文均经过严格照选,内中既有关于晚清小说、五四文学传统、'十七年文学'等命题的重新评价,也有中国现代主义文学、'当代文学的潜在写作'等论题的全面观照,既有文学内部问题,如小说、诗歌、散文、戏剧语文类及文学翻译、文学批评等领域的审视,也有文学与社会、文学与都市、文学与其他媒体的关系等问题的阐释。既有对鲁迅、茅盾、曹禺等大家的深入探讨,也有对《家》《骆驼祥子》《白毛女》等名作的精细分析。从单篇看,各论文立论严谨、新鲜、极具思想性和冲击力,而荟萃成书从整体看,则基本包括了中国现当代文学研究的各种方法和体式,足以在学科方法论上给人以充分的启迪和感悟。"此评价基本上是合适的。

毋庸讳言,本书的编选,有着对所收文学史研究者进行经典化的较强意图。基于这样的意图,选本主要集中选录京沪两地学者和个别海外中国现代文学学者。若以编选者自我定位的"集中展示中国现当代文学学科的整体水准和最新向度"目标来衡量,那么本书的选择范围似稍显褊狭。尽管入选论文层次较高,确实大多数论述反映了中国现当代文学研究的新进展,影响也较大,但作为立意和定位很高的选本,入选论文不得不接受更长时间的考验。比如个别入选者的论著,后来曾遭遇来自学界的指证,引起巨大争议,几近演化为文化事件。这本身也说明,时间和历史是更为苛刻的筛选者。

(撰写人:赵普光)

(四)《中国现代小说史》导读

夏志清的《中国现代小说史》最先于 1961 年由耶鲁大学出版社出版,2001 年香港中文大学出中译本,2005 年在大陆由复旦大学出版社出版。该"小说史"叙述中国从文学革命到"文革"前夕小说的流变。它因见解独到,论述细致,而成为中国现当代文学研究一本重要的参考书,其影响并不囿于小说一隅。

该书的许多结论给学界带来不容忽视的影响,也引起许多争论。比如在作家作品方面,该书认为张爱玲是中国"最优秀最重要的作家",认为《围城》可能是中国近现代文学中"最伟大的一部"等。这些结论促成了学界对张爱玲、钱钟书等作家及其创作的重视,但许多学者亦认为有些结论过于武断。在文学创作规律方面,该书对中国现代小说"文学的传统"进行了描述,对中国现代小说和外国作家的诸多联系和差别进行了揭示,但其中认为中国小说较西方小说缺少理性和深度的说法,也引来许多反驳的声音等。

在吸收和借鉴相关结论之外,我们也应该关注该书的研究视角。首先是"文学的"视角。作者夏志清受到美国新批评派的影响,认为"文学"应该超越政治派别,应该具有"文学"独特的关注对象、观察视角和表现方式,应该形成一个"文学的传统"。《中国现代小说史》,以文本细读的方法,分析现代作家的小说,对许多作家的艺术成就有精到的认识。比如指出张爱玲的小说在艺术上的成功与她使用繁复的"意象"是分不开的。这些"意象"使张爱玲的小说将"隽永的讽刺"和"压抑了的悲哀"融合起来,从而使小说具有"苍凉之感"。夏志清也十分重视"心理描写",认为从烦琐的心理活动中展现感情冲突,其艺术感染力要大于直接铺写感情,因而他推崇钱钟书的创作。同时,夏志清认为沈从文尤为擅长"玲珑剔透的牧歌式文体",而这与沈从文的"田园视景"是整体的、不可划分的等。夏志清有意区别政治视角,从"文学的"视角审度中国现代小说,提出了许多创见。

其次是该书观照文学与政治、历史之间关系的另一种视角。虽然夏志清明确反对文学服务政治,并对左翼作家的评价总体偏低,但他的书并未简单地以党派性为标准,也并没完全回避文学与政治、历史之间的关系,而是凸显了文学的复杂性。他对作家的艺术追求和道德使命并重的重视,暗示着他着力建立另一种"政治"和"历史"的动机。

另外,该书论述细腻,分析精妙,阅读该书,不仅有思维上的启发、知识上的收获,还具有阅读的乐趣。以钱钟书对该书的评价概言之:"文笔之雅,识力之定,迥异点鬼簿、户口册之伦,足以开拓心胸,澡雪精神,不特名世,亦必传世。"

（撰写人：李玮）

(五)《中国现代文学期刊目录新编》导读

《中国现代文学期刊目录新编》,吴俊、李今、刘晓丽、王彬彬主编,上海人民出版社2010年2月版,书分上、中、下三卷。主编和编撰者包括了南京、上海、北京等多地的学者,体现了中国现代文学研究界在史料整理研究方面的精诚合作。

史料研究工作中,目录之学尤其关键。目录学是读书的门径。清代王鸣盛云:"目录之学,学中第一紧要事,必从此问途,方能得其门而入。"(王鸣盛《十七史商榷》卷一)目录学在我国历史悠久,从汉代刘向、刘歆编制《七略》《别录》,就开始目录学的建构。《中国现代文学期刊目录新编》前言开篇指出"目录之学向为中国学术传统的大宗"。那么,为什么目录之学如此紧要？向为大宗？对此,笔者曾言:"中国目录学的学科功用,大致有三个方面:一曰指示门径,二为体察流变,三是提供文献。而究其本质,三者皆以完美地体现其学术性为指归,乃是中国目录学的精魂所在。"(《论书话的现代文学史料学意义》,《文学评论》2009年第3期。)

目录之学之于中国现当代文学研究,更是别有价值和意义。近代以来,传媒发达,出版业日趋繁荣,现代期刊如雨后春笋,文献数量激增。梁任公所谓"自报章兴,吾国之文体,为之一变",即强调了现代报刊对文学产生的深刻影响。可以说从一开始,现代期刊就与现代文学建立起了血肉联系。对此,目录之学更显必要,且要有所新变,以适应现代传媒的发展。所以,书目之外,期刊目录汇编就成为中国现当代文学研究中基础性的却又是极为重要的学术工作。从《中国新文学大系·史料·索引》(良友图书印刷公司1936年版)到《晚清文艺报刊述略》(上海古典文学出版社1958年版),阿英始终对晚清以降的文学期刊抱有浓厚的兴趣。山东师院于50年代编印了

《1937—1949主要文学期刊目录索引》;1961年上海文艺出版社出版了《中国现代文学史资料丛书(甲种):中国现代文学期刊目录(初稿)》收录文学期刊和文艺副刊1586种;刘华庭等编《中国现代戏剧电影期刊目录》(上海文艺出版社1962年10月版);1988年唐沅、韩之友等编写的《中国现代文学期刊目录汇编》(天津人民出版社)更为详细地介绍了276种期刊的基本情况。刘增人主编的《中国现代文学期刊史论》(新华出版社2005年11月版)辑录汇总了现代文学期刊3500余种。这些期刊目录,于学界功莫大焉。然前述目录,除了唐沅、韩之友等编写了《中国现代文学期刊目录汇编》外,大多数汇编虽然收录期刊较多,并没有更详细地列出每种期刊的具体刊篇目。

吴俊等主编的《中国现代文学期刊目录新编》(下称《新编》)则在编撰方法上延续唐沅版的《中国现代文学期刊目录汇编》理路,并做了极大推进。《新编》总共逾700万字,收录了1919年至1949年间的中国现代文学(相关)期刊657种,"是迄今为止规模最大、收录数量最多、编制也最全的一部中国现代文学期刊目录索引工具。"(《新编》前言)《新编》最大的特点是辑录了1919年至1949年间的中文文学期刊及与文艺有关的综合性期刊的篇目,也对《中国近代期刊篇目汇录》、《中国现代文学期刊目录汇编》所收篇目进行了完善和补充。同时,《新编》对所收期刊还附有简介,对其历史沿革、期刊特色、版本信息(如主办者、编辑者、发行者)及相关变动都有扼要介绍。《新编》切切实实地推进了中国现代文学期刊研究,为中国现代文学研究提供了可供采信的史料基础和循次渐进的治学门径。

笔者有言:"判断一个学科的成熟与否,其史料建设的完善程度是重要标准。"(《现代文学史料学》,《长江师范学院学报》2010年第1期。)老一辈研究者历来重视史料工作,这个优良的传统被中国现代文学研究者继承下来,尽管其间也存在凌空蹈虚的研究倾向,但是严谨扎实的学风未曾稍断,《新编》的编撰即是例证。所以,这三卷本的《新编》,不仅仅为研究提供了极大的方便,同时也为中国现代文学研究中某些空疏的不良学风,起到很好的纠偏作用。

(撰写人:赵普光)

(六)《鲁迅全集》1—6卷导读

《鲁迅全集》1—6卷,1981年由人民文学出版社出版,收纳的内容包括:鲁迅的小说集《呐喊》、《彷徨》、《故事新编》,散文集《朝花夕拾》,散文诗集《野草》,以及杂文集《坟》、《热风》、《华盖集》、《华盖集续编》、《而已集》、《三闲集》、《二心集》、《南腔北调》、《伪自由书》、《准风月谈》、《花边文学》、《且介亭杂文》、《且介亭杂文二集》、《且介亭杂文末编》。

鲁迅的小说集《呐喊》和《彷徨》以"表现的深切,格式的特别",成为中国现代小说发展的里程碑。鲁迅在《呐喊》和《彷徨》中的小说,书写人物命运时,将其与二十世纪中国社会政治的变动紧紧联系,表达着多重思想意蕴,包括对中国现代转型的关切,对"立人"的追求,和对人物命运的形而上思考等。其中祥林嫂、阿Q等形象已成为中国文学史上的经典形象。就对文体艺术发展的影响来说,鲁迅的小说开创了多种文体形式的先河,其叙事方式和艺术风格,以其丰富性和深刻性,成为后世文学家的重要资源。

小说集《故事新编》,撷取历史故事,"随意点染",借古讽今,与《呐喊》、《彷徨》在取材和叙述方式上有所不同。《故事新编》中的小说,各篇虽皆旨在针砭时弊,却风格各异,瑰丽奇崛如《补天》、《铸剑》,诙谐隽永如《奔月》、《出关》,飘逸奇宕如《起死》、《采薇》等,均有很高的艺术成就。

鲁迅的散文集《朝花夕拾》,是具有"谈话风"的散文。文体平易、流畅,像是夏日摇着蒲扇,坐在槐树下谈天。文风自然、亲切、不失真情。其中,对"长妈妈"、"范爱农"、"藤野先生"等故人的回忆,辞情恳切,令人动容。《从百草园到三味书屋》、《狗 猫 鼠》、《五猖会》等篇,既是细腻温馨的童年回忆,又是意味深长的思想启示录。

散文诗集《野草》是鲁迅作品集中最特别的一部。其文体形式介于散文和诗之间,多采用象征、暗示等写法,抒写内心深处复杂的情绪或哲思。一方面,《野草》与鲁迅在社会现实中的处境和活动密切相关,其中许多篇幅表达着对于"国民性"、"文化保守主义",或是社会变革的"阻碍者"的批判,也表达着对于"战士"、"战友"和"人"的赞颂;另一方面,《野草》也暗示着"在而不属于"的人生困境、"过客"般的生存状态和无所傍依的孤独感等,被认为具有"存在主义"的哲学意味。

《鲁迅全集》1—6卷,收录了鲁迅从二十世纪初到三十年代逝世写作的大部分杂文集。鲁迅的杂文题材广泛,涵盖从文化、民俗、人情到社会事件、政治变动等各个方面的内容。文体风格,嬉笑怒骂、善于取譬,用他自己的话来说是"论时事不留面子,砭锢弊常取类型"。许多篇目,即使在今天,仍有警世的作用。

(撰写人:李玮)

四、外国文学

[1][丹麦]勃兰兑斯.十九世纪文学主流(1—6卷)[M].张道真,等,译.北京:人民文学出版社,1997.

[2][美]哈罗德·布鲁姆.西方正典:伟大作家和不朽作品[M].江宁康,译.南京:译林出版社,2005.

[3][美]伊恩·P.瓦特.小说的兴起[M].高原,等,译.北京:三联书店,1992.

[4][英]弗吉尼亚·伍尔夫.论小说与小说家[M].瞿世镜,译.上海译文出版社,1986.

[5][英]爱·摩·福斯特.小说面面观[M].苏炳文,译.广州:花城出版社,1984.

[6][俄]巴赫金.陀思妥耶夫斯基诗学问题[M].白春仁,等,译.北京:三联书店,1988.

[7][美]罗伯特·E.斯皮勒.美国文学的周期[M].王长荣,译.上海:外语教育出版社,1990.

[8][英]F.R.利维斯.伟大的传统[M].袁伟,译.北京:三联书店,2009.

[9][美]纳博科夫.文学讲稿[M].申慧辉,等,译.上海:上海三联书店,2005.

[10][意]伊塔洛·卡尔维诺.为什么读经典[M].黄灿然,李桂蜜,译.南京:译林出版社,2006.

(一)《十九世纪文学主流》(1—6卷)导读

丹麦文学批评家勃兰兑斯著。1872—1890年首次以丹麦语出版,随后即被译为德、英、法等多种语言。中译本《十九世纪文学之主潮》(1—4卷,侍桁译,商务印书馆出版)出版于1936—1939年;1980—1986年,人民文学出版社出版了张道真、刘半九等人的新译本《十九世纪文学主流》(1—6卷),1997年和2009年两次重印。

格奥尔格·勃兰兑斯(1842—1927)是哥本哈根大学教授。1871年,他在该校发表演讲,高度评价19世纪上半叶的法国、德国和英国文学,并以其为标尺,抨击丹麦文坛。这些演讲后来结为6卷本《十九世纪文学主流》出版。这部批评巨著为北欧"问题文学"的出现作了理论上的铺垫,推动了北欧文学的发展。

《十九世纪文学主流》的第 1 卷《流亡文学》描述 1789 年大革命后产生的法国流亡文学,认为它形成了对 18 世纪时代精神的"萌芽时期的反动",但又和多种革命潮流交织在一起,成为 19 世纪"伟大文艺的序幕";第 2 卷《德国的浪漫派》研究的是文学中"上升时期的反动",它表现在具有半天主教性质的德国浪漫主义文学中;第 3 卷《法国的反动》考察了法国文学在王政复辟时期"胜利了的、极盛时期的反动",它试图重建被打倒的"权威原则",但在文学中却存在着对这种原则潜在的反对倾向,最后导致它的解体;第 4 卷《英国的自然主义》讲述以"湖畔派"为先声、以拜伦为高峰的英国诗人的作品,形成一股强有力的潮流,荡涤开各种古典的形式与传统,创造出一种支配整个文学界的"自然主义",孕育着此后欧洲文明中一切自由思想的胚芽;第 5 卷《法国的浪漫派》展示了 1830 年七月革命前发生在几乎所有伟大法国作家身上的变化,勾画出法国"浪漫主义"的形成及其与德国浪漫派汇合、自由思想取得胜利的图景;第 6 卷《青年德意志》论述的是年轻的德国作家们在希腊解放战争和七月革命精神的鼓舞下,在文学领域开展自由的运动,为 1848 年的社会变革提供了准备。

《十九世纪文学主流》显示出看待欧洲文学的整体性原则:著者不是把某国文学看成孤立、个别的现象,而是认为它们不过是特定历史阶段的时代精神体现于各国文学中的不同形态;每一作家作品都不是独立的存在,而是文学整体的一部分;欧洲各国的思想文化、精神心理、社会政治生活和文学运动之间也相互作用,构成特定时代文化的整体,文学只是这个整体的一部分。著者也因此而把文学史看成一种心理学,认为文学由民族精神、民族感情及其历史而产生,又可依据文学而认识这一切。

从这部巨著的结构体例,可以看到黑格尔的"三段论"的影响。如果说在社会政治生活中,"正题"是 1789 年法国大革命,"反题"是波旁王朝复辟,"合题"是与 1830、1848 年革命相关的民主和自由;那么,在文学上则相应地先后出现了"正题"——具有自由、平等和民主精神的 18 世纪文学、"反题"——对 18 世纪文学的反动、"合题"——这一反动的被打倒,英法浪漫派和"青年德意志"的兴起。

勃兰兑斯还受到艺术史家丹纳"三要素说"(种族、环境、时代)的影响,既注重文学史实,又常常不厌其烦地交代社会政治背景,有时似乎离题太远,其实是在说明社会政治生活的变化所带来的思想文化背景、精神心理、时代风尚等方面的变化,探寻文学变化的原因。著者也受到法国批评家圣·佩甫的影响,重视作家的生平、心理和个性因素等对其创作的制约,考察作家与其笔下人物的精神联系,如歌德与维特、卢梭与圣普乐、夏多布里昂与勒内的关系。著者还时而极有兴致地描述作家的生活细节、作家之间的关系,意在由此而发现作家的个性与其创作之间的联系。

《十九世纪文学主流》的整个行文是描述性的,而不是论述性的,描述之中穿插议论,有如随笔,这就使它具有很大的可读性。著者的语言风格激情充溢,文采飞扬,具有气势与力度。全书还运用了比较文学的方法,其中既有法、英、德国文学与丹麦文学的比较,也有作家与作家、作品与作品、人物与人物之间的比较。它不仅是迄今为止研究19世纪欧洲文学的一部权威性著作,也是早期比较文学研究的经典著作之一。

(撰写人:汪介之)

(二)《西方正典》导读

全名为《西方正典:伟大作家和不朽作品》,当代美国批评家哈罗德·布鲁姆著,江宁康译,2005年由译林出版社推出。

哈罗德·布鲁姆是具有独特文化身份的一位批评大家,他的十几部著作和在耶鲁大学长期教学的资历使他在美国学术界具有不可忽视的地位。《西方正典》是对20世纪80年代开始的美国"文化战争"的回应,这场文化保守主义与文化多元主义之间的争论引发了文学的"经典之争",争论的矛头指向传统西方文学经典的界定和更新。多元文化主义批评西方文学经典和美国文学经典建构中的白人中心主义倾向,要求让那些长期被压抑的边缘声音得到释放,即将本土文学、女性文学和少数族裔文学中的优秀作品纳入经典体系。"经典之争"除了关注经典本身的界定和重构以外,还引发了文学研究的审美批评和文化研究之间的学术争论,即关注文学的审美功能还是关注社会功能。

关于上述两点争论,布鲁姆在《西方正典》的"序言与开篇"中直截了当地表明自己的态度:要延续西方文学的正统血脉和坚持文学审美批评的自主性。《西方正典》深入分析了从但丁到贝克特等二十几位西方文学大师的经典著作,清理出一个连贯而紧密的经典谱系,建立起文艺复兴以来西方文学的"道统",从而捍卫了传统文学的经典地位。在《西方正典》中,布鲁姆通过对经典作家和作品的筛选旨在表明,文学经典代表了民族文化的核心内容,而经典建构涉及传承什么样的价值观念和延续什么样的民族特性等重大问题。

布鲁姆在《西方正典》中极力主张重视经典审美价值,他强调通过对作品崇高风格的审美体验来达到审美的愉悦,以及他在细读文本和互文比较中向读者传达他的审美体验和认知快感等批评实践都显示出,他所提倡的审美批评正是传承了西方文学和批评的经典观念。从他对莎剧人物和惠特曼诗歌的解读中,我们可以充分领受到鲍姆嘉通的"感性的审辨力",以及温克尔曼的"崇高或雄伟的风格"。布鲁姆的审美批评是对"审美卓越、知性力量和智慧"三个标准的追求,并在审美体验和认知活动中感受到充满创造活力的"陌生性"。所以他对玩世不恭的福斯塔夫(《亨利四世》、《温莎的风流娘们儿》)和善于吹嘘的佩德罗大师(《堂吉诃德》)显示了一定程度的偏爱,认为这些人物都具有充满活力的性格,因而也是"美"的。如果耐心细读《西方正典》中对但丁的《神曲》、惠特曼的《草叶集》或托尔斯泰的《哈吉·穆拉特》等作品的分析,那么将会发现书中字里行间充溢着的正是这样一种审美体验和鉴赏认知所带来的欣喜,而作者也正是由此发现了西方经典作家的审美原创性和艺术正典性。

(撰写人:江宁康、哈旭娴)

(三)《小说的兴起》导读

全名为《小说的兴起:笛福、理查逊和菲尔丁研究》(1957),伊恩·P.瓦特著,高原、董红钧译,由生活·读书·新知三联书店于1992年出版。

伊恩·P.瓦特(Ian Pierre Watt,1917—1999),是一位有重要影响的文学评论家、文学史家。他出生在英格兰西北部的威斯特摩兰郡,曾在剑桥大学的圣约翰学院学习和工作,后来在美国斯坦福大学担任英语教授,并加入美国籍。瓦特对18世纪的英国文学,尤其是对笛福、理查逊和菲尔丁曾做过大量研究工作,在这一领域具有权威性的声誉。《小说的兴起》是其代表作,该书将现代小说兴起的原因追溯到18世纪早期主导哲学的、经济学的以及整个社会的形势与潮流,被许多学者视为一部在小说的起源、现实主义研究方面具有创新性的专著。

18世纪早期,占主导地位的哲学思想是笛卡尔、洛克、斯宾诺莎等人的理性主义哲学。瓦特分析了笛卡尔、洛克等人的哲学所引起的人们关于自我、个性、时间和空间等一系列观念上的变化,并揭示了这些变化对现代小说创作中的现实主义叙事方式的影响。然后,他又考察了当时由于科学技术和资本主义工商业的发展所导致的社会变迁,着重考察了读者大众在性质和组织结构上的变化与小说的繁荣发展之间的关系。接下来,瓦特分别探讨了18世纪三位杰出的小说家笛福、理查逊和菲尔丁的创作。透过瓦特精细而深入的剖析,我们可以了解到:以上三位小说家的作品所反映的社会内容各有侧重,而且禀有不同的艺术个性。笛福小说精确的现实主义描写,渗透着鲜明的经济个人主义与清教个人主义倾向,而在美学经验上却显得匮乏。理查逊的小说多涉及青年男女间的恋爱、婚姻问题,青年男女在这些问题上的态度与表现,往往又折射出当时的道德、习俗、宗教以及关于婚姻与财产的法律制度方面的状况。瓦特饶有兴味地谈到理查逊笔下的少女形象帕梅拉所引起的争议,并探讨了该形象在英国小说史上的独特意义,给人以很多启发。与笛福和理查逊不同,菲尔丁更加重视古典文学传统,并且提出了创作"散文滑稽史诗"的文学追求。瓦特一方面认可菲尔丁《汤姆·琼斯》的情节的确具有史诗性,"展现的是整个社会的一幅范围广大的全景图";另一方面又引用约翰逊博士的批评指出,"菲尔丁坦率地、甚至不无炫耀地拒绝深入他的人物的心灵深处"。在对作为小说家的菲尔丁进行了多角度的分析之后,瓦特又对其创作中的很多具体问题做出了详尽的阐释与公允的评价。

《小说的兴起》于1957年出版后立即获得学术界的高度认可。英国《曼彻斯特卫报》发表书评,称其是近年来唯一的对18世纪早期小说予以充分研究的著作,是将现代社会学应用于文学的开山之作。美国《星期六评论》也评论说:"本书的力度不止表现在某一种方法或观点上……,瓦特教授不仅使我们对作为主要社会趋势的文献或反映的小说有了更深刻的理解,也使我们对艺术创作的本质有了新的认识。"2001年该书的新版推出后,仍然受到广大读者的欢迎。《英国小说史:1700—1780》的作者约翰·瑞提(John Richetti)从专家的角度作出如下评价:"对于研修18世纪小说的学生来说,伊恩·瓦特的《小说的兴起》依然是一本独一无二的、不可或缺的、绝对必要的书。"

(撰写人:陈瑞红)

（四）《论小说与小说家》导读

《论小说与小说家》为20世纪英国小说家与文学评论家弗吉尼亚·伍尔夫(1882—1941)的小说评论选集。译者为瞿世镜。该著中文版最早于1986年由上海译文出版社推出，后由译者补入伍尔夫长篇论文《一间自己的房间》，作为"伍尔夫文集"之一，不断再版，深受读者欢迎。

伍尔夫为20世纪英国意识流小说大师、现代小说理论的倡导者、"布鲁姆斯伯里文化圈"的核心人物和西方女性主义文化与文学研究先驱。瞿世镜为中国最早从事伍尔夫小说翻译与研究的学者。他从伍尔夫的大量文学批评随笔中精选出作家关于现代小说理论以及经典作家作品的著名篇什，辑成该著。

伍尔夫不仅有精美的意识流小说如《达罗卫夫人》、《到灯塔去》与《海浪》等传世，亦是出色的文学随笔作家，有多部随笔集如《普通读者》和《普通读者二集》等。《论小说与小说家》选译的文章大致分为几种类型：开头的两篇为提纲挈领之作。在《普通读者》中，伍尔夫首先表现出对普通读者见解的高度尊重，明确指出："诗坛的荣誉桂冠，最终还得取决于未经文学偏见污染的读者们的常识。"《论现代小说》则是伍尔夫反对"物质主义"而推崇"精神主义"，倡导意识流小说探索人的内在精神世界的代表作。

第二组的五篇随笔是对英国妇女小说的探讨。伍尔夫不仅讨论了奥斯汀、勃朗特姐妹和乔治·爱略特的小说艺术，还在名篇《一间自己的房间》中提出了"女人如果打算写小说，她必须有钱，还要有一间自己的房间"的脍炙人口的观点，强调了经济的独立以及随之而来的精神世界的独立对于女性从事创造性艺术活动至关重要的意义。"一间自己的房间"已成为女性独立精神空间的著名比喻。

在第三组的六篇文章中，作家对18—20世纪的英国作家，如笛福、康拉德、哈代、梅瑞迪斯、劳伦斯和福斯特等进行了评价，清晰地表明了她的现代小说观念，以及对英国文学传统的熟谙与尊重。

第四组的三篇评论表现出伍尔夫对19世纪俄罗斯小说大师如托尔斯泰、陀思妥耶夫斯基和契诃夫，对20世纪美国小说家舍伍德·安德森、辛克莱·刘易斯和亨利·詹姆斯，对20世纪法国作家普鲁斯特等的小说艺术穿透血肉之躯，揭示人物灵魂的复杂性的高度推崇。这些评论也表现出作家异常开阔的文学视野。作为世界文学史上读书最多的作家之一，伍尔夫深厚的文学素养于这些批评文字中可见一斑。

第五组的三篇文章中,《贝内特先生与布朗夫人》《狭窄的艺术之桥》与前面提及的《论现代小说》并列,被誉为伍尔夫阐释现代小说理论最重要的三篇论文。最后一组则是分别关于《小说解剖学》和《小说面面观》的短小精悍、风趣活泼的书评,典型呈现了伍尔夫不拘一格、感性而睿智,善于以形象化的语言传递抽象的观念的特点。

作为创作与批评兼擅的作家,伍尔夫的上述评论文字突破了很多文学批评著作抽象晦涩、刻板僵化、远离普通读者的缺点,灵动有趣而又才情横溢,常能给读者带来新鲜的兴味。

(撰写人:杨莉馨)

(五)《小说面面观》导读

《小说面面观》(1927)为英国小说家、批评家爱德华·摩根·福斯特(1879—1970)所著,首次出版于1927年;第一个中译本出版于1984年(苏炳文译,花城出版社出版)。该书深受西方文学界的好评,曾被誉为"20世纪分析小说艺术的经典之作"。

《小说面面观》是一部关于小说理论的研究专著,这是著者根据自己1927年在剑桥大学三一学院"克拉克文学讲座"中使用的讲稿整理而成。在这部论著中,福斯特选择了小说的七个"面":故事、人物、情节、幻想、预言、布局(图式)、节奏,并对每一个"面"在小说创作中的作用与意义、彼此之间的联系进行了剖析,所以全书称为"面面观"。美国批评家雷纳·韦勒克认为,福斯特对小说艺术的分析与评价是以现实主义文学为标准的,其中亦有偏颇之处,譬如,对"故事"因素的贬低,对司各特、乔伊斯、梅瑞迪斯等作家的苛评,但是,作为小说艺术形式研究的入门读本,福斯特的观点仍值得研究与借鉴。

福斯特对小说研究影响最深远的方面,是他提出的一组概念:"扁形"人物与"圆形"人物。他认为一般小说中的人物都可以分为这两类。"扁形"人物"是围绕着单一的观念或素质塑造的",仅具备一种气质,性格缺乏发展;"圆形"人物则是个"多面体",具备复杂的多层次性格,给人以"立体感"。福斯特本人并不偏向哪种类型的人物,而是认为这两类人物各有其相应的角色位置,应该在作品中交替出现、互相配合,使小说人物与其他各方面形成和谐的有机整体。

福斯特对小说的布局与节奏也很重视,他认为这两者都关系到小说的形式美。"布局"(又译"图式")来自绘画术语。福斯特指出:"故事诉诸我们的好奇心,情节诉诸我们的智力,而布局则诉诸我们的审美感,它促使我们把作品看成一个整体。"他以"更漏型"来形容法朗士的《黛依丝》和亨利·詹姆斯的《专使》(即《奉使记》),以"长链型"来形容帕西·路伯克的《罗马画卷》,并对这三部小说做出比较,然后指出,"布局"虽然重要,但它只是审美的一个方面,不能为了追求布局的外在形式美而牺牲了小说的其他方面。

"节奏"来自音乐术语,福斯特虽然未对小说中的节奏做出明确定义,但是从"节奏"与"布局"的关系来看,它指涉的应该是小说的内在叙述逻辑与人物的意识关联。福斯特以普鲁斯特的《追忆似水年华》为例,分析不断发展的节奏——"音乐短句"是如何从内部缝合了小说的。福斯特指出,节奏"不像布局那样始终存在",可以给人明确的形式感,"而是凭它那美妙的盈亏圆缺使我们心中充满了惊奇、新鲜感和希望"。

福斯特重视小说技巧,认为小说创作应当遵循一定的艺术规律。他对小说的分析建立在文本细读的基础上,扎实细腻,深刻透彻。作为"布鲁姆斯伯里文化圈"的一员,福斯特也受到现代主义美学思想的影响。譬如,在分析"故事"与"情节"的区别时,他提出两者不同的"时间"因素。在他看来,"故事是叙述按时间顺序安排的事情",但情节的重点是因果关系,"因果关系的意识使时间顺序意识显得暗淡了",这与当代叙事学对小说的话语层面中时间处理的关注是较为接近的。福斯特认可亨利·詹姆斯关于"作者退场"的观点,重视读者反应,经常以读者的阅读心理作为论述依据,这也显示出 20 世纪小说批评的特点。《小说面面观》是公认的西方小说美学经典,它对于我们学习与掌握小说形式研究的方法,具有启发和参考价值。

(撰写人:卢婧)

(六)《陀思妥耶夫斯基诗学问题》导读

这部著作由俄罗斯文学理论家巴赫金所著。1929 年初版时题为《陀思妥耶夫斯基创作问题》,1963 年经著者修订后重版,更名为《陀思妥耶夫斯基诗学问题》。中译本(白春仁、顾亚铃译)由三联书店首次出版于 1988 年。

米哈伊尔·米哈伊洛维奇·巴赫金(1895—1975)一生甚为坎坷,但著作颇丰,在哲学、语言学、美学、文艺学、历史文化学、人类学、民俗学等学科领域都作出了卓越的贡献。在《陀思妥耶夫斯基诗学问题》中,巴赫金提出了复调小说理论。"复调小说"的概念来源于音乐术语"复调音乐"。作为多声部音乐的一种,复调音乐的特点是:若干旋律同时进行并组成相互关联的有机整体;各声部在横向关系上均有其独立性,在纵向关系上则彼此形成和声关系。在巴赫金之前,俄国已有学者指出陀思妥耶夫斯基小说的情节布局近似于复调音乐。巴赫金继承前辈学者的研究成果,经由对陀思妥耶夫斯基小说的研究,系统地阐述了复调小说理论。

巴赫金认为,复调小说和作为欧洲小说传统模式的"独白型"小说的区别在于:在独白型小说中,作者"统领"他笔下的所有主人公,而复调小说却采取了全新的作者立场,即"对话立场",确认主人公的独立性。他们不再是作者所要表现的客体,而是直抒己见的主体;作者不是讲述他们,而是和他们谈话;不把主人公作为自己的传声筒,更不对他们进行"最后定论"。所有主人公的声音都具有自身的价值,每一种声音都是一种信念或"观点"。

这众多的声音和意识都是平等的,相互倾听,彼此反映,形成一种对话关系。

复调小说的另一特点是:"思想"成了描绘的对象。在独白型小说中,思想或是构思原则,或是作品主题,或是作者的观点,但这些都不是描绘的对象。而复调小说所擅长的正是描绘他人的思想,作品中的主要人物都是些冥思苦想的人,都有某种"伟大而没有解决的思想",思想支配了他们的个性。陀思妥耶夫斯基深刻理解思想的对话本质,把思想看成不同意识、不同声音之间演出的生动事件。这就决定了其小说的"构形原则":它们不是一个由描写对象组成、由他的独白思想阐发和安排起来的世界,而是一个由相互阐发的不同意识组合起来的世界,一个由不同人的思想意向组合起来的世界。作者本人的思想不承担全面阐发他所描绘的世界的功能,而是化为一个形象进入作品,作为众多其他意向中的一个意向,作为众多他人议论中的一种议论。

与上述特点相关的是复调小说的"共时性"。陀思妥耶夫斯基的小说遵循共时原则,不交代原因,不写渊源,不从过去来说明问题,只从同时共处的角度来观察和描绘世界,其中的一切矛盾,并未形成发展的过程,而是在同一平面上展开,或是相伴平行,或是相互对峙,或者彼此和谐但互不融合。

复调小说是一种全面对话性的小说,其中的人物是交谈的主体。对话在其中居于中心位置;它不是作为一种手段,而是作为目的本身。这种对话不是一般的情节性对话,不受交谈人之间情节关系的制约。这种不同声音、意识和思想之间的对话,不仅表现在小说的布局结构上,还存在于人物的内心世界。"对话型的世界感受"贯穿于所有复调小说。

在巴赫金看来,陀思妥耶夫斯基创建复调小说具有重大意义,它不仅是一种新的小说体裁,而且标志着艺术视觉的一种新形式。它拓展了小说家们的艺术视野,使他们有可能从新的视角来观察世界;它对审美思维也提出了新要求,促使人们改变把独白形式绝对化,在分析作品时往往要给主人公做最后结论式的评价这种旧有的审美思维模式。复调思维、对话主义作为一种灌注着平等意识和平民精神、倡导交往和互识的思想,涵纳着对于西方文化中的各种"中心论"的深刻批判,启示人们正确地看待不同意识形态体系之间的对立和冲突,懂得主体的建构、文化的建构总是在自我与他者的积极对话中实现的。

(撰写人:汪介之)

(七)《美国文学的周期》导读

全名为《美国文学的周期——历史评论专著》,美国文学史家罗伯特·斯皮勒(Robert E. Spiller,1896—1988)著,王长荣译,1990年由上海外语教育出版社出版。

《美国文学的周期》是美国文学史著述中的一项重要成果。这部著作的很多素材取自于作者早前组织编撰的三卷本《美国文学史》(*Literary History of the United States*,1948),用作者自己的话说,"本书是参加编写那部大型著作的五十五位学者的知识和智慧集于一人的头脑之中所产生的精粹"。《美国文学的周期》于1955年在美国首次出版,作者撰写这部文学史的基本立场是试图把美国文学与欧洲文学(主要是英国文学)的不同传统区分开来,从而解释一个令很多人困惑的文学现象:美国的第二次文学复兴是一场只可能产生于悠久传统和统一文化基础上的文学复兴,但美国显然不具备上述两种条件。斯皮勒尝试从文学是有机整体的角度来解释第二次文学复兴现象。

这部著述的副标题"历史评论专著"(An Essay in Historical Criticism)彰显了斯皮勒撰写文学史的方法。作者认为"真正的文学史应该集中论述主要作家,但是论述时必须直接或间接地将他们置于可考证的背景之中",文学史著述要为研究个别作品提供一个详细的历史背景。因而,《周期》的每一章节论述都是在精确的时代文化、风俗、知识和政治氛围中,对所选作家的经历和作品提出阐释。

《美国文学的周期》不是卷帙浩繁的三卷本《美国文学史》的精简版,这部简短完整的文学史著述是斯皮勒文学史观念的诠释。斯皮勒文学史观类似于奥斯瓦尔德·斯潘格勒关于民族史的阐释:"有一个开端、一个生活周期和一个结尾"的"循环性的生活模式",斯皮勒认为每个民族文学的演进历程是具有周期性的,文学演进是一个由年轻向成熟发展的过程。他将以往的美国文学分为两个阶段:第一边疆时期和第二边疆时期,从1493年哥伦布发表《书信》到1867年马克·吐温出版第一部短篇小说集为第一边疆时期,从1869年横跨美洲的大铁路奠基开始到1954年福克纳和海明威相继获诺贝尔文学奖为第二边疆时期。在第一边疆时期,"一种文明(欧洲)从成熟趋向衰落,而另一种文明(美国)得以诞生",新文明在这一时期尚未成熟,表现在文学上即呈现为美国文学还没有完全摆脱欧洲文学尤其是英国文学的影响,还没有在整体上获得完全的民族文学的文化主体地位,但是这一时期的一些重要作家,如梭罗、霍桑、麦尔维尔、惠特曼等人的作品中已经蕴涵了"美国的成分";而第二边疆的开拓则意味着美国本土的民族风情和文化遗产在美国文学中得到凸显,美国文学中不同于欧洲传统的文化特质逐渐趋向成熟,形成了"文学美国"的疆界。经过几代作家的努力,美国文学在南北战争到第二次世界大战以后的一百年里发生了重大变化,逐渐走出古老欧洲文明的影子,形成一个具有独立形态的成熟的民族文学,完成美国文学演进的第二周期。但是,美国文学发展并不会停滞于它的成熟,斯皮勒在著述的结束之处预言美国文学将经历第三周期。

斯皮勒美国文学发展的周期说为测量一首诗、一本剧作、一部小说与美国历史文化渊源之间的美学距离提供了一个公式。

(撰写人:哈旭娴)

(八)《伟大的传统》导读

这部著作为英国文学批评家 F. R. 利维斯(1895—1978)所著。中文版于2002年由生活·读书·新知三联书店推出,译者为袁伟。

利维斯是20世纪英国最具影响力的文学批评家之一,自1925年起在剑桥大学伊曼纽尔学院任教,1932—1953年间与妻子奎妮·多萝西·利维斯主持著名的文学评论杂志《细察》,1962年退休后曾任多所英国大学教授,1967年在剑桥大学三一学院开设"克拉克讲座",1978年被授予荣誉勋位。

利维斯在诗歌批评方面的主要论著为《英语诗歌的新动向》(1932)和《重新评价：英诗的传统与发展》(1936),《伟大的传统》为其小说批评的代表作。

该著包括五章,分别是：第一章"伟大的传统"、第二章"乔治·艾略特"、第三章"亨利·詹姆斯"、第四章"约瑟夫·康拉德"和第五章"艰难时世"。

著作伊始,关于英国小说的伟大传统,利维斯即断言："简·奥斯汀、乔治·艾略特、亨利·詹姆斯、约瑟夫·康拉德——我们且在比较有把握的历史阶段打住——都是英国小说家里堪称大家之人。"针对英国小说史上有关经典作家作品的不同看法,利维斯提出自己的标准："不仅为同行和读者改变了艺术的潜能,而且就其所促发的人性意识——对于生活潜能的意识而言,也具有重大的意义。"根据这一标准,利维斯点评了两百多年来的英国小说,臧否了众多的作家,梳理出自己心目中以18世纪的菲尔丁、理查逊与范妮·伯尼为铺垫,以19世纪初的简·奥斯汀为开端,以乔治·艾略特、亨利·詹姆斯、康拉德和劳伦斯等19—20世纪作家为代表的英国小说的伟大传统。

利维斯认为："伟大的传统"并不仅指文学的传统,同时也是道德意义上的传统。道德关怀因而成为批评家品评作家作品高下的重要立足点,整部著作均体现出这一鲜明的判断标准。如在评价奥斯汀的小说《爱玛》时,利维斯写道："道德关怀正是这位小说家对生活的独特兴趣的特点,而读者只有从道德关怀的角度才能领会小说的形式之美。"他指出艾略特的优势"就体现在典型的心理分析和与此密切相关的社会关怀上",把艾略特的伟大归结为"强烈的对人性的道德关怀,这种关怀进而为展开深刻的心理分析提供了角度和勇气"。他认为亨利·詹姆斯早期的作品体现出"洞察深远的道德睿智",后期创作则丧失了道德触觉的准确性。这些都体现了批评家的道德意识。但利维斯又并非以单纯的惩恶扬善作为衡量作品的标尺,而是高度重视作家对人性弱点的敏锐而深刻的挖掘,关注作家呈现日常生活中道德复杂性的功力。如利维斯举出《米德尔马契》与《费利克斯·霍尔特》两部小说中人物刻画的例子,盛赞了艾略特摹写"人性的弱点和平常之处,但她并不以为其卑劣可鄙,既不敌视,也不自欺欺人地纵容之",从而塑造出体现人性的丰富与复杂性、令读者过目难忘的人物形象的杰出才能。可以说,艾略特的文学经典地位,正是由于利维斯的高度评价才获得的。出于同样的标准,利维斯认为梅瑞迪斯、哈代等著名作家"盛名之下其实难副";而对维多利亚时代最受欢迎的小说家狄更斯,利维斯一方面承认其伟大,另一方面又认为,成熟头脑在狄更斯那里,找不到要求人经久保持一种非同寻常之严肃性的东西,因而仅在末章中高度评价了《艰难时世》。

与此同时,对道德意识的重视亦并非意味着利维斯对形式与审美的忽视。利维斯尤其对语言有着高度的敏感。他认为"伟大的"小说家不仅要对生活保持敏锐的识别力,还要通过富于表现力的语言将其有力地传递出来。因此,他批评了康拉德小说《黑暗之心》中语言使用上的败笔,而称赞"《诺斯特罗莫》里的康拉德是堂堂正正的职业艺术家"。

总体而言,虽然利维斯的小说评论常被人讥为褊狭保守,他对构成英国小说伟大传统链条的经典作家作品的看法或许亦有武断之处,但其批评遗产的价值是不容忽视的。尤其在20世纪中期形式主义批评大行其道的背景下,他开阔的批评视野和成熟的道德敏感性,为雷蒙德·威廉斯和E.P.汤普森等人提供了直接的思想启示,成为英国文化研究的先驱。

(撰写人:杨莉馨)

(九)《文学讲稿》导读

《文学讲稿》为纳博科夫所著,申慧辉等译,由生活·读书·新知三联书店于1991年出版。

弗拉基米尔·纳博科夫(1899—1977)是一位非常有个性的俄裔美籍作家、文学批评家和翻译家。他出身于彼得堡一个富裕而显赫的贵族家庭,自幼受到极好的教育,孩提时就能讲俄语、英语、法语三种语言,曾就读于英国剑桥大学三一学院,主修动物学,还学习了斯拉夫语和罗曼语。后因俄国和欧洲的政治风云变幻之故,辗转于德国、法国、美国,1945年,纳博科夫一家加入美国国籍。在美国,纳博科夫曾执教于威尔斯利、斯坦福、康奈尔和哈佛等名校,讲授文学。他的重要作品有《洛丽塔》(1955)、《菲雅尔塔的春天》(1958)、《普宁》(1957)、《微暗的火》(1965)、《阿达》(1969)等;重要译著有从英语译入俄语的《爱丽丝漫游奇境记》(1923)、从俄语译入英语的《当代英雄》(1958,与儿子德米特里合译)、《叶甫盖尼·奥涅金》(1964)等;此外还有一些批评著作,如《文学讲稿》(1980)、《俄罗斯文学讲稿》(1981)以及《堂吉诃德讲稿》(1983)等。

《文学讲稿》是纳博科夫50年代在康奈尔大学所开设的文学课的讲稿,是在作家去世后由著名美国传记家和学者弗瑞德森·塞耶·鲍尔斯

(Fredson Thayer Bowers)编辑成书出版的,著名的美国作家约翰·厄普代克还为该书撰写了精彩的序言。该书是一部非常富于个性特色的批评著作,无论是全书篇目的遴选、具体问题的审美判断,还是文本的解读方式,都显示出纳博科夫作为一位大作家的特殊的偏好与深刻的洞见。

纳博科夫推崇天才,认为伟大的作家集三者于一身——讲故事的人、教育家和魔法师,他强调的是后者,认为大作家最要紧的是大魔术师。他推崇纯粹的艺术,认为:"风格和结构是一部书的精华,伟大的思想不过是空洞的废话。"他称文学作品为神话故事,强调作品的虚构性,在他看来,任何一部杰出的艺术作品都是幻想之作,都应具有"善于模仿的魔力或蒙骗人的双重性"。在《文学讲稿》中,纳博科夫精选了如下七部欧洲小说进行解读:简·奥斯汀的《曼斯菲尔庄园》、狄更斯的《荒凉山庄》、福楼拜的《包法利夫人》、史蒂文森的《化身博士》、普鲁斯特的《在斯万家那边》、卡夫卡的《变形记》以及乔伊斯的《尤利西斯》。"好小说都是好神话",这些小说在他看来,就是最上乘的神话。

纳博科夫有很高的艺术禀赋,他的文学及语言修养是超乎常人的;同时他还是一位昆虫学家,曾在哈佛大学比较动物学博物馆任昆虫研究员。在他的身上,艺术家的敏感和科学家的严谨,精妙而和谐地结合在一起。正是这种独特的禀赋与气质,赋予《文学讲稿》以"诗道的精微与科学的直觉"。该书从本文出发,从分析作品的语言、结构、文体、叙事技巧等创作手段入手,抓住要点,具体分析,充分突出了作品的艺术性,点明了作品在艺术上成功的原因。其中,有对简·奥斯汀"带笑靥的"风格的描写,有对福楼拜的对照法的虔诚细致解释,有对狄更斯的嗜好的衷心认同,也有对乔伊斯的繁忙但分秒不差的时间上同步的展示……文字的抑扬,闪光的机智、嘲弄,以及令人兴奋的细致分析俯拾皆是,这是一种清澈流畅的口语散文,毫不费力便已经才起四溢,并常常充满了隐喻和双关语。不仅如此,纳博科夫以其聪睿的感知力,在分析具体作品的同时又点出了作品之间的承继关系,使我们从中了解到:《尤利西斯》这部奇书的出现不仅应归功于它的作者乔伊斯,它也是历代文学家多年的创作经验和成就的积累与沉淀,而福楼拜在《包法利夫人》中运用的多声部手法,无疑是一个不可或缺的因素。

纳博科夫告诉我们,一个优秀读者不仅要有想象力、有记性、备有字典,还要有一些艺术感。而读书人的最佳气质在于既富于艺术趣味,又重科学性。通过阅读《文学讲稿》,我们不仅能够了解纳博科夫的艺术思想,跟随他寻找接近名家名作的可靠路径,同时也可以在其卓尔不凡的艺术趣味的熏陶下,培养和提升自己的阅读品质。

(撰写人:陈瑞红)

(十)《为什么读经典》导读

《为什么读经典》为意大利作家卡尔维诺所著,由著者的妻子埃斯特尔·卡尔维诺编辑,在他去世后出版;中译本首次出版于2006年(黄灿然、李桂蜜译,译林出版社出版)。

伊塔洛·卡尔维诺(1923—1985)是20世纪意大利著名的小说家,也是公认的"后现代派文学"大师,《为什么读经典》收录了著者从1950年代至1980年代期间撰写的35篇文学评论。这些文章所讨论的对象,既有文学史上公认的"经典"大家,也有一些是对中国读者而言非常陌生的、可能尚未企及"经典"这一头衔的作家,但是,无论如何,这些作家作品对卡尔维诺而言都是意义深刻、不同凡响的。通过这些文章,我们既可以了解卡尔维诺独特的文学兴趣、精辟的文学见解、卓越的文学评鉴技巧,同时也能够进一步认识或重新发现经典作家作品的魅力,获得关于作品解读、文学批评的方法论方面的启示。

在开篇的"为什么读经典"中,卡尔维诺罗列出关于"经典作品"的14条定义,如:经典作品可以给人提供"一种宝贵的经验","产生特殊影响";经典作品"无法耗尽",并"不断在它周围制造批评话语的尘云";一部经典作品就是"宇宙的书",在文化延续中总有一席之地,总能引起共鸣,等等。这些阐释与论述,以生动灵活的形式回答了"什么是经典"的问题,为经典阅读的必要性提供了充分论证,显示出卡尔维诺独特的文学经典观。在其后的35篇论文中,卡尔维诺将"为什么读经典"这一话题转向了"怎样读经典",即我们面对经典的方式是什么。

"怎样读经典?"卡尔维诺并没有提供给我们一个普适性的标准,或是放之四海皆可用的艺术解剖手法,恰恰相反,他向我们展示了经典阅读的多重可能性,不落前人之窠臼。这也是卡尔维诺批评的个人化风格使然。首先,从篇目选题看,全书共论及从古希腊到20世纪的32位作家的作品,其中既有西方古典名著、近现代大家的作品,古代波斯诗歌、自然科学论著,史学家、科学家、戏剧家的作品,亦有知名度不高的现代小说与诗歌。而属于20

世纪的作品就有11篇,几乎占了全书篇幅的三分之一,如埃斯特尔在这本书的"卷首语"中所言:"在20世纪的作家部分,卡尔维诺将优先权给予了他特别尊敬的作家与诗人。"显然,卡尔维诺并没有将一般的传统经典篇目作为阅读标准,而是以个人化的文论品评建立了一个只属于"他的"私人经典系统。

其次,卡尔维诺分析经典作品的角度新颖和多样化,显示出文本细读的深入专注与后现代主义的多元视野。著者注重文本自身的叙述要素、结构特质以及比喻、格律、想象等形式质素。他的分析,既灵动睿智,又条分缕析、精确细致,在极强的可读性中包含着深刻敏锐的学术见解。他往往直接切入文本,历史背景似被忽略或撇开,而在论述过程中又总是旁征博引、古往今来融会贯通,文学的历史并非作为僵硬的背景出现,而是以其轻逸灵动透迤其中。这一切不仅体现了卡尔维诺深厚的文学素养和敏锐的审美眼光,同时也印证了经典在"众多经典作品的谱系中的位置"。

《为什么读经典》汇集了卡尔维诺不同类型的批评文章,是一位学者型作家的心力之作,它既反映了卡尔维诺对创作艺术和语言表达能力的推崇,又可视为他本人创作风格与艺术追求的一种特殊形式的折射,大有再三品味的空间。

(撰写人:卢婧)

五、影视文学

[1] [美]尼尔·波兹曼.娱乐至死[M].章艳,译.桂林:广西师范大学出版社,2004.

[2] [德]鲁道夫·爱因汉姆.电影作为艺术[M].邵牧君,译.北京:中国电影出版社,2003.

[3] 单万里.纪录电影文献[M].北京:中国广播电视出版社,2001.

[4] [美]克里斯汀·汤普森,大卫·波德维尔.世界电影史[M].陈旭光,何一薇,译.北京:北京大学出版社,2004.

[5] [美]赫伯特·泽特尔.摄像基础[M].第三版.王宏,张晗,陈明,译.北京:中国传媒大学出版社,2005.

[6] [美]罗伯特·麦基.故事——材质、结构、风格和银幕剧作的原理[M].周铁东,译.北京:中国电影出版社,2001.

[7]卢非易.台湾电影:政治、经济、美学(1949—1994)[M].台北:远流出版公司,1998.

[8][法]皮埃尔·布尔迪厄.关于电视[M].许钧,译.南京:南京大学出版社,2011.

[9]程季华主编.中国电影发展史[M].北京:中国电影出版社,1963.

[10]张颂主编.中国播音学[M].北京:北京广播学院出版社,2003.

(一)《娱乐至死》导读

《娱乐至死》是西方传播学领域一部非常重要的学术著作,该书作者是美国著名的媒体文化研究者和批评家尼尔·波兹曼(Neil Postman,1931—2003)。他生前一直在纽约大学任教,是媒体生态学的创始人。一生著作颇丰,有20多部专著。其中《娱乐至死》是其代表作,被译成多种文字在许多国家出版。

现在,"娱乐至死"四个字几乎成为各国学者和受众批判电视领域过度娱乐化现象所使用的通用词汇,然而,娱乐为何会"致死"?又是怎样"致死"的?却很少有人能说清楚。而波兹曼的这部著作就是从理论上对此进行的系统回答。

波兹曼生活在电视时代,该时代最大的悖论是,电视这个20世纪与民众关系最为密切的技术发明在给人们带来各种便利的同时,也产生了出乎人们意料的负面作用。波兹曼亲眼目睹了电视媒体的过度娱乐化给社会、政治、文化、教育等方面带来的巨大的负面影响,他的《娱乐至死》就用详实的例证和严谨的论证对电视产生的这些负面影响以及形成机制作了深入的分析和揭示。

与人们通常认为媒介只是表达内容的手段的观念不同,波兹曼延续了其前辈著名传播学学者麦克卢汉"媒介即信息"的思维模式,他甚至断言"某个文化中交流的媒介对于这个文化精神重心和物质中心的形成有着决定性的影响"。按照这样的逻辑起点,自然会推导出适合电视媒介特点的公式,这就是波兹曼首创的"媒介即隐喻"。该公式揭示出电视娱人视觉的"看"的特点,而这种娱乐性很强的"看"对社会生活会产生与印刷媒介完全不同的巨大影响,然而,遗憾的是,在波兹曼看来电视的这种影响大多是负面的,它消解了印刷媒介的那种深刻，从而使人类在电视提供的娱乐中不知不觉地成为娱乐至死的物种。

依据该理论模式，波兹曼详细分析了娱乐大众的电视是怎样把美国的各种选举变成了一场更看重候选人的外在形象而不是施政纲领的"电视秀"；怎么把新闻变成了一个与观众生活没有多少联系的一系列事件"片段"的集锦；怎么把宗教这个"具有历史感的深刻而神圣的人类活动"变成了"没有仪式、没有教义、没有传统、没有神学，更重要的是没有精神超脱"的一种娱乐形式；怎么把以往学生获取知识、培养思辨才能和各种技能的教室"改造成一个教和学都以娱乐为目的的地方"。

正如许多西方学者为了强调自己独创性的理论常常导致一种片面一样，波兹曼对电视这一新兴的媒介所产生的负面作用的分析有一点值得商榷：将娱乐"致死"的罪魁祸首完全归罪于电视这种媒介形式本身似乎有失公允，因为娱乐之所以"致死"的另一个深层次原因是电视媒体的商业化运作。其实在印刷时代的后期，完全进行商业化运作的《太阳报》之类的报纸不也导致了过度娱乐化的产生吗？

可见，我们在阅读经典时既要肯定和学习它的精华，同时也必须持有一种批判的态度，这或许应该是一个学子走近经典、学习经典的正确态度。

（撰写人：白小易）

（二）《电影作为艺术》导读

鲁道夫·爱因汉姆（Rudolf Arnheim）与鲁道夫·阿恩海姆其实是同一人。这是一个耐人寻味的翻译现象：不同的艺术领域，翻译有所不同——前者运用于电影学，后者运用于心理学。阿恩海姆1904年生于德国，1939年，由于受到希特勒的迫害，阿恩海姆流亡到美国，潜心研究艺术与视知觉的审美关系，成为完形心理学的最重要代表人物，所以说，"阿恩海姆"的名气要远远高于"爱因汉姆"。

1932年，年仅22岁的爱因汉姆推出了《电影作为艺术》一书。1933年即被译成英文，并改名为《电影》。1957年，爱因汉姆把原作的部分章节与之后写的四篇相关文章合在一起，仍旧以《电影作为艺术》为名出版。1981年，邵牧君先生将新版的《电影作为艺术》译成中文。

电影在西方兴起的时候其实就是街头巷尾的"杂耍"，为"有教养人士"所不齿。到了20世纪二三十年代的德国，电影这种"杂耍"虽然在艺术上取得了一定的成就,表现主义即是显证,但仍难登艺术的大雅之堂。出于对电影艺术的强烈热爱,年轻的爱因汉姆于是高举起了"电影作为艺术"的大旗。他在自序中就指出:"这本书是一本树立标准的书。它支持人们至今在为通过完整、生动的形象来反映我们的世纪而进行的努力。本书将前人经验中得出的某些原则传留给为此而献身的新的一代。"

全书的立论基础是:"使得照相和电影不能完美地重现现实的那些特征,正是使得它们能够成为一种艺术手段的必要条件。"这种立论与他的完形心理学(或称格式塔心理学)密切相关。完形心理学认为,知觉具有整体性,一切的"形"都是知觉进行积极建构的结果,而不是客体本身。所以,艺术作品不应完美地复制现实,而应"根据简单、规则和平衡等对感觉器官起着支配作用的原则,创造性地组织感官材料"。爱因汉姆以完形心理学为出发点,详细论述了电影不能完美地重现现实的具体手段,正是这些手段使得电影成为一门艺术。具体包括六个方面,即:①立体在平面上的投影;②深度感的减弱;③照明和没有颜色;④画面的界限和物体的距离;⑤时间和空间的连续并不存在;⑥视觉之外的其他感觉失去了作用。

在电影刚起步的时候,爱因汉姆对电影艺术性的探讨具有重要的理论意义和实践意义,但是,仅把现实作为电影艺术的比较对象并不能完全阐明电影艺术的自身特征。试问:爱因汉姆所指出的上述六点手段在绘画艺术中不同样存在吗?电影艺术与绘画艺术相比,又有何不同之处呢?另外,爱因汉姆为了论证电影的艺术性,极端地否定电影的技术性,也是不对的。后来的有声电影、彩色电影,乃至今天的三维立体电影都不同程度地解构了爱因汉姆的观点。

另外,新版的《电影作为艺术》还收录了爱因汉姆的四篇文章,即《使画面活动起来的思想》《活动》《预测电视的前途》《新拉奥孔:艺术的组成部分和有声电影》。这些文章也非常值得拜读。比如《预测电视的前途》认为,电视技术的发明使得语言文字日益退化,心智变得萎缩,个体将离群索居。他说,人们"可能为银幕上的画面所迷醉,在五光十色的花花世界里迷失方向。过了一段时间之后,他们甚至可能连迷乱的感觉也没有了:他们自诩能看到一切,也不想加以理解和消化,所以感到很满足"。这种反思,在今天仍有警世意义。

总之,《电影作为艺术》虽有不足,仍是西方电影理论史上的重要著作。

它第一次详细论述了无声电影的实践经验,同时它的分类研究方法还开启了西方电影理论研究中的文法研究学派。

(撰写人:陈吉德)

(三)《纪录电影文献》导读

电影的历史有多长,纪录电影的旅途就有多远。一个世纪以前电影诞生的标志,即是卢米埃尔兄弟拍摄的纪录电影。作为电影的重要一翼,历经百年的纪录电影或曰纪录片愈来愈引人关注。而要全面深入地了解纪录电影的历史、理论和创作,《纪录电影文献》(中国广播电视出版社2001年版)是一个很好的选择。这是国内公开出版的第一部大型纪录电影文集,由中国电影艺术研究中心研究员、著名纪录电影研究专家单万里主编。它洋洋110万字,收录文章70余篇,内容分为"起源与历史"、"导演与作品"、"方法与技巧"、"理论与美学"、"电视与纪录"、"现状与未来"等六大单元,从历史渊源与发展流变、主要导演与代表作品、理论建构与美学阐释、叙事策略与艺术手法等维度,诠释了纪录电影的林林总总。对于有志于或有兴趣于纪录电影的人来说,它是纪录电影创作和研究的入门级著述。一册在手,尽览纪录电影创作、研究和评论之全貌,可谓该领域研究的"终南捷径"。书后还附有百余种纪录电影参考资料索引,可以为力图进一步探寻纪录电影的人提供深入的路径。每一单元开始均有作者的长篇导言,对所选经典文献进行精要解读,对作者的研究做出客观评价,使读者能够获得阅读前的引领。

这部文集在经典文献的遴选上有什么特点呢?概括起来就是:中外兼收、译介居多;影视兼顾、以影为主;古今兼谈、史论并重。除了收录中国知名学者高维进、司徒兆敦、陈汉元、刘德源、任远、钟大年、傅红星、单万里、张同道、聂欣如和吕新雨等有关纪录电影或电视的文章之外,文集的一大亮点就是云集了国外纪录电影研究的主要经典著述,诸如:(法)安德烈·巴赞的《电影与探险》,(法)拉法艾尔·巴桑等的《纪录电影的起源及演变》,(英)约翰·格里尔逊的《纪录电影的首要原则》,(美)罗伯特·弗拉哈迪的《我怎样拍摄〈北方的纳努克〉》,(英)福西斯·哈迪的《格里尔逊与英国纪录电影运动》,(波)克里什多夫·基耶斯洛夫斯基的《纪录电影的独特角色》,(美)林达·威廉姆斯的《没有记忆的镜子——真实、历史与新纪录电影》,(美)W.米勒的《非虚构影片的写作》,(苏联)吉加·维尔托夫的《维尔托夫论纪录电影》,(法)菲力普·彼拉尔等的《法国真实电影节与世界的纪录电影》等。这使得读者能够零距离地接触到世界一流纪录电影大师和学者们的真知灼见,把握世界纪录电影研究的前沿和主潮。

给予我们深刻印象的,还有该文集中各经典文献对于包括概念、定义、内涵、特性在内的纪录电影理论流变历程所做出的客观深入阐释。从格里尔逊纪录片、真实电影、真理电影、非虚构电影,直至20世纪末以来的新纪录电影,从"观照自然的镜子"到"对现实的创造性处理",再到可以"撒谎"的"没有记忆的镜子",围绕从未停息过的纪录、搬演、重构、非虚构等缠绕创作和理论界的世纪之争,这些文献让人们在阅读中倾听不同声音、进行独立思考和判断。此外,"电视与纪录"单元由纪录电影扩大到方兴未艾的电视纪录片,"方法与技巧"单元所涉及的对世界经典纪录电影作品、风格、叙事策略的研究,也都能够使我们获得"他山之石、可以攻玉"的切实感受和宝贵经验。

奈斯比特曾言:"我们对真实的贪恋永无止境。"那就让我们以此为导引和目标,走进《纪录电影文献》,领略其风光,探寻其奥秘吧!

(撰写人:王晖)

(四)《世界电影史》导读

《世界电影史》(陈旭光、何一薇译,北京大学出版社2004年版)译自克里斯汀·汤普森与大卫·波德维尔合著的 *Film History: An Introduction*(1994,直译为《电影史导论》)一书,是电影艺术领域的一本经典教科书。

大卫·波德维尔(David Bordwell,1947—)与妻子克里斯汀·汤普森(Kristin Thompson,1950—)都是美国电影理论家、史学家,两人独著、合著多部电影学专著。

该书将迄今为止的电影划分为五个阶段,即早期默片、晚期默片、有声电影的发展、战后时期与当代电影,主要论述艺术电影、纪录电影与先锋电影三种电影类型。

该书以三个原则性问题作为指导与方向:一、电影媒介是如何被运用,即电影语言是如何产生、发展、成熟并规范化的?二、电影工业的环境——电影的制作、发行与演映的状况如何影响电影媒介的发展?三、电影艺术的世界性潮流与电影市场的国际化趋势是如何出现的?

作者指出,第一个问题"实质上是关于形式、风格与类型的问题",这也是该书的主要价值与意义所在。作者建立起相对于"宏大理论"的"中观研究"方法,即不是从完全抽象的理论出发,而是从更加具体的现象出发,这也被称为"新形式主义"(neoformalism)。从该书的论述中,读者可以首先理解电影形式的发展、风格的演变与类型的成熟过程。作者认为,电影的形式是理解电影的基础。该书论述了电影艺术从场面调度到剪辑蒙太奇、从好莱坞的经典方式到各国的多种样式、从表现的内容到表现的方式、从专注于艺术到参与到政治的演变与发展,以及纪录电影的意义与先锋电影的价值。

电影是现代工业文明的产物,它的制作过程、发行方式与观众欣赏等社会性要素对电影的发展有着重要影响。该书讨论了制片人、导演、明星以及政府在电影发展过程中的作用,特别是独立电影人的创造性工作。

在全球化的语境下,电影在创作与放映方面实现了广泛交流,同时民族化也是电影发展的一个强大动力。而随着电视的出现,电影既得到了帮助,又受到了挑战。

该书史料丰富,体制合理,分析精准,图文并茂,是学习电影史的标准著作。在阅读时应该特别注意作者从电影形式出发分析作品的基本方法,可以结合两位作者的另外一本专著《电影艺术——形式与风格》(*Film History：An Introduction*,1979,直译为《电影史导论》)进行学习。

(撰写人:华明)

(五)《摄像基础》(第三版)导读

《摄像基础》(第三版)系美国旧金山州立大学广播和电子传播艺术教授赫伯特·泽特尔所著,是全美近400所大学正在使用的影视制作专业教材。泽特尔教授曾任CBS旧金山分部制作人兼导演,曾获艾美奖。

正如泽特尔教授序言所说,"本书的章节顺序完全对应电视实际制作的各个环节展开",其写作目的是为了"帮助读者有效地学习影视节目制作从节目构思到最终完成的整个过程"。

学习摄像课程不仅需要掌握摄像的基本知识和技术,更需要了解和熟悉整个电视节目制作的流程,阅读本书可以让自己像实习生一样,从基础环节上熟悉电视媒体制作的过程和主要环节。

本书从构思制作过程入手,然后过渡到实现制作所必需的工具和技巧,最后再到制作环境以及在这个环节中工作的演播人员。具体而言,本书分为四个部分:第一部分介绍制作流程、制作人员以及如何产生构思;第二部分主要讲解模拟和数字图像的创作与处理,讲解创作有效图像和声音所必需的主要工具和过程;第三部分侧重于视频图像的录制、转换和编辑;第四部分主要探讨出镜及演播室和现场制作环境。

《摄像基础》(第三版)所言"基础"并不是说阅读本书很轻松容易,而是强调"基础"看似简单实则重要。

专业学生在阅读和学习《摄像基础》(第三版)时,有四个关键词必须重视。

一是"视频"。这个词的含义远比"电视"一词宽泛,它包含了当今通过电子传播的活动影像的所有范畴,从传统的电视制作到企业制作以及自媒体制作等更多的多媒体内容。

二是"基础"。本书一直在强调这个词,因为这本书旨在帮助初学者从对摄像制作领域毫无基础知识的状态中起步。如果初学者在阅读这个基础知识点时,发现有些知识点解释得比较复杂,那说明这个知识点确实是比较复杂和难以掌握的。

三是"模拟和数字"。现在的摄像设备很多已经数字化,学生在学习摄像技术时,只能接触到模拟设备,而有些学生只用数字设备而可能根本不再接触"模拟"设备。其实在某些时候,无论是模拟设备还是数字设备,制作流程都是完全相同的。了解新技术和新手段,如非线性编辑,不仅可以让我们更理解线性编辑的价值,更能让我们掌握新兴的技术手段,甚至可以了解到摄像机对摄像已经不再是全部,有些影像已经可以通过计算机来合成。

四是"艺术性"。《摄像基础》的宗旨是充当一件完整的学习工具,因此摄像制作的美学原则就成为全书的重点。对艺术性的强调不仅能帮助学生了解如何获得特殊的视听效果,还能帮助大家理解为什么要取得这样的效果。摄像工具可以不断地更新变化,但美学原则依然适用于各种摄像和节目的制作。

正如对本书的评价之一所说,《摄像基础》(第三版)对摄像基本知识进行了详细而浅显的解释,对影视制作专业人士提供了应该具备的所有知识,贯穿全书的插图对读者理解本书有相当的帮助。这是一本从技术概念到艺术理念的基础工具书。让我们读一读吧!

(撰写人:蒋俊)

(六)《故事——材质、结构、风格和银幕剧作的原理》导读

被称为编剧《圣经》的《故事——材质、结构、风格和银幕剧作的原理》是

美国著名编剧、电影艺术博士、富布赖特奖学金得主罗伯特·麦基所著,周铁东译,中国电影出版社2001年版。罗伯特·麦基是世界公认的银幕剧作教学大师,他的学生共获奥斯卡奖17次。这部书以100多部影片为示例,生动形象地向我们讲述了银幕故事的制作,书中蕴藏了许多令人膜拜的真知灼见,可以帮助我们圆一个剧作家的梦。

在麦基看来,影视剧作家面对的是一种被称为人性的模糊的东西,将原型故事创造出所罕见的场景和人物,这需要掌握一门讲故事的手艺。这本书的宗旨"即是加强你对这门手艺的掌握。将你从束缚中解放出来,使你得以表达你对生活的新颖独特的看法,提高你的才能,使你超越陈规俗套,创作出具有独特材质、结构和风格的电影"。因此,他在这本书中分四个部分讲述故事的本质和故事讲述的技巧和方法。

第一部分的标目是作家和故事艺术。他认为故事已经成为人性的首要灵感源泉。"因为故事在不断地设法整治人生的混乱,挖掘人生的真谛。""如果故事不能成立,那么影片必将是灾难。"第二部分则着重解析了故事诸要素。在麦基看来,剧作家必须研究故事的诸要素,先分别练习,然后再整合。生活故事成为被讲述的故事,作家必须作出选择,而结构是对人物生活故事中一系列事件的选择,这种选择将事件组合成一个具有战略意义的序列,以激发特定而具体的情感,并表达一种特定而具体的人生观。因此,故事事件的设计(场景、节拍、序列、幕、故事三角)、结构与故事背景四维(时代、期限、地点和冲突层面)、结构与类型、结构与人物、结构与意义就显得十分重要。作者用五章的内容,在对经典作品的独到的分析中,生动而明了地讲述了这些抽象的理论。第三部分重点讨论了故事设计原理。在这部分中,麦基用了七章的内容探讨了故事材质、激励事件、幕设计、场景设计、场景分析、布局谋篇、危机、高潮、结局等内容。麦基认为:在故事的内核中装的是"材质",因此你必须思考故事的能量源泉,必须创造打算进入的这个角色,一个人物的世界可以被想象为一系列同心圆,在主人公和观众之间接上一根纽带。从标目上看,似乎与第二部分有交叉,细细阅读,在这一部分中主要是围绕着如何形成故事的能量源泉和讲故事的工作原理进行操作层面的探讨。第四部分的标目是作家在工作。这一部分有六章内容:对抗的原理、解说、问题和解决的办法、人物、文本、作家的创造方法。作者进一步论述了讲故事的一些重要艺术技巧。麦基认为主人公及其故事的智慧和情感魅力取决于对抗力量对他们的影响。解说闪回这些手段是让观众了解更多的信息,从而更好地理解故事事件,而兴趣问题、神秘、悬念、戏剧反讽等都会增强故事的魅力。如果你的故事看起来不太令人满意,你需要找到恰当的工具洞穿其令人困惑之处。最后作者用"淡出"作为标题,希望读者能每天笔耕,把《故事》常备在身边,直到把对原理的掌握变成和你与生俱来的天资一样自然的东西。

虽然这本书被剧作界奉为《圣经》,但当你通读全书后,一定会发现罗伯特·麦基的创作方法基本还是好莱坞式,显然,寻求剧作指南不只是《故事》这一本书。

银幕剧作是长跑,不是短跑,"所有的写作都是一种磨炼,而银幕剧作则是一场纪律严明的军训。"让我们在麦基这位训练有方的指战员的指导下,把每一个瞬间都放置在"思想再思想、创造再创造的显微镜之下"把我们训练成剧本写作的高手吧!

(撰写人:沈国芳)

(七)《台湾电影:政治、经济、美学(1949—1994)》导读

卢非易,曾获美国南加州大学影视学院艺术硕士学位。后担任台湾政治大学广播电视学系副教授。长期从事电影电视学研究,并建立了"台湾电影多媒体资料库与网络系统"。

本书将电影放置在政治、经济、美学的多元影响之中,以编年的方式展开论述。除第一章外,其余各章均以五年为一个单元来进行研究。第一章"动荡的一年(1949)"探讨1949年国共内战对台湾电影的深远影响,并回顾当时台湾电影产业的总体状况。第二章"重整的年代(1950—1954)"论述国民党当局溃败到台湾以后,台湾政治、经济重整工程对本土电影业的影响。第三章"起步的准备(1955—1959)"反思了1955年台语影片崛起的物质条件、生产背景以及因此而产生的美学意义。第四章"成长的开始(1960—1964)"分析1960年代台湾社会在压抑的政治氛围下走向相对稳定的发展时,电影艺术创作的各种表现,其中包括"中影"公司如何建构"健康写实电影"、台语片如何谋求转型。

第五章"黄金年代(1965—1969)"探讨经济对电影产业的影响,重点是城乡变迁、人口结构、国语教育及电视快速成长所造成的重大影响,并探讨本土电影由盛而衰的内在因素。同时,研究外来文化怎样促成爱情文艺片

和武侠片等逃避主义电影的形成,并探究琼瑶式电影兴衰的缘由。第六章"处变不惊(1970—1974)"回眸 70 年代台湾面临政治和外交的挫折之际,电影界的反应态度,并分析"爱国政宣电影"的制作背景、功夫武打片兴起的社会心理原因。第七章"骚动与迷惑(1975—1979)"剖析 70 年代后期,"爱国政宣电影"蜂拥而出的政治背景;同时,分析当时逐渐浮现的本土意识对电影创作的潜在影响。

第八章"写史的年代(1980—1984)"阐述了台湾新电影的横空出世,探讨该运动的背景条件、当时的生产环境,以及新电影的政治、经济、美学特征,比较了台湾导演工作室与香港独立制片人制度的优缺点,以及两种制度的得与失。第九章"新年代开始(1985—1989)"继续对台湾新电影的论述,除了解释新电影结束的历程外,也研究新电影所引发的台湾电影论述的话语权的嬗变历程。同时,本章注意到 1987 年台湾"解严"所造成的政治、社会、文化的大变动,及其对电影的直接和间接的影响。第十章"高贵而寂寞(1990—1994)"研讨 90 年代台湾社会集体焦虑的根源——统、独意识形态的对峙,且试图从新兴人类族群的电影创作中,探究台湾的后现代文化现象。

本书的最大特色和价值在于:主要观点均建立在数据统计和分析的基础之上,因此,较为客观,且具有说服力。

(撰写人:孙慰川)

(八)《关于电视》导读

《关于电视》(*Sur la télévision*)系法国著名社会学家、哲学家与人类学家皮埃尔·布尔迪厄(Pierre Bourdieu)的电视代表作,许钧译,南京大学出版社 2011 年 1 月版。该书由布氏 1996 年 5 月在巴黎电视一台的两次电视讲座的讲稿整理而成。布氏这种"在电视上批评电视"、竭力为电视祛魅的颇具讽刺意味的批评方式犹如一则现代科技寓言,被人们视为"传奇"。2000 年,由许钧翻译、辽宁教育出版社出版的《关于电视》中文版在我国一经面世,就受到了学界的广泛关注;2011 年,南京大学出版社修订出版精装版的《关于电视》,再次掀起"布氏电视批评"的热潮。

该书主要提出了两个核心观点:

(1)电视是一种缺乏独立自主性的交流工具,它具有强烈的符号暴力特征。

布氏认为,电视内部受严格的审查制度所监控,外部受经济规律的束缚,既是操纵者,也是被操纵者,其自主性逐日消失。于是它钟爱"轰动的、耸人听闻"的社会新闻,因为不触犯所有人,没有风险。电视这种越是希望触及广大公众,就越要抹去棱角,也就越"不利于表达思想"的选择原则,导致电视节目的同质化和平庸化。此外,布氏还指出,在后现代文化语境中,影像文化特殊的制造真实的优越地位构成了电视的经济实力,符号表达力占据上风,进而对其他媒介构成一种暴力和压制。由此,电视成为人们"进入社会或政治生活的主宰"。

（2）电视具有受商业逻辑所制约的"他律性",它已经把文化和交往的传播手段沦落为典型的商业操作行为。

布氏以独特的"场域"理论分析:"电视场"与"经济场一样,远比科学场、艺术场甚至司法场更受制于市场的裁决和考验",即受制于收视率的钳制。因此,它可以把政治事件"非政治化",又可以把非政治事件"政治化",这种双重功能归根结底是为了吸引公众的注意力而获取商业利益。另外,电视人作为话语的主体,在揭露社会某些不公的同时又为自己捞取资本和名望。因此,它从未停止过仲裁者的角色而热衷各式"评选";它积极为那些投靠传媒并深谙电视固有运作思维的学者"搭建梯子",赋予其"绝对权威"而成为"媒介常客",却回避真正有话可说的"行家里手",致使科学场和艺术场内诸规则的混乱。这种隐秘的合作和"同谋",营造了电视权威性和公正性的假象。

布尔迪厄就是这样,巧妙地绕过了电视的种种表象,以社会学的视角打破了学科建制的陈规,直逼那些被传统学科制度所遮蔽的现象和问题。也正因如此,《关于电视》反而比那些正统的电视教材更能直指电视真相,言明电视本质。

（撰写人：魏南江）

（九）《中国电影发展史》导读

1963年2月,程季华主编,程季华、李少白、邢祖文编著的《中国电影发展史》第一、第二卷由中国电影出版社出版。全书89万字,分三编八章,以翔实的史料为基础,完整地描述和阐发了1905年至1949年中国电影的创作、产业、美学以及重要人物等历史发展的基本脉络、流变和特点,奠定了中国电影史学的基本研究框架、领域和范式,是我国第一部具有完整史学意义的通史性质的电影历史著作。

电影历史材料的丰富性是《中国电影发展史》的一大特色。该书集合了国家力量,把中国电影史最基本的史料比较完整地收集起来,创立了一种以史料为基础的电影史学研究规范。从1950年开始,程季华等人在电影局艺术处和电影家协会的支持下,从全国各地收集了大量有关电影的资料、报刊说明书及剧照海报等,抢救和保存了珍贵的一手资料。据统计,该书引述的晚清及民国报纸计22种150次,时间跨度从1896年8月10日到1949年4月13日,书中包含800多幅黑白照片插图,并附有2000多部影片目录。这些丰富的史料在一定意义上确立了该书的历史文献价值。

《中国电影发展史》建立了较为完整的史学研究构架。该书在学术上确立了中国早期电影——1930年代左翼电影——延安电影——新中国电影的史学框架,突出了1930年代左翼电影传统的历史意义,客观上维护了"上海电影"在官修史学体系中的重要地位。在特定的社会和学术环境下,延续了中国电影文化和艺术的命脉。全书对于中国电影的历史叙述与历史评价注重考证性与科学性,做到言必有据,论必有理,史与论结合完美。

《中国电影发展史》确立了电影思潮史的史学方法论。受到源自苏联的治史体系的影响,该书注重电影的意识形态研究,强调电影的社会文化形态,着力于电影艺术的社会价值判断,以社会发展史观来观照电影艺术的演进轨迹,虽具有较为明显的电影史学政治化、革命化的趋向,但也使得中国电影史的研究具备了电影史学的基本理论形态,并在较长时期内成为中国电影史学研究的主流形态。

《中国电影发展史》动用国家体制的力量,以官修史的方式对年代久远、众说纷纭的早期中国电影史做了大量的史料收集和学术考证工作,虽然在史料的取舍、史实的阐述和评估以及历史发展脉络的梳理上,不可避免地带有当时较为浓重的意识形态印痕,但其作为中国第一部权威的中国电影史论著的地位是不可否认的。《中国电影发展史》1981年10月再版,印数达3.5万册,1998年第四次重印,累计印数达4万册。该书1987年10月出版了日译本,香港也有多种翻印本。时至今日,它仍然是国内外研究中国电影史的基本学术文献。

(撰写人:朱洁)

(十)《中国播音学》导读

中国播音学的奠基之作——张颂主编的《中国播音学》(修订版)的问世,宣告了一个新学科的诞生。这本集体智慧的结晶不仅系统地总结梳理了播音理论体系,而且有力地回应了"播音无学"之说,是播音学科正式建立的标志,在播音学科发展史上具有里程碑式的意义。

与大多数播音方面的书籍侧重实践的主旨不同,《中国播音学》以哲学和美学、新闻学与传播学、语言学及应用语言学以及艺术学为学科支撑,将播音学科的理论体系大致分为导论、发音与发声、创作与表达、广播播音与主持和电视播音与主持五大部分。这五大部分不仅和播音与主持艺术专业的实践与教学相吻合,而且更系统化、更具概括性。

"导论"部分总述中国播音学的研究对象、研究方法,播音工作的性质、任务与要求,播音创作的原则与过程等基本问题。这部分内容穿插在播音与主持艺术专业本科一、二年级的专业课程中。

"发音与发声"部分介绍了播音中最基本的两个要素(播音发声与普通话语音)的作用、原理及调节使用的法则,是播音与主持艺术专业本科一年级的专业课程内容。

"创作与表达"部分针对有稿播音和无稿播音两种播音形式,围绕稿件的准备、理解与表达介绍了语言表达的内部技巧和外部技巧,是播音与主持艺术专业本科二年级的专业课程内容。

"广播播音与主持"部分与"电视播音与主持"部分,分别介绍了广播播音与电视播音中不同语言内容的各种共性要求及不同的表达方式,分别是播音与主持艺术专业本科三、四年级的专业课程内容。

《中国播音学》(修订版)的编撰者主要为中国传媒大学播音与主持艺术学院的教师和播音主持界一线的资深播音员与主持人,其中不乏在相关领域具有开创之功的领军人物:如主编张颂老师是中国播音界的泰斗、继往开来的领军人物;撰写"导论"部分的姚喜双老师是教育部语言文字应用研究所所长,国家语委普通话与文字应用培训测试中心主任,多年来对播音学科的宏观把控具有独到的心得;撰写"普通话语音"章节的王璐老师是中国传媒大学播音与主持艺术学院第一位教授播音发声与普通话语音课程的老师,并建设了相关课程;中央电视台李瑞英老师、宋世雄老师等著名播音员、主持人也参与了编写,他们将把一线工作的感受提炼、上升到理论高度……这些名师的参与使该书具有公认的权威性。

《中国播音学》以清晰的脉络梳理了播音这门学科的理论体系,如果你是播音与主持艺术专业的学生,阅读此书将有助于你突破微观的实践操练,实现对整个学科的整体把握,从而获得理论上的提升,建立起你自己对播音的理解体系;如果你是播音与主持艺术的爱好者,阅读此书将有助于你全面了解播音学科,从而发现自己的薄弱环节与兴趣点,可以针对性地进行实践与练习。

(撰写人:朱怡淼)

第二节　写作类经典导读

[1] 朱光潜. 谈文学[M]. 北京:北京大学出版社,2012.

[2] [奥]里尔克. 给一个青年诗人的十封信[M]. 冯至,译. 北京:生活·读书·新知三联书店,1994.

[3] 王安忆. 小说家的十三堂课[M]. 上海:上海文艺出版社,2005.

[4] [美]浦安迪. 中国叙事学[M]. 北京:北京大学出版社,1996.

[5] 何永康. 文艺鉴赏写作要义[M]. 南京:南京大学出版社,2009.

[6] 王力,朱光潜,等. 怎样写学术论文[M]. 北京:北京大学出版社,1981.

[7] [美]蒂莫西·科里根. 如何写影评:插图第6版[M]. 宋美凤,译. 北京:世界图书出版公司,2009.

[8] 宗白华. 艺境[M]. 北京:北京大学出版社,1987.

一、《谈文学》导读

一代美学大师朱光潜先生的《谈文学》是一本触及文学创作和鉴赏的著作,该书收录了其在抗战最后几年陆续写成并发表于不同刊物上的文章近二十篇,是在"谈文学"这一共同话题下集结而成的一本小册子。朱光潜先生自视其为"学习文艺的甘苦之言",可见其内心的珍视。

正如序中所言,"学文学第一件要事是多玩索名家作品,其次是自己多练习写作,如此才能亲自尝出甘苦,逐渐养成一种纯正的趣味"。此可谓在文学领域里登堂入殿的必经之路。

文集所录既有从大处着眼的篇章,探讨文学与人生的关联、创作者的资禀与修养、文学趣味的高低;又有从细处着手的篇章,探寻文学创作的一般规律与方法技巧。

《文学与人生》可以看作一篇开场白,为全书提纲挈领。"凡是文艺都是根据现实世界而铸成另一超现实的意象世界,所以它一方面是现实人生的返照,一方面也是现实人生的超脱。"在朱光潜看来,人生境界需要艺术化,由追求文艺的臻美而感悟到人生的完善。一个人的思想情感在踏入文学门槛的瞬间就打上了它的烙印,从此便开始了人格与思想的历练和锤造。

《写作练习》、《作文与运思》、《选择与安排》、《咬文嚼字》、《文学与语文》诸篇探寻文学创作的具体问题,包括写作构思、材料选取、谋篇布局、文辞表达等。《写作练习》一文将宇宙间一切现象都归纳到情、理、事、态四大范畴中,相应地产生了言情、说理、叙事、绘态这样的文学四大类。对青年写作者而言,说理文可缓作,因"说理文需要丰富的学识和谨严的思考",这恰是青年人通常所缺乏的,"他们没有说理文所具备的条件而勉强做说理文,势必袭陈腐的滥调,发空洞的议论";言情文也可缓作,因情感需经过陶冶熔炼,才值得文学表现,而"青年人容易感受情绪,却不容易于沉静中回味情绪",往往流于浅薄的感伤主义;剩下的就是叙事绘态,紧抓住实事实物,不至堕入空洞浮泛的恶习,叙事绘态做好了,其他各体文自可迎刃而解。

此番见解可谓真知灼见,即便在当今大学校园文学专业的学生中,好发空洞议论、好抒浮泛情感者,仍大有人在。

材料的选择与安排是作文运思时最重要而艰苦的工作。选择意味着舍弃与割爱,"我常看大学生的论文,把一个题目所有的话都一五一十地说出来,每一点都约略提及,可是没有一点说得透彻"。这恰恰也是今天大学生为文的通病。因此,明智的为文之道在于,将重点置于文章的主旨上,鞭辟入里,烘染尽致,使所写的事、理、情、态成一个世界,突出于其他一切世界之上。(《选择与安排》)

人们普遍认为咬文嚼字在表面上只是斟酌文字的分量,但作者认为对文字的斟酌就是对思想情感的揣摩。中国古代诗人的字斟句酌无不体现着语言与思想情感所要表达的意境戚戚相关。其对文字的斟酌选择实际上就是对思想情感的调整。思想如果没有透彻,情感没有凝练,语言也必然含糊不清。(《咬文嚼字》)

朱光潜还从文学接受的角度考量作者与读者的互动关系。写作的成败既有赖于情感思想本身的价值,也要看传达技巧的好坏。作者对于读者所取的态度可分为不视、仰视、俯视、平视四种。朱先生较赞成平视,因仰视者难免阿谀奉承、存心取悦,俯视者难免盛气凌人、自以为是,而平视是"人与人中间所应有的友谊的态度","这种心灵感通之中不容有骄矜,也不容有虚伪的谦逊",作者与读者达成最理想的默契,文学所要表现的正是这种不得不言而又不易为俗人言的秘密。(《作者与读者》)

朱光潜先生心目中的艺术与人生相通,上升到"道"的境界,《谈文学》立意高远,博引古今,它引领读者在文学道路上前行,并起着净化心灵的作用。

(撰写人:刘青怡)

二、《给一个青年诗人的十封信》导读

奥地利诗人里尔克亦是书简大家,《给一个青年诗人的十封信》是他在三十岁左右时写给一位青年诗人的。这十封信浑然天成,亲切诚挚,吐露了诗人内心深处的孤寂、真诚和对艺术的执着。而"走向内心"、"忍耐"、"担当"、"寂寞"、"悲哀"、"艰难"、"信仰"这些字眼反复出现,让我们听到了一个纯粹高贵的声音,领略到一种真实无欺的人格力量。

在里尔克看来,倾听寂寞是走向内心的必经之路,"在寂寞中你不要彷徨迷惑,由于你自身内有一些愿望要从这寂寞里脱身。……寂寞地生存是好的,因为寂寞是艰难的。"(第七封)"有充分的忍耐去担当,有充分单纯的心去信仰;你将会越来越信任艰难的事物和你在众人中间感到的寂寞。"(第九封)

忍耐心里的一切困惑与疑难,"不要去追求那些你还不能得到的答案,因为你还不能在生活里体验到它们。一切都要亲身生活。"(第四封)担当自身的悲哀。"我们悲哀时越沉静,越忍耐,越坦白,这新的事物也越深、越清晰地走进我们的生命,我们也就更好地保护它,它也就更多地成为我们自己的命运。"(第八封)

里尔克将对艺术的追求化为一种生命信仰,"比一切更不可言传的是艺术品,它们是神秘的生存,它们的生命在我们无常的生命之外赓续着。"(第一封)艺术家像树木似的成熟,不勉强挤它的汁液,满怀信心地立在暴风雨中,也不要担心后边有没有夏天来到。

在信里,里尔克坦诚地交流着他的创作感受,"躲开那些普遍的题材,而归依于你自己日常生活呈现给你的事物;……如果你觉得你的日常生活很贫乏,你不要抱怨它;还是怨你自己吧,怨你还不够作一个诗人来呼唤生活的宝藏;因为对于创造者没有贫乏,也没有贫瘠不关痛痒的地方。"(第一封)涉及的正是文学创作中题材的个性化选择与发掘,如何在日常生活中寻找诗意。

诗人告诉我们,生存于世的每个人都艰难而孤单。人每每为了无谓的喧嚣,忘却生命的根蒂,不能在寂寞中、在对于草木鸟兽的观察中体验一些生的意义,只在人生的表面上永远往下滑过去。若要真实地生活,必须脱离开现成的习俗,自己独立成为一个生存者,担当生活上的种种问题。这几封信里处处流露出的这种意义,使读者最受感动。

《给一个青年诗人的十封信》中,看不到故作高明的字眼,少有诗歌概念和术语,没有大谈诗歌史,也没有梳理"风格""流派",而葆有温暖人心的力量。热爱诗歌和文学的青年,都应该读读这十封信,收获一种沉静淡泊的创作态度。

艰难的生活永无止境,但因此生长也无止境。

(撰写人:刘青怡)

三、《小说家的十三堂课》导读

这是身为小说家的王安忆,在复旦大学中文系为大二本科生开设的"小说学"课程的讲稿。十三个星期,十三堂课,王安忆结合古今中外的文学经典,从创作与批评、经验与理论等诸多层面着眼,与学生一起分享了对"小说到底是什么"的思考。王安忆说:"小说不是现实,它是个人的心灵世界。"本书的内容先是结集为《心灵世界》出版,后以《小说家的十三堂课》为名再版。

全书的主要内容为十三堂课的讲义,另有两篇附录。

第一堂课:小说的定义。小说所营造的是个人的心灵世界,这个世界有着另一种规律、原则、起源和归宿,但铸造心灵世界的材料却是我们赖以生存的现实世界,小说的价值是开拓一个人类的神界。

第二堂课:作家的处女作。处女作是心灵世界最初期的自然原始形态,它显示出创造力的自由和热情,但处女作也是有局限的,它毕竟是没有经过理性成长过程的感性蓓蕾。

第三堂课:张承志的《心灵史》。

第四堂课:张炜的《九月寓言》。

第五堂课:雨果的《巴黎圣母院》。

第六堂课:托尔斯泰的《复活》。

第七堂课:罗曼·罗兰的《约翰·克利斯朵夫》。

第八堂课:艾米莉·勃朗特的《呼啸山庄》。

第九堂课:马尔克斯的《百年孤独》。

第十堂课:曹雪芹的《红楼梦》。

从第三堂课到第十堂课是全书的重点,选取了古今中外八本名著分析,分析小说所营造的心灵世界生存的可能性以及它的意义。每篇小说的分析方式是这样的:首先把这个故事以"王式"的眼光来重读一遍,更确切地说,在这里王安忆带着大家重读的并不是故事本身,而是故事背后的逻辑;然后解释故事中的心灵世界和生活中的现实世界之间的关系,而小说家毕生的努力方向就是要找到、厘清并利用好这种关系。

第十一堂课:小说的情节和语言。情节和语言是小说的建筑材料,它们有着和日常生活相似的面目,王安忆将情节分为现实生活的"经验性情节"和小说的"逻辑性情节",将语言分为日常的"具体化语言"和小说的"抽象化语言"。情节的推动作用和语言的创造功能,是营造小说世界的技术问题。

第十二堂课:小说的思想。现实世界为小说世界提供材料,作品的思想决定了现实世界的材料将以何种形式在小说世界里运用,因而也决定了这个心灵世界的完美程度。

第十三堂课:小说的情感。创作者应该是一种特别具有情感能力的人,他有异乎寻常的敏感性,同时,他又有理智且冷静的力量,能把这种敏锐而冲动的情感推到极致。理性在情感中承担着重要的作用,它的任务是检验感情质量,承受感情压力,将感情转化为想象力。

王安忆的语言风格一向平实,更何况这本书原就脱胎于课堂讲稿,所以读来非常流畅生动,仿佛就像王安忆本人坐在面前娓娓而谈。她用大量的名家小说来做范本,细腻地帮助我们从创作构思、技巧、立意各个方面进行分析。虽然涉及的都是文学理论中最本质性的问题,但经过她的感性解读,理论问题也不再显得那么晦涩艰深。

(撰写人:刘芳)

四、《中国叙事学》导读

这是一本从外国人的角度来看中国古典文学的书。

作者浦安迪(Andrew H. Plaks)是美国著名的汉学家,现为普林斯顿大学东亚系和比较文学系的荣休教授。研究领域广泛,如中西文化比较,中国古典小说、叙事学,中国传统思想文化等。与中国文学直接相关的代表作品有:*Archetype and Allegory in the Dream of the Red Chamber*(《〈红楼梦〉中原型与寓意》),Princeton University Press,1976;*Chinese Narrative: Critical and Theoretical Essays*(《中国叙事文:批评与理论文汇》),Princeton University Press,1977;*The Four Masterworks of the Ming Novel:Ssu ta ch'i-shu*(《明代小说四大奇书》),Princeton University Press,1987;《中国叙事学》(中文撰写,北京大学出版社1996年版);《红楼梦批语偏全》(编释,北京大学出版社2003年版)等。

乐黛云先生这样评价浦安迪的研究:"他决不将某种分析模式强加于中国文学,而是将中国文学置于非常丰富的世界文学发展脉络之中,从多种角度加以欣赏和分析,因而能开辟出许多新的视域和趣味。"

本书的主要内容框架为:

第一章:导言

第二章:中国叙事传统中的神话和原型

第三章:奇书文体的结构诸形

第四章:中国奇书修辞形态研究

第五章:奇书文体中的寓意问题

第六章:奇书文体与明清思想史通观

第七章:不是结语的结语

在浦安迪的论述及例证中,他不但一举推翻了西方学界普遍认为的中国古典小说属于"缀段"结构的论断,而且否定了"五四"以来胡适、郑振铎等人提出的四大名著是民间通俗文学的集大成者这样的看法。因为从这些小说的语言、结构、思想境界和美学观念来看,这些小说绝非是民间通俗文学可以相比的。

浦安迪在书中还揭示了隐藏在六部奇书中的一些结构性的规律。比如,中国古典小说的定型长度是100回,每10回为一个单元,形成一种特殊的节奏律动,这在《金瓶梅》和《水浒传》中表现得最为明显,他将这一特征称为"百回定型"和"十进位布局法";再比如,在古典小说的第50回左右,必有一个大的转折,形成小说的高潮,《金瓶梅》和《西游记》均以第49回作为全书的节点,《三国演义》和《红楼梦》均以第50回为节点,而每一处节点都将全书分为互相映照的前后两个半截,表现出天道循环的感受。浦安迪总结说,与西方小说追求直线性结构不同,中国古典小说追求的是更替与循环,中国最伟大的叙事文作者"以反复玄幻的模子来表现人间经验的细致关系"。

作为一位美国学者,浦安迪以现代西方叙事学为理论基础,以中国传统小说评点为依据,探讨中国古典小说的叙事方式,他的研究思路和结论颇令中国学界耳目一新。同时他也启示着我们可以打破固有的思维定势,换一些角度来重新打量那些我们熟悉的经典作品,以他者的眼光来重新审视自我,或许可以获得更多不一样的阅读上的体验和写作中的启示。

(撰写人:刘芳)

五、《文艺鉴赏写作要义》导读

文学创作和文学研究的第一要义,是鉴赏。只有懂得辨识什么是好的作品、懂得欣赏作品好在何处,才有可能创作出好的作品。眼高手低不可怕,可怕的是眼不高手更低。更何况,我们常常都是因为眼不高所以手才低的。

本书意在以一己之探索,提示文艺鉴赏从观念到心得再到形成文字的方法。

基于此,本书以现代文艺观念,深入浅出地对文学鉴赏的方法、过程予以讲解和作品示范。在整体框架上,全书分为偏重于理论和观念总结的"知著篇"以及偏重于具体篇目解读的"见微篇"。

"知著篇"的安排为:

(1)说"意会"

(2)稗海神游——小说美鉴赏

(3)诗苑送目——诗歌美鉴赏

(4)野草清芬——散文美鉴赏

(5)"新道道"与"新眼目"——如何对待新的艺术技巧

"说'意会'"从整体上描述了文学的"不可言说"以及文学鉴赏的"说不可说";"稗海神游"、"诗苑送目"、"野草清芬"则是从文学体裁的角度将小说、诗歌、散文的美学特征及鉴赏思路做了精妙的提炼和概括;"'新道道'与'新眼目'"从"时序颠倒"、"多角度展示"、"生活流"、"交叉辐射状结构"、"荒诞意味与黑色幽默"等方面对各种体裁的现代派作品指出了鉴赏的门道。

"见微篇"则是深入赏析了28篇具体的文学作品,既有对宇文虚中《迎春乐·立春》等诗词的赏析,也有对魏学洢《核舟记》等散文的赏析;既有对海明威《乞力马扎罗的雪》等小说的赏析,也有对谢铁骊《红楼梦》等影视剧的赏析。鉴赏中既有中国古典文论"四两拨千斤"般的妙语,又不乏西方文论那般条分缕析而又整体推进的审美沉思,为读者展示了文艺鉴赏写作的范例。

不过,本部分的精彩之处倒不在于对28篇具体作品进行了怎样的赏鉴,而在于为读者提供了28种常见的理解作品的角度以及写赏析性文章的思路。

在每一篇赏析的前面,作者首先都会对该篇赏析所切入的"着眼点"做一个总结性的提示和描述。比如:《展开想象的羽翼——刘仲尹〈鹧鸪天(楼宇沉沉)〉赏析》就首先归纳提炼了"想象"在作品中的地位和作用,提示读者在辨识文章特点时常常可以从"想象"的角度来入手;《历史意识的掂量——王恽〈浣溪沙(隋末唐初)〉赏析》强调了面对历史题材的作品时一定要审慎牢靠地分析作者是经由什么角度来介入特定历史话题的,有何新的发现及见解;《"反常"的背后——张明弼〈避风岩记〉赏析》则提示读者一定要善于捕捉作品中那些一反常态的情绪和思路,等等。从鉴赏文章常见角度的介绍再到具体篇目的示例,28篇皆为此种体例。

无论是对于小说创作而言,还是对于文学评论来说,文艺鉴赏的训练都是基本功课。

(撰写人:刘芳)

六、《怎样写学术论文》导读

在大学阶段,学生要完成学年论文、课程论文、毕业论文。学会写论文,就成为衡量学生专业基础知识、思维能力及语言运用能力的重要指标。本科阶段的论文,要求具有学术价值的文章,或者提出鲜明新颖的观点,或者挖掘出新的证据材料,或者发现新的论证方法。正是因为论文的这个特点,它不可能像中学语文课堂教学那样,当场命题,在较短的时间内完成,而是要求有一个前期的研究发现的过程,这个研究过程的出发点是"问题",提出问题,就解决了问题的一半。如何提出一个有研究价值的问题?以往一些同学,往往等到要写学年论文、毕业论文了,才匆匆忙忙寻找题目。虽然会有老师提供的选题,但时间匆忙,题目还不一定符合自己的兴趣和知识积累,就成了命题作文,写作时很难提出有真实感受的观点和看法。在开始动笔写作时,如何拟定标题?如何开头?如何写研究现状的评述?如何处理观点与材料结合的问题?对于刚开始进行论文写作学习的大学生来说,这些都还太难。大学生在没有过多论文写作经验的时候,过于抽象系统的理论介绍虽然也不是很难接受,但如何深入浅出地将写作论文的理论知识传递给他们,就成为一个难题。

王力、朱光潜等著的《怎样写学术论文》正是这样一本授之写论文的方法的理论著作。本书收录十二篇文章,分别由各个学科的著名学者结合自己的亲身经验写成。这些学者有著名语言学家王力、美学家朱光潜、哲学家张岱年、联合国前南国际刑事法庭大法官王铁崖、遗传学家李汝祺、继竺可桢之后最著名的气象学家李宪之等。所有这些文章,都不是板起面孔说话的,都不是站在岸上的纸上谈兵,而是工作在学科第一线,并且有丰富学术成果和大量论文写作实践经验的学者的夫子自道,娓娓道来、不疾不徐,既有大量的实际例子,也有一般的规律性总结;不仅有成功的经验,还有失败的教训,生动活泼,具体实用。

从这些文章中我们不仅可以学到论文写作的一般方法,还可以看到这些大师们是如何做学问的,他们是如何思考的,从而他们的学术经历往往也会展现在我们眼前。所以,与一般的关于论文写作的书籍不同,《怎样写学术论文》更是这些大师如何做学问、如何写文章的一个个案描述。不仅总结出了一般规律,而且还烙印上了个人的鲜明学术风格,体现出他们严谨的治学态度和做人境界,而恰恰这一点,显示出本书的弥足珍贵之处。

(撰写人:乔春雷)

七、《如何写影评:插图第6版》导读

这是一本在美国最畅销的影评写作指导。不论是简短的电影评论、课堂上的电影报告,还是长篇大论的研究论文,都可以从本书中找到如何起步的诀窍。

书中除了介绍各种类型的电影批评方法、提供主要的电影理论观点和电影术语外,还细致入微地为读者提供翔实的写作技巧:从如何记笔记、如何搜集资料、如何开头、如何下结论、如何遣词造句等具体的写作细节,到如何开始深度的电影研究,等等。同时,每一步骤均提供例文作为参考,可操作性极强,是非常实用的影评写作入门书。

这本书大概可以分这么几个部分：

第一部分：观念开始告诉你为什么要写影评，写影评的乐趣在哪儿。

第二部分：如何写影评，以及写影评的方法，你可以从哪几个方面入手。

第三部分：作为补充，告诉你基本涵盖电影每个方面的、必要性的基础专业术语，以此来帮助你更专业、更高效地去写影评。

第四部分：这是帮助电影专业学生如何进行电影研究和论文表达的。

读者在这本书里学到的不只是如何去思考电影，也包括如何将想法组织成结构严谨、焦点清晰的电影评论。而且这本书还填补了写作技巧和电影研究两者之间的间隙，并蒸馏出进行电影评论的最精华独特的写作指导。

电影不同于其他艺术形式，电影能引发一种强烈的情感或智性上的回应。我们有表达的欲望，具备一种分析性的评价能力将会增加我们从观赏电影中获得的乐趣。"有一种乐趣来自分析、探索和思考"，对电影敏锐的思考与评价让我们以一种前所未有的方式来享受观影的愉悦。

这本书对于高等院校相关专业学生写作电影评论有非常好的指导作用，尤其对于写作专业影评能力的培养有相当的作用。本书系统化地对于写作影评的各类方法进行指导，即使初入门者也能较好地掌握其中的技巧。这本书能够指导读者找到一个方法，组织好自己对电影的观点。如此，不但可以短暂消解观看电影后的焦虑感，也完成了电影评论。在这本书中除了介绍电影评写的方法之外，作者还用十分简洁的文字和插图快速介绍了电影的基本理论。对于大学生来说，这本书其实应该叫"如何写专业影评"。说起来，专业影评才是目前中国电影评论中稀缺的。如果没有这一前提，说中国缺少电影评论相当地失准。中国有很多电影评论，在各种报刊上；也有很多电影批评，在各种书籍里。不能说它们不是电影评论或不是电影批评，因为它们的确针对的是具体的影片或更宽泛的电影。但是具有严格意义的、具有扎实的理论功底和学术研究精神的电影评论还是稀缺的，这本书旨在培养这样一批专业的影评写作者。

（撰写人：乔春雷）

八、《艺境》导读

宗白华(1897—1986)，中国当代著名美学家、哲学家、诗人。早年学医，后醉心于哲学和文学。"五四"及抗战期间两度主编《时事新报》的《学灯》副刊。1920年留学德国法兰克福大学和柏林大学,研习哲学和美学。他既有对西方文化的融会贯通,又重视中国传统文化,学贯中西、纵横古今,他在对文学、绘画、音乐、戏剧等艺术哲学问题进行思考时,形成了特有的韵味和人格魅力。东方的典雅趣味,西方的学术能力,在他柔和散淡又不失风骨的文字里糅合得极妙。

《艺境》是宗白华先生唯一自选的文集,也是他心目中的代表作。该著收录了约二十篇文章,每一篇是相对独立的形式,阐述了自己在该领域独特的见解,观点新颖,论据确凿,理论性强,别具特色。每一篇文章写得行云流水,敏锐独特的体悟和诗性的行文相融合,风雅之中极见功力。

《艺境》原序中,宗白华追忆了画史上张璪的人格风度,表达了对张璪的追忆和敬仰,但简短的序言,也表达了其做人作文的执着追求和高远境界。画史上对唐朝画家张璪有着如下的记载:"张璪,字文通,……其画松石,特出古今,能以手握双管,一时齐下,一为生枝,一为枯枝,气傲烟霞,势凌风雨,槎枒之形,鳞皴之状,随意纵横,应手间出。毕宏画名擅于时,一见惊叹,异其唯用秃笔,或以手摸绢素,因问所受?璪曰:'外师造化,中得心源!'璪曾自撰《绘境》一篇,言画之要诀云。""特出古今"、"外师造化,中得心源",这何尝不是宗白华在每一篇文章中所呈现给我们的人格内涵和艺术境界?

本书包含两部分。第一部分精选了宗白华的美学、哲学论文(该部分标题亦为《艺境》),包含了为人熟知的论文集《美学散步》中的所有文章;第二部分则是他唯一的诗集《流云》(初版于1923年,1947年以《流云小诗》之名再版)。对于这两部分,宗白华说"诗文虽不同体,其实当是相通的。一为理论的探究,一为实践之体验",表明他十分看重这些"小诗",视其为自己美学思想的"实践之体验"。目录节选如下:"中国艺术意境之诞生"、"看了罗丹雕刻以后"、"略论文艺与象征"、"中国文化的美丽精神往哪里去?"、"悲剧的与幽默的人生态度"、"中国诗画中所表现的空间意识"、"略谈艺术的'价值结构'"等,内容涉及文学艺术的各个领域。诗性的语言中洋溢着丰富复杂的生命激情,是作者创作和人生境界的真实写照,无疑对我们的美学鉴赏和文学写作有着理论指导和现实意义。

(撰写人:乔春雷)

第三节　古典文献类经典导读

[1](清)阮元校刻.十三经注疏[M].北京:中华书局,1980.

[2]"前四史"

[3]程树德,等.新编诸子集成(套装)(全六十一册)[M].北京:中华书局,2013.

[4](南朝·梁)萧统编.文选[M].李善,注.北京:中华书局,1977.

[5](汉)许慎著,(宋)徐铉编.说文解字[M].北京:中华书局,2013.

[6](清)纪昀,等.四库全书总目[M].北京:中华书局,1965.

[7](清)王念孙.读书杂志[M].上海:上海古籍出版社,2014.

[8](清)俞樾.古书疑义举例五种[M].北京:中华书局,1983.

[9]程千帆,徐有富.校雠广义[M].济南:齐鲁书社,1998.

[10]李零.简帛古书与学术源流[M].北京:三联书店,2008.

一、《十三经注疏》导读

该书版本众多,最通行易见的是清代阮元据宋本校刊并附《校勘记》本,1980年中华书局校补,1935年世界书局缩印本,影印16开精装2册。台湾艺文印书馆、中华书局先后影印出版过嘉庆二十年江西南昌府学刊阮刻本,较世界书局本更为精善。北京大学出版社1999年出版由李学勤先生主编的《十三经注疏》简体横排标点本,2000年又出版了繁体竖排本。上海古籍出版社自2007年起,陆续出版新版《十三经注疏》繁体标点本。

十三经是我国古代儒家经典,汉代称《诗》、《书》、《易》、《礼》、《春秋》为五经,之后,《礼》分为《周礼》、《仪礼》、《礼记》,《春秋》分为《左传》、《公羊传》、《穀梁传》,到了唐代,加上《论语》、《尔雅》、《孝经》,共为"十二经",南宋绍熙年间又列入《孟子》,于是定型为"十三经"。

《十三经注疏》是一部类编丛书,共四百十六卷,由十三经正文、汉魏"注"文、唐宋"疏"文,加上唐代陆德明《经典释文》注音四部分合刻而成。北宋以前十三经的注、疏分别单行,南宋以后才开始注疏合刻,明清时期辗转翻刻多种,清代阮元校刻的《十三经注疏》号为善本,为世人所推崇。

注疏，即注与疏的合称。注，是对经书字句的注解，又称传、笺、解、章句等；疏，是对注的注解，又称义疏、正义、疏义等。唐人注经讲究"疏不破注"，即依汉魏旧注作疏，专主一家，固守前人成说，往往不能有所发挥创新。《十三经注疏》包含的具体注疏卷次、名称和作者如下：

《周易正义》十卷，三国魏王弼、晋韩康伯注，唐孔颖达等正义。

《尚书正义》二十卷，旧题汉孔安国传，唐孔颖达等正义。

《毛诗正义》七十卷，汉毛亨传、郑玄笺，唐孔颖达等正义。

《周礼注疏》四十二卷，汉郑玄注，唐贾公彦疏。

《仪礼注疏》五十卷，汉郑玄注，唐贾公彦疏。

《礼记正义》六十三卷，汉郑玄注，唐孔颖达等正义。

《春秋左传正义》六十卷，晋杜预注，唐孔颖达等正义。

《春秋公羊传注疏》二十八卷，汉何休注，唐徐彦疏。

《春秋穀梁传注疏》二十卷，晋范宁注，唐杨士勋疏。

《论语注疏》二十卷，魏何晏等注，宋邢昺疏。

《孝经注疏》九卷，唐玄宗注，宋邢昺疏。

《尔雅注疏》十卷，晋郭璞注，宋邢昺疏。

《孟子注疏》十四卷，汉赵岐注，宋孙奭疏。

《十三经注疏》卷帙浩繁，令人望而生畏。初学者可以先读经文，以阅读经文为重，遇有疑难之处，再读注文，读注文仍不能解，再读疏文。非研究性阅读，对于疏文不必求之过深。结合注疏，若仍对经文不能理解，可以查核清代学者对这段经文的研究成果，以及当代学者的注译本。

（撰写人：苏芃）

二、"前四史"导读

"前四史"是《史记》《汉书》《后汉书》和《三国志》四部正史的合称，因排在"二十四史"之首，故称"前四史"。

清代学者张之洞云："读史宜读正史。凡引据古人事实，先以正史为凭，再及别史、杂史。仅看坊本删削纲鉴，不得言史学。"（《輶轩语》卷二）然而"二十四史"卷帙浩繁，又无系统，一般读者难以卒读，故前人特别看重前四史。张之洞云："正史中宜先读四史。全史浩繁，从何说起。四史为最要。四者之中，《史记》《前汉》为尤要。其要何如？语其高则证经义，通史法；语其卑则古来词章,无论骈散,凡雅词丽藻,大半皆出其中,文章之美,无待于言。"(《輶轩语》卷二)史学家吕思勉先生说四史"关涉的范围极广,并非专门治史的人才有用,读了决不冤枉","四史者,正史中为用最广,且文字优美,读之极饶兴趣,又系古书,整理起来,比后世的书略难,借此以为运用工具的练习,亦无不可的","以后的正史,多半都是因袭四史,所以四史差不多是后世历史的渊源,成了治史的常识和最普通的学问"(《为学十六法》)。

《史记》130卷,汉太史令司马迁(前135—?)撰。《史记》叙事上自黄帝,下迄西汉武帝太初年间,是中国第一部纪传体通史。《史记》全书130卷,但今本之中有十篇为褚少孙等续补。《史记》开史书纪传体先河,后世正史皆仿此例。全书分五体:"本纪"记帝王及王朝大事,"表"按时间记载各代大事及王侯将相,"书"记典章制度及重要专题,"世家"记王侯贵戚,"列传"叙各色人物及周边民族。司马迁作《史记》,"厥协六经异传,整齐百家杂语",保存了西汉以前的大量文献,因此具有重要的史料价值。同时,《史记》"善序事理,辨而不华,质而不俚,其文直,其事核",因此在文学方面亦有极高的造诣,值得反复诵读玩味。

《汉书》120卷,东汉班固撰。《汉书》纪事上起刘邦兴兵,下迄王莽覆亡,记西汉一代的历史,开创了断代史之先河。《汉书》中所记武帝以前的历史,以《史记》为蓝本;武帝太初以后史事,以其父班彪《史记后传》为基础写成。班固死后,尚有八表和《天文志》未完稿,和帝命其妹班昭及马续补作。因此《汉书》全书实成于四人之手。《汉书》分纪、表、志、传四部分。其中"志"实即《史记》之"书",但班固创《刑法志》《地理志》《艺文志》《五行志》,保存了典章制度、地理图籍、五行天象等重要资料,意义重大。其中《艺文志》对西汉及西汉以前的学术史进行了总结,被誉为"学问之眉目,著述之门户",尤当留意。《汉书》文辞典雅,多古字故训,因此自古号称难读,阅读时要结合颜师古注及今人注释,帮助理解。

《后汉书》90卷,南朝宋范晔撰。其纪事起于光武帝刘秀起兵,止于献帝禅位,曹魏代汉,记述了东汉一代的历史,是一部杰出的私修断代正史。在魏晋南北朝时期,私家修史蔚为风尚。其中以《东观汉记》为基础而撰成的《后汉书》至少有十二家之多,范晔《后汉书》即是博采众长而成。在体例上,有别于《史记·外戚世家》、《汉书·外戚传》,范晔创立《皇后纪》,是"二十四史"中唯一一例,突出反映了东汉太后与外戚主政的历史。范晔以"正一代得失"为宗旨,自诩"体大而思精",但他与人合作的诸志未及完成。今本《后汉书》中的志是南朝梁刘昭取司马彪《续汉志》补足的。

《三国志》65卷,西晋陈寿撰。全书包括《魏书》三十卷、《吴书》二十卷、《蜀书》十五卷,记载了从汉末董卓之乱至西晋灭吴之间的历史。陈寿撰《三国志》多取材于王沈《魏书》、鱼豢《魏略》、韦昭《吴书》,但陈书引文精炼、叙事简约,史实准确,取材严谨,故问世之后受到普遍赞誉。但陈寿的《三国志》也存在删节过当的问题,因此南朝宋裴松之为《三国志》作注,大量征引史料,补阙纠谬,保存异说。《三国志》与裴注因此也成为一个整体,阅读时不可偏废。此外,《三国志》本身无表志,可以参照清人的补表和《宋书》、《晋书》诸志。

以上四史读毕,若有兴趣和余力,可以接读其后二十史。张之洞云:"诸史中体例文笔,虽有高下,而其有益实用处,并无轻重之别。盖一朝自有一朝事迹,一朝之典制,无可轩轾。且时代愈近者,愈切于用,非谓四史之外可以束高阁。四史外,《新五代史》最好,义例正大,文辞和雅。《钦定明史》体例最精。"(《輶轩语》卷二)

前四史从古至今的版本众多,从版本质量和方便阅读两方面考虑,可以读中华书局点校"二十四史"本。需要注意的是,近年中华书局重新修订"二十四史"点校本,其中《史记》修订本已经出版,其他各史也在陆续整理出版中,要尽可能阅读修订本。

(撰写人:王永吉)

三、《新编诸子集成》导读

子书是我国古代典籍的重要组成部分,源起于春秋战国时期的诸子百家著作,秦汉以后有不少思想家和学者写过类似的著作,被后世亦归为此类。

民国时期,由国学整理社纂辑、世界书局排印出版了一套《诸子集成》,该书汇集先秦到汉魏六朝"诸子"著作注释本或校本26家28种,多采用清代学者精校详注本为底本,有的书甚至有两种注释,是一部资料集中而完备的丛书。新中国成立以后,中华书局修订重印了该书,但考虑到该书种类的局限,尚有不少断句、排印之误,1982年起重新约请学者整理一套《新编诸子集成》,选收先秦至唐代的子书,本拟编为两辑。第一辑所收书目与《诸子集成》略同,即一般研究者最常使用的子书,约40种,以点校前贤已有的注本为主,少量尚无注释本的,约请专家另行注释。第二辑则收集第一辑以外没有现成注本的书。该丛书从编纂到2009年期间,持续出版了二十余年,中华书局改变了既定计划,本应列入第二辑的一些子书也放入了第一辑出版,于是不再使用第一辑、第二辑的提法,在已出40种之外,另编《新编诸子集成续编》。总之,《新编诸子集成》是当代学者整理的子书中较为精善、最易获得的版本,是文史哲研究、教学的必备用书。

这套书不仅汇集了古代学者关于子书的代表性注释文本,比如曹操等的《孙子十一家注》、朱熹的《四书章句集注》、陈立的《白虎通疏证》、孙诒让的《墨子间诂》、王先谦的《庄子集解》、郭庆藩的《庄子集释》、王先慎的《韩非子集解》等,另有一些现当代学者的经典校注本,如黎翔凤的《管子校注》、杨伯峻的《列子集释》、杨明照的《抱朴子外篇校释》、蒋礼鸿的《商君书锥指》等,值得一提的是,在这套书里王利器先生校注多种,有《文子疏义》、《新语校注》、《盐铁论校注》、《颜氏家训集解》。此外,这套书里高明的《帛书老子校注》是据马王堆出土的帛书《老子》文本,对《老子》一书做的校注。

这套书采用繁体竖排的方式,并且施以现代标点。古代典籍初学者使用该书,不仅可以了解古代子书的精髓,而且也能受到很好的古书阅读训练。使用这套书时,读者可以配合阅读清光绪年间浙江书局辑刊的《二十二子》,该书汇刻历代刊本中子书的精校、精注本,如《孙子兵法》、《春秋繁露》等还附录了有关参考资料,1985年上海古籍出版社有影印本出版。

(撰写人:苏芃)

四、《文选》导读

《文选》,由南朝梁代萧统主持编选,是我国现存编选最早的一部诗文总集。萧统(501—531),字德施,南兰陵(今江苏常州)人,是梁武帝萧衍的长子,天监元年(502)立为太子。著有《文集》二十卷、《正序》十卷、《英华集》二十卷,皆已失传。萧统未即位而卒,谥号昭明,所以《文选》又称《昭明文选》,后人辑有《昭明太子集》。

《文选》共收录先秦至六朝时期一百三十多人的赋、诗、杂文三大类七百余篇,又分列赋、诗、骚、七、诏、册、令、教等三十八小类。萧统在《文选序》中交代了他的编选标准:"事出于沉思,义归乎翰藻",即所收内容需要兼顾情义与辞采。他有意识地把经、史、子等学术著作和文学区别开来,排除在外,史书中的少量赞、论、序仍可入选,这反映出南朝时期对文学的界定与认识愈加明晰。又因"不录存者"的原则,没有收入当时尚健在的作家。

这部选录辞藻华美篇章的文学总集,对后世产生了巨大的影响,几乎成了知识分子的必读书。因而对《文选》的研究与注释,在唐初就形成了一门专门的学问——《文选》学。最早的《文选》研究者是萧统的侄子萧该,著有《文选音》。隋唐之际曹宪以教授《文选》著名。唐代显庆年间李善又承其后为《文选》作注,改分原书三十卷为六十卷。到了开元六年(718)又有吕延祚将五臣(吕延济、刘良、张铣、吕向、李周翰)注《文选》进表呈上。从此,《文选》就有了两种不同系统的注释版本,即李善注与五臣注。宋代以后李善注多与五臣注合刻,名曰六臣注,而李善注单行本罕传。现存完整的《文选》李善注刊本有南宋淳熙八年(1181)的尤袤刻本、明汲古阁刻本等,清嘉庆十四年(1809)胡克家利用尤袤刻本重新翻刻,并且改正尤袤本错误七百余处,另撰有《文选考异》附于书末。1997年中华书局将胡克家本施以句读影印出版,上海古籍出版社又据此标点整理,1986年出版了《文选》李善注标点本,这是目前阅读《文选》最常见通行的版本。另外,中华书局1985年据涵芬楼所藏宋刊建州本《六臣注文选》再次影印,方便研读,嘉惠学人。

近年来,随着学术交流的深入,藏诸海内外的大量《文选》版本得以重现,比如台湾国图藏的南宋绍兴三十一年(1161)陈八郎刻本,是现存唯一一部宋刊刻五臣注全本,后来台湾影印300部,目前国内一些图书馆可以获见。又如,饶宗颐先生编印的《敦煌吐鲁番文选》,网罗世界各地收藏《文选》古写本的残篇图版,由中华书局2000年出版。再如,日本所藏《文选集注》古写本,2000年也编集为《唐钞文选集注汇存》,由上海古籍出版社影印出版。此外,明嘉靖元年(1522)金台汪谅翻刻张伯颜刊本、嘉靖二十八年(1549)吴郡袁氏嘉趣堂刊本、正德四年(1509)朝鲜刊本、日本宽永二年(1625)活字本等,现在通过互联网,都可以获见电子图版。因此,当前阅读《文选》有大量的版本可供查核。

(撰写人:苏芃)

五、《说文解字》导读

《说文解字》(或简称《说文》)是东汉许慎编撰的一部字典。许慎(约58—约147),字叔重,汝南召陵(今河南郾城)人,东汉著名经学家、文字学家。

《说文》收字头9353个,重文1163个,将这些汉字归纳为540个部首,每部各建一首,同首者统摄其下,部首与部首之间、字与字之间,则采取"据形系联""共理相贯"的办法。全书共十五篇,前十四篇是字典正文,第十五篇是许慎叙目等,许慎之子许冲奏上该书时,以一篇为一卷,故称十五卷。

《说文》一书,自东汉流传至今,文本多有变化,唐代时经李阳冰篡改,以致衍误失真。宋太宗雍熙三年(986)命徐铉等校定付国子监雕版,始得流传于世。徐铉弟徐锴亦撰有《说文系传》,世称徐铉校定者为"大徐本",徐锴《系传》为"小徐本"。清嘉庆十四年(1809)孙星衍覆刻宋本大徐本《说文》,较为精善,但密行小字,不便阅读。同治十二年(1873)陈昌治据孙星衍本改刻一篆一行,眉目清朗,开卷了然。新中国成立以后,陈昌治刻本后被中华书局等多家出版社缩印出版,是目前最常见的《说文》版本。

《说文》的体例是:每说解一字,首列小篆字头,依次解释字义,分析字形,有时进一步说明读音。如果改字有不同于小篆的古文、籀文以及或体、俗体等,附列于后,统称为重文。说解中有时还会征引经传典籍书证以及各地方言、通人意见等。下面以"大徐本"为例,略作介绍:

示,天垂象,见吉凶,所以示人也。从二,【二,古文上字。】三垂,日月星也。观乎天文,以察时变,示神事也。凡示之属皆从示。【神至切】示,古文示。

按:这是《说文》卷一中的"示"字,首列的"示"是小篆字形,其后是对该字形的说解。"凡……之属皆从……"指明该字也是一个部首,这种字头,亦称作"部首字"。"示"是"示"字古文,即所谓重文,备列于后。【】里的内容,原刻本是用双行小字表示的,是徐铉的注语,"神至切"是徐铉的反切注音。

造,就也。从辵、告声。谭长说:"造,上士也。"【七到切】造,古文造从舟。

按:这是"辵"部下的"造"字,"从辵、告声"指明这是一个形声字,"辵"是形旁,"告"是声旁。"谭长说",是许慎征引的所谓通人之说。

逞,通也。从辵、呈声。楚谓疾行为逞。《春秋传》曰:"何所不逞欲。"【丑郢切】

按:这是"辵"部下的"逞"字。"楚谓疾行为逞",这是举方言释义。《春秋传》是征引《左传》的书证。

清代时期,段玉裁的《说文解字注》、桂馥的《说文解字义证》、王筠的《说文句读》、朱骏声的《说文通训定声》是研究《说文》的代表性著作,此四人亦被称为"《说文》四大家"。民国时期,丁福保把二徐以来《说文》研究著作 182 种汇为《说文解字诂林》,中华书局 1988 年重印出版。这些著作可以作为研读《说文》的参考。

近年来,翰堂典藏(http://www.hytung.cn/)等网站将《说文》系列著作制作成了数据库,可供查检之便。

(撰写人:苏芃)

六、《四库全书总目》导读

清代乾隆年间纂修《四库全书》时,对于"著录"和"存目"的图书均由纂修官撰写提要,最后由总纂官纪昀笔削删订,纂为《四库全书总目》200 卷,又名《四库全书总目提要》、《四库提要》。

《四库全书总目》共收图书 10254 种,基本涵盖了清代中期存世的中国古代重要典籍,而对于元代以前的古籍收录尤为完备。《总目》因此成为我国规模最大、体例最完备的古籍解题书目。

《总目》在图书分类法上也有重大的创新。全书分经、史、子、集四部,"四库"亦即四部。部下分类,全书共分 44 类。有的类下又分子目,共计 66 个子目。这种部、类、子目三级分类法较此前的目录更为系统精密。《总目》的类目之间,根据实际情况又有增删归并。如史部增加"纪事本末"一类,将仪注、刑法两类合并为"政书类",其下分列六个子目。这些均比前代书目更为完备。

《总目》最大的学术价值在其提要部分。《总目》在四部之前各撰总叙,在每一类前撰类序,子目后缀案语,详述图书分类演变,提纲挈领,真正做到"辨章学术,考镜源流"。《总目》所收录的每一部图书皆注明卷数、图书来源。每书均撰提要一篇,介绍作者传略、内容体例、版本源流,考核文字异同,评论内容得失。主持《四库全书》各部纂修的均是当时的一流学者,如戴震主经部、邵晋涵主史部、周永年主子部等,而对各书提要分纂稿润色删订、勒为一编的是以博学卓识著称的纪昀。因此《总目》可以说是以当时最高水平对清代之前的学术进行了总结。通过《总目》,我们可以把握中国古书及古典学术的发展流变概貌,了解重要典籍的基本信息和各书的长短所在,进而指导我们读书。

前代学者极为重视目录学的作用。清代学者王鸣盛说:"目录之学,学中第一紧要事,必从此问途,方能得其门而入。"(《十七史商榷》卷一)《四库全书总目》作为一部具有总结意义的古典目录,其价值自不待言。清代周中孚云:"窃谓自汉以后簿录之书,无论官撰私著,凡卷第之繁富,门类之允当,考证之精审,议论之公平,莫有过于是编矣。"(《郑堂读书记》卷三十二)因此对于阅读古籍而言,《四库总目》的指导意义尤大。清末张之洞谈治学,说:"今为诸生指一良师,将《四库全书提要》读一过,即略知学问门径矣。"(《𫐓轩语·语学第二》)余嘉锡先生也说:"汉唐目录尽亡,《提要》之作,前所未有,足为读书之门径,学者舍此,莫由问津。"(《四库提要辨证序录》)

初读《总目》,可先将各部、类之前的总叙、类序以及部分子目后的案语通读一过,建立起古典学术的基本系统框架,对中国古典学术的源流有一个初步的把握。然后根据自己的兴趣爱好,选择某一部类的提要逐篇阅读。当然能够通读《总目》全编最好。需要注意的是,提要的分撰及总纂出自当时大家,高屋建瓴,却未必适合初学。有的提要内容简略,有的考证过繁,有的偏于一端不及其他,对于初学而言亦不必求之过深。《总目》是我们读书治学的津梁,经由《总目》的指引,进而阅读原典,才是合适的方法。

《四库全书》的规模宏大,而编纂的时间有限,因此纂修官员迫于时日,有些书籍未能从容研究便仓促撰写提要,参考取材的范围不广,立论亦或有纰缪。因此阅读查检《总目》不能拘泥于迷信。以下几种考订辨误《总目》的著作可以参考:余嘉锡的《四库提要辨证》(中华书局1980年版)、胡玉缙的《四库全书总目提要补正》(王欣夫辑,上海书店1998年版)、李裕民的《四库提要订误》(书目文献出版社1990年版)、崔富章的《四库提要补正》(杭州大学出版社1990年版)、杨武泉的《四库全书总目辨误》(上海古籍出版社2001年版)。

《四库全书总目》卷帙浩繁,不便翻检,因此乾隆皇帝命纪昀另编简明目录。《四库全书简明目录》共20卷,只收《四库全书》"著录"之书,《四库》"存目"之书一概不收,提要亦大大压缩,内容精炼,言简意赅,可以与《四库总目》对照阅读。

《四库全书总目》有中华书局1965年影印浙江刻本,中华书局1997年李学勤、傅璇琮等点校整理本,河北人民出版社2000年标点本。《四库全书简明目录》有中华书局1964年版、上海古籍出版社1985年版、华东师范大学出版社2012年版等标点本。

(撰写人:王永吉)

七、《读书杂志》导读

《读书杂志》82卷,清王念孙撰。有江苏古籍出版社1985年影印王氏家刻本、中华书局1991年影印金陵书局本、凤凰出版社2000年重印王氏家刻本、上海古籍出版社2014年徐炜君等点校本。

王念孙(1744—1832),字怀祖,号石臞。江苏高邮人。幼从其父王安国读书,八岁读毕十三经,旁涉史鉴。后师从戴震习文字音韵训诂之学,尽得其传。乾隆四十年(1775)进士,历任翰林院庶吉士、工部主事、工部郎中、陕西道御史、吏科给事中、山东运河道、直隶永定河道。平生笃守经训,个性正直,好古精审,剖析入微,时与钱大昕、卢文弨、邵晋涵、刘台拱有"五君子"之称。其子王引之(1766—1834),承其家学。父子二人合称"高邮二王",为清代乾嘉学派代表人物。"二王"著述甚丰,后人将王念孙的《广雅疏证》、《读书杂志》和王引之的《经传释词》、《经义述闻》合称"高邮王氏四种",视为清代朴学的代表作。

《读书杂志》是王念孙毕生积累的校读群书札记,所涉及的古籍包括《逸周书》、《战国策》、《史记》、《汉书》、《管子》、《晏子春秋》、《墨子》、《荀子》、《淮南内篇》,又附《汉隶拾遗》一卷,研究汉代碑文材料。王念孙死后,王引之从其遗稿中整理出《读书杂志余编》二卷。上卷包括《后汉书》、《老子》、《庄子》、《吕氏春秋》、《韩非子》、《法言》,下卷包括《楚辞》和《文选》。

王念孙精于小学,在音韵、训诂研究方面均有创见。如分古韵为二十一部,自成一家之说。在训诂方面,指出"诂训之指,存乎声音,字之声同声近者,经传往往假借,学者以声求义,破其假借之字而读以本字,则焕然冰释"(《经义述闻序》)。《读书杂志》一书即是王念孙将小学知识运用到古籍校读方面的具体实践。此书将校勘与文字、音韵、训诂相结合,以渊博的历史文化知识,用丰富的材料校正原书中的文字讹误和句读错乱,考辨音训异同,疏通全句,正确反映原意,校释精审,是阅读古籍和研究古代词语的重要参考书。

《读书杂志》的研究成果以校勘为主,也考释词句,旁及句读。在具体的校勘实例中,王念孙往往先根据古书的不同版本或类书、古注等材料比较文字异同,从中发现分歧矛盾所在,再综合各种材料、知识加以论证,并推究致误的原因,最后做出论断。王念孙的论断多有精彩之处,不少论断为后世新见材料证实。如王氏校《战国策·赵策》"触詟"当作"触龙言"、"揖之"当作"胥之"。1973年长沙马王堆汉墓出土的帛书证实了这一论断。

在本书的《读淮南子杂志书后》中，王念孙从九百余条讹误中归纳出六十二条致误原因，如：有因字不习见而误者、有因假借之字而误者、有因古字而误者、有因隶书而误者、有因草书而误者，等等。这些误例概括全面，剖析入微，多可推广为校勘通例，丰富了校勘学的方法论，为后人的校勘工作提供了珍贵的指南。

初读此书要结合古书原典，对原典的内容、体例等有初步的了解和把握才可能真正理解王念孙的考证文字。同时阅读者也要具备一定的文字、音韵、训诂和古代文化知识。阅读此书不仅要看其考订的具体论断，更要细寻其校勘的方法、考证的过程、征引的材料，从中得到启发，从而提高自己阅读古籍的能力。

（撰写人：王永吉）

八、《古书疑义举例》导读

《古书疑义举例》7卷，清俞樾撰。俞樾（1821—1907），字荫甫，晚号曲园。浙江德清人。道光三十年（1850）进士，授翰林院编修。咸丰五年（1855）官河南学政，后遭弹劾革职。遂移居苏州，潜心学术达四十余载，精通文字、音韵、训诂之学，与孙诒让并称晚清朴学大师。主讲江浙各大书院，章太炎、吴昌硕、张佩纶等皆出其门下。治学以经学为主，旁及诸子、史学，乃至戏曲、诗词、小说、书法。一生撰述不倦，著作丰富，后集为《春在堂全书》，凡近五百卷。

俞樾三十八岁始读高邮王氏著作，从此治学效法王氏父子。仿《经义述闻》作《群经平议》，仿《读书杂志》作《诸子平议》。二书既有校勘也有训诂，但学界一般认为二书得失参半，不及高邮二王。

《古书疑义举例》一书则是效法王念孙的《读淮南子杂志书后》及王引之的《经义述闻·通说下》所作，对古书校读类例作了进一步归纳和发展。俞樾在自序中认为"古书疑义所以日滋"，其原因有二：一是古今语言文法不同，"执今人寻行数墨之文法，而以读周秦两汉之书"；二是古今文字形体更迁、文献载体屡变，"执今日传刻之书，而以为是古人之真本"。因此俞氏"刺取九经诸子，为《古书疑义举例》七卷，使童蒙之子，习知其例，有所据依"，可以帮助阅读古代典籍。

全书七卷，归纳义例88条。前四卷51条归纳文例语法以解阅读疑义，后三卷37条则是校勘通例的归纳。这37条校勘通例与王念孙《读淮南子杂志书后》所举62条通则,堪称校勘学的方法论,使校勘学成为有条例、有系统的科学。此书对于阅读、校勘古籍大有裨益,的确如俞樾自序所期望的"亦读书之一助"。

在俞氏著作中此书最受后世推崇。章太炎云:"及为《古书疑义举例》,巡察觸理,疏畛比昔,牙角才见,细为科条,五寸之矩,极巧以展,尽天下之方,视《经传释词》益恢廓矣!"(《俞先生传》)又说:"樾为《古书疑义举例》,辨古人称名牴牾者,各从条例,使人无所疑眩,尤微至。"(《检论》)刘师培自谓读此书"叹为绝作","约举其例,以治群书,庶疑文冰释,盖发古今未有之奇也"(《古书疑义举例补序》)。马叙伦谓此书"发蒙百代,梯梁来学,固县之日月而不刊者也"(《古书疑义举例校录序》)。

此书影响深远,递有续作。如刘师培的《古书疑义举例补》、杨树达的《古书疑义举例续补》、马叙伦的《古书疑义举例校录》、姚维锐的《古书疑义举例增补》、徐仁甫的《广古书疑义举例》。1956年中华书局将俞樾的《古书疑义举例》与刘、杨、马、姚诸家续作合为一编,名为《古书疑义举例五种》,颇便阅读。2005年再版,不难购求。

(撰写人:王永吉)

九、《校雠广义》导读

《校雠广义》,程千帆、徐有富撰,有齐鲁书社1998年版、河北人民出版社2000年《程千帆全集》版。

全书共四册,包括"版本编""校勘编""目录编""典藏编"。"版本编"共八章:版本学的名称与功用、文献载体、纸书的装式、雕印本的品类、雕印本的鉴定、非雕印本的区分与鉴定、版本的变异与传承、对版本的记录和研究。"校勘编"共七章:校勘学的界义与功用、书面材料错误的类型、书面材料发生错误的原因、校勘的资料、从事校勘所应具备的知识、校勘的方法、校勘成果的处理形式。"目录编"共八章:目录与目录学、目录的结构及其功用、目录的著录事项、目录的分类沿革、综合目录、学科目录、特种目录、目录的编制。"典藏编"共六章:典藏学的建立与典藏的功用、典藏单位、图书收集、书籍亡佚、图书保管、图书流通。

此书第一次将校雠学的内涵全面表述为版本、校勘、目录、典藏四个部分。校雠学在中国有着悠久的历史,伴随着文献整理而产生和发展。最初"校雠"的本义专指校勘,后来发展演变为目录、版本、校勘、辨伪、辑佚、典藏等与典籍整理相关的"治书之学"。然而长久以来,校雠学的理论体系并不完备,甚至这一学科的分支门类亦莫衷一是。作者有感于前代"治书之学"的零乱无条理,将版本、校勘、目录、典藏确立为校雠学的核心门类。又有感于前人或专事一门轻视其他,"其四者鲜有贯综。其极至主版本者,或忘其校勘之大用,而陷于横通;主校勘者,或详其底本之异同,而遗其义理;主目录者,或侈谈其辨章考镜,而言多肤廓;主典藏者,或矜秘其一麋十驾,而义乏流通"(校雠广义叙录),将版本、校勘、目录、典藏融为一体,建立起清晰完整的校雠学学科体系。这对于中国古典文献学的理论建设具有重大贡献。这一编排应当是符合校雠学发展规律的。

值得注意的是,作者对于校雠学门类的排列顺序也有别于前人。一般的表述顺序是目录、版本、校勘,但作者认为"文字肇端,书契即著,……则版本之学宜首及者","由版本而校勘,由校勘而目录,由目录而典藏,条理始终,囊括珠贯,斯乃向、歆以来治书之通例"(校雠广义叙录)。而此书将典藏与版本、校勘、目录并列为校雠学四大门类,眼光独到,超迈前代,使得校雠学的内容更加丰富,体系更为完备。

本书有理论建树,但更注重实用,对于古籍整理实践具有指导意义。作者的重点"放在这门科学的实际应用的论述方面,而省略其历史发展的记载"(校雠广义叙录),因为此书并不同于校雠学史。这从前面所述本书的篇章目录中即可以看出。如"版本编"注重版本的鉴定和记录,"校勘编"述校勘的方法和成果的处理,"目录编"讲目录的结构和编制,"典藏编"讲图书的保管与流通等,均具有实用价值。

(撰写人:王永吉)

十、《简帛古书与学术源流》导读

20世纪以来,随着简帛文献的不断出土,学术界对于先秦两汉古书流传的认识也逐渐深入。早在1940年,余嘉锡先生就出版过《古书通例》一书,以为学者读古书之助。

李零先生的《简帛古书与学术源流》是在余先生的《古书通例》基础上,结合近年来大量的出土文献,对于先秦两汉古书与学术源流展开系统反思,作出"鸟瞰式的全景描述"。

李零先生任教于北京大学中文系,长期致力于简帛文献的整理与研究,在古代方术、艺术考古等领域也多有建树。尤其难能可贵的是,他是目前古文字与出土文献研究领域中,极少数能从微观问题出发,以宏观视角探索古书传承与学术源流的学者,《简帛古书与学术源流》即是这方面的力作。

是书分为上下两篇各六讲,一共十二讲,是李先生在北京大学中文系古典文献专业的授课讲稿。"上篇是介绍简帛古书对学术史研究的意义、全书的讨论范围、背景知识和有关概念、简帛的发现和形制特点、简帛古书的整理方法以及体例和分类。下篇是按六艺、史书、诸子、诗赋、兵书和方术六类,分别介绍有关发现,辅导学生阅读原典。"每讲分为两个部分,一是讲授的内容本身,一是课后参考资料,包含参考书目和附录的相关资料。如第一讲的附录是"现存先秦两汉古书一览表",将115种现存先秦两汉古书大致按照六分法进行编排,每种书下分别著录该书古写本、质量较高的底本、代表性的校注本以及常见的易得本、排印本、标点本等,眉目清晰,对于初学者了解先秦两汉古书面貌,按图索骥,尤有价值。又如,该书第三讲附录"简帛分域编"(1901—2003),以出土区域为划分界限,将一百余年来出土的简帛资料翔实介绍,并且附注出处。再如该书第六讲"简帛古书的体例与分类",是对余嘉锡先生《古书通例》的深化与订补,对于阅读古书具有启发意义。建议古典文献专业的同学认真研读该书。

(撰写人:苏芃)

第四节 语言文字类经典导读

一、现代汉语

[1]黄伯荣,廖序东.现代汉语(增订四版)[M].北京:高等教育出版社,2007.

[2]胡裕树.现代汉语(重订本)[M].上海:上海教育出版社,2011.

[3]吕叔湘.汉语语法分析问题.北京:商务印书馆,1979.

[4]朱德熙.语法讲义[M].北京:商务印书馆,1982.

[5]林焘,王理嘉.语音学教程(增订版)[M].北京:商务印书馆,2013.

[6]林焘.中国语音学史[M].北京:语文出版社,2010.

[7]贾彦德.汉语语义学[M].第二版.北京:北京大学出版社,1999.

[8]苏培成.现代汉字学纲要[M].第三版.北京:商务印书馆,2014.

[9]赵元任.汉语口语语法[M].北京:商务印书馆,1979.

[10][瑞]索绪尔.普通语言学教程[M].高名凯,译.北京:商务印书馆,1980.

[11][美]布龙菲尔德.语言论[M].袁家骅,等,译.北京:商务印书馆,1980.

阅读导言

"现代汉语"是文学院"汉语言文学"、"古典文献"和"戏剧影视文学"三个专业本科生的核心课程和必修课程,通常设在第一学年,分两个学期修完。该课程的轴心是语言系统中的四个子系统:语音、语义(词汇)、语法以及汉语的书面符号系统"汉字",其中语音与语法是重点。本导读依从课程结构列出十本阅读书目,其中头两本是富有盛誉的同类平行现代汉语教材;第三、四本是不同类型的名家语法著作,第三本为考察汉语语法各类问题的研究型著作,以摆问题为宗旨;第四本为严密阐述汉语语法系统的著作,以系统阐述为纲;再两本是语音学著作,其中第六本为历时语音史,第七本为兼顾传统和实验的共时语音论;语义学(第七本)与汉字学(第八本)各一本;最后两本是享誉中外的语言学理论名著。所以列出两本同类现代汉语教材,是为方便同学对比授课所用教材,从而巩固现代汉语的基础知识;同时建立语言系统观,为今后深入学习语言学各分支知识及普通语言学理论打下基础。有关语法、语音、语义及文字的六本著作属于延伸阅读,意在加深同学们这四方面的知识。在掌握了系统的并有一定深度的现代汉语知识后,就可以阅读所开列的两本普通语言学理论著作了。阅读语言理论著作,不仅可以在更高层次上把握现代汉语,同时也使同学们接受名著熏陶,建立语言学理论意识。建议同学们按照以上书目顺序循序渐进阅读:先阅读书目一和二的平行教材,与该课程所用教材(邵敬敏《现代汉语通论》)分章节对比异同,然后再根据个人喜好阅读书目三至九,最后再阅读书目十、十一。阅读书目十、十一即与第二学年将开设的语言学理论课程衔接了。

(一)黄廖本《现代汉语》导读

黄伯荣、廖序东主编的《现代汉语》分上下两册,通称黄廖本《现代汉语》，由多所高等院校学者集体编撰，自 1979 年刊行试用本到现在(2014)，已经使用了三十多年，前后多次修订。目前刊印的最新版本是 2007 年完成的增订四版，已多次印刷。"系统性强、条理清楚、例证丰富得当、简明实用、适合教学"是这套教材的突出特点，因此而奠定它在现代汉语众多教材中的权威地位，被国内外高校广泛使用。

黄伯荣(1922—2013)，当代著名语言学家，教授。笔名苗木、莫木。广东省阳江县(今阳江市)人。1949 年毕业于中山大学语言学系。从事高等院校教学工作三十年，主要致力于现代汉语和汉语方言的研究，在现代汉语的语音、文字、词汇、语法及汉语方言等方面多有建树。2013 年 5 月 12 日因病逝世，享年 91 岁。

廖序东(1915—2006)，湖北汉口人。著名语言学家、教育家，教授。曾任徐州师范学院(今江苏师范大学)副院长。2006 年 12 月 12 日辞世，享年 91 岁。

该书围绕汉语的子系统语音、词汇、语法以及表达汉语的书面符号系统"汉字"组织书体结构，共六章。上册四章：绪论、语音、文字、词汇，下册两章：语法、修辞。每章之首都设"概述"一节，简要介绍该章所涉及的基本概念、基础理论及主要内容，使读者概观熟悉本章内容。每章最后一节多为相关的语言文字规范，如语音章的现代汉语语音规范、文字章的汉字规范、词汇章的词汇规范，使知识与应用接轨。

第一章"绪论"，重点阐述了六个问题。一、现代汉语的定义；二、现代汉民族共同语的形成；三、现代汉语方言；四、现代汉民族共同语的特点；五、汉语规范化和推广普通话；六、现代汉语课的性质、内容和任务。

第二章"语音"，共九节，为四个单元。第一节"概说"独为一单元，介绍语音的基础理论、基本概念及研究用的符号。第二至第六节(声母、韵母、声调、音节、音变)是第二单元——阐述现代汉语语音现象，包括构成现代汉语音节的最小音子声、韵、调，最小语音结构单位音节，以及音节组合后发生的音变。第七节"音位"为理论单元，用音位学理论考量汉语语音现象。第八、九节为第四单元——应用，第八节"朗读与语调"在介绍语调知识的同时强调语调在朗读中的应用，第九节"语音规范化"是为现代汉语语音的健康发展及推广普通话做理论铺垫。各节后均有各种对应本节所授知识并方便查检的附录，很实用。

第三章"汉字"，有五节。第一节"汉字概说"，概论文字的性质、汉字的产生、汉字的特点及其作用等文字学基础理论。第二节"汉字的形体"，阐述汉字的本质属性，分两个专题：一、汉字发展史上曾有过的汉字形体；二、现行汉字的形体。第三节"汉字的结构"，设三个专题：一、汉字结构单位；二、汉字笔顺；三、汉字造字法。第四节"汉字的整理与标准化"，有四个专题：一、关于汉字改革；二、汉字的整理；三、汉字的标准化；四、汉字的信息处理。第五节"使用规范汉字"，有两个专题：一、掌握整理过的汉字；二、纠正错别字。

第四章"词汇"，共八节，分四单元。第一节"词汇和词的结构"为第一单元，介绍词汇基本理论及汉语单词的内部结构。第二单元为第二至第五节，讨论词义，是该章的核心，阐述词义的性质和构成、义项和义素、语义场、词义和语境的关系。第三单元为第六、七节，讨论现代汉语词汇的宏观构成，包括基本词汇、一般词汇（古语词、方言词、外来词、行业语、隐语）和熟语。第八节"词汇的发展变化和词汇的规范化"为第四单元，纵论词汇发展的规律及对各种不同来源词汇的规范。

第五章"语法"。除第一节"语法概说"和第十节"标点符号"外，其余八节均围绕语法单位的词、短语和句子展开。第二、三节讨论词类，第四节讨论短语，第五节论句法成分，第六、七节研究单句及其使用中的失误，第八节论复句，第九节论句群。

该书认为，语法有三种性质：稳固性、抽象性、民族性。将语法单位分为四级：语素、词、短语、句子。主要依据词的语法功能将词划分为实词和虚词两大类，实词有十类：名词、动词、形容词、数词、量词、代词、区别词、副词、拟声词和叹词，虚词有四类：介词、连词、助词和语气词。

该书根据不同的标准，将短语分为实词短语和虚词短语、固定短语和临时短语、单义短语和多义短语、自由短语和粘着短语。重点阐述十二类实词短语和有虚词的短语，并区分其不同功能类型。

关于句法成分，提出两两对应的五组八种句法成分，即：主语—谓语，动语—宾语，定语—中心语，状语—中心语，中心语—补语，另设独立语，共有九种句子成分。

关于句型，分主谓句与非主谓句。主谓句下设动词谓语句、形容词谓语句、名词谓语句和主谓谓语句四类。非主谓句下设动词性非主谓句、形容词性非主谓语句、名词性非主谓语句、叹词句和拟声词句五类。介绍了七种常用句式:"把"字句、"被"字句、连谓句、兼语句、双宾句、存现句、比较句。

复句分意义类型与结构类型两个大类。复句意义类型有联合与偏正两个次类。联合复句有并列、顺承、解说、选择、递进五小类;偏正复句有条件、假设、因果、目的和转折五小类。复句结构类型有多重复句与紧缩复句两个次类。重点论述多重复句结构及其分析方法。

第六章"修辞",共十节,除去第一节概说,其主体为四个单元:(1)词语的锤炼(第二节);(2)句式的选择(第三节);(3)辞格(第四至第九节),共介绍了二十种辞格;(4)语体(第十节)。

该书各章节都配有练习,可配合讲课内容选作。

(撰写人:刘俐李)

(二) 胡裕树《现代汉语》导读

胡裕树主编的《现代汉语》,经多次修订再版。

胡裕树(1918—2001),教授,著名语法学家。安徽绩溪人。笔名胡附。1945年毕业于暨南大学中文系。建国后,历任复旦大学副教授、教授、中文系主任,中国语言学会第二届常务理事,上海市语文学会第五届副会长。专于汉语语法,对词类划分和句法分析有特别研究。专著有《数词和量词》,合著有《现代汉语语法探索》,主编高等学校教材《现代汉语》、华侨教材《今日汉语》,作品入选《二十世纪现代汉语语法"八大家"选集》。

胡裕树主编的《现代汉语》(简称"胡本")第一版由上海教育出版社于1962年出版,1979年第二版,与黄廖本《现代汉语》并行,在全国高等院校汉语言文学专业中广泛使用。三十多年来多次修订,目前刊行的最新版本是第七版(重订本),2011年上海教育出版社出版。该书叙述简明扼要,理论性、科学性较强,是现代汉语众多教材中的典范之作。

除绪论外,全书分为五章:语音、文字、词汇、语法、修辞。绪论部分分别阐述了语言、现代汉语的特点及其规范化。在阐释"语言"概念时,着眼于语言的符号性,具体介绍了索绪尔关于"语言"与"言语"、"能指"与"所指"、"组合关系"与"聚合关系"等概念及其区别,使学生对"语言"有初步的理论认识。第一章语音,分别描述声母、韵母、声调、音节、音变,但未设"音位"。第二章文字,共四节,分别是汉字的形成、特点和结构,汉字字体,文字改革,正字法(用字的规范化)。第三章词汇,有六节,第一节是词汇学基本理论,重点讲述语素、词、词汇定义及相互关系;第二节"构词法";第三节"多义词与同音词";第四节"同义词和反义词";第五节"词汇的构成部分",即词汇系统的宏观构成;第六节"词典和字典"。第四章语法,有十二节。第一节"语法和语法体系"介绍基础语法理论,第二、三节讨论词的分类,第四节"词组和句法分析",第五至第八节讨论单句及其分析和应用,第九、十节讨论复句,第十一节"语气和口气",第十二节"标点符号"。第五章修辞,有六节,第一节"修辞概说"阐述修辞学基本理论,第二、三节讲述修辞的第一种方式——词语运用及词语配合,第四节讲述修辞的第二种方式——如何锤炼句子,第五节讲述修辞的第三种方式——如何选择句式,第六节讲述与修辞相关的语体和风格。

语法是现代汉语教材的重心,该书关于汉语语法主要有以下观点:

一、语法体系

认为"语法体系"包括两层意思:第一,它不是单一的单位,而是由许多较小单位组成的;第二,这些单位不是孤立的,它们互相联系,处于一定的关系之中。

二、词类

词类划分主要依据词的语法功能,即:(1)能不能充当句法成分;(2)充当什么句法成分。

将实词分为七类:名词、动词、形容词、数词、量词、代词、副词,虚词分为六类:介词、连词、助词、语气词、叹词、象声词,共十三类。黄廖本实词有十类:名词、动词、形容词、数词、量词、代词、副词、区别词、叹词、象声词,虚词四类:介词、连词、助词、语气词,共十四类。两书的区别在"区别词",黄廖本将区别词(非谓形容词)从形容词中独立出来,单独设为一类,而胡本未独列,仍含在形容词中。区别词是用来表示事物属性的,具有分类作用,跟形容词有明显区别:形容词能充当定语,还可以充当谓语、补语和状语,能前加副词"不";而区别词则只能充当定语,不能充当谓语、补语等,不能前加"不"。

三、词组

着重介绍了八类词组(实词与实词的组合):偏正、后补、动宾、主谓、联合、同位、连动和兼语。

四、单句

单句类型与黄廖本相似,下位类型有主谓句与非主谓句。主谓句的下位有三类:动词谓语句、形容词谓语句、名词谓语句。也详论了主谓谓语句,但未排序号,认为主谓谓语句的主语是"话题",即为话题主语,"在意念上往往不只影响一个句子,尽管在结构上往往属于一个句子(分句)"。非主谓句的下位有两类:(1)动词性的非主谓句;(2)名词性的非主谓句。

胡本有"句类"和"句型"的具体内容,但未系统论述"句式",只介绍了"把字句"、"被字句"两类汉语特有的句式。

各章节后均有"思考与练习",题量较大,可选择自己需要的来做。

(撰写人:刘俐李)

(三)《汉语语法分析问题》导读

《汉语语法分析问题》,吕叔湘著,商务印书馆1979年出版,后多次印刷。

吕叔湘(1904—1998),江苏省镇江市丹阳人。1926年毕业于国立东南大学(现南京大学)外国语文系。1936年赴英国留学,先后在牛津大学人类学系、伦敦大学图书馆学科学习。1938年回国后任云南大学文史系副教授,后又任华西协和大学中国文化研究所研究员、金陵大学中国文化研究所研究员兼中央大学中文系教授以及开明书店编辑等职。新中国成立后,1952年起任中国科学院语言研究所(1977年起改属中国社会科学院)研究员,中国科学院哲学社会科学学部委员,语言研究所副所长、所长、名誉所长。

吕先生是我国语言学界的一代宗师,70多年来一直孜孜不倦地从事语言教学和语言研究,涉及普通语言学、汉语研究、文字改革、语文教学、写作和文风、词典编纂、古籍整理等广泛的领域。这本《汉语语法分析问题》是他在语言学方面的代表作之一。吕先生写本书的用意是:"主要是为了说明汉语语法体系中存在的问题何以成为问题,说明问题的来龙去脉,借以活泼思想,减少执着。"该书的"宗旨是摆问题。问题摆出来了,有时候只提几种看法加以比较;有时候提出自己的意见,也只是聊备一说,以供参考"。正是这种著述方式值得本科生参阅:看看吕先生怎样"摆问题",摆出了哪些问题;他如何分析或处理这些问题;这些问题中有哪些还需要或值得再研究。语法研究的顺利前进主要有两方面的配合:一方面要广泛地调查实际用例,一方面也要不断地把问题拿出来理一理,看看这个问题是不是有可能或者有必要从一个新的角度或者更深入一层去考察,看看一个问题的探讨是不是会牵动另一个问题。

全书分为引言、单位、分类、结构四部分。

引言部分：作者认为，汉语缺少发达的形态，因而在做语法判断时难于根据单一标准，需要综合几方面的标准；通常有两个半东西可做语法分析的依据，即形态和功能是两个，意义是半个。

单位部分：有语素、词、短语、小句和句子等。作者认为语素的提法优于词素，并把语素分为四种。关于句子，主张用"小句"代替"分句"，这样就可以沟通单句和复句，说单句是由小句组成的句子。如果用分句，说单句是由分句组成的句子，显得别扭。

分类部分：讨论语素、词、短语和句子的分类。关于词的分类，作者认为，用句法功能做划分词类的依据有单一标准和多重标准。单一标准虽好，但往往找不到理想的标准；而采用多重标准得到的结果总是参差的，需要协调。该书详细讨论了汉语各词类所存在的问题。关于语素，作者认为汉语语缀有两个特点：一、存在类前缀与类后缀；二、有些语缀的附着对象可以是词根、词，也可以是短语。关于短语的分类，该书按结构分为并列式、主从式、主谓式和其他四种，按功能分为名词性短语、动词性短语和其他性质的短语三种。该书具体讨论了"的"字短语和主谓短语的使用情况。关于句子，该书分为主谓句与非主谓句。主谓句的下位类别有动词谓语句、形容词谓语句、名词谓语句和主谓谓语句。非主谓句的下位类别有无主句、存现句、名词句。

结构部分：具体论述了直接成分分析法和句子成分分析法的特点与局限，认为层次是语言结构的基本属性，传统的析句法有缺点，必须跟层次分析法结合起来。关于句子成分，着重论述了主语、宾语和补语的有关问题。

该书篇幅不长，但几乎涉及了汉语语法研究的所有重要问题，不仅是吕先生毕生语法研究的总结，也是当时我国语法研究水平的标志。该书是一部能促进读者观察和思考的重要理论著作，不少青年学者受该书启发而深入研究了汉语语法的相关问题。该书对推动汉语语法研究起到了积极作用。

（撰写人：刘俐李）

(四)《语法讲义》导读

《语法讲义》是著名的语言学家朱德熙先生于20世纪60年代在北京大学中文系讲授现代汉语语法课程的讲义，1982年正式由北京商务印书馆出版。该书是运用当时风靡世界的美国描写主义语言学的理论来分析汉语语法的力作,几十年来,深刻影响了一代代年轻学者。该书内容高度凝练,同时又很耐读,深入浅出,例证翔实,把汉语的描写语法研究推向了高峰,充分展现了老一代语言学家的严谨治学和深刻功底,对于初涉语言学及汉语语法的青年学生来说,这是一本极好的入门读物,是值得常读细读的经典之作。

朱德熙先生(1920—1992),江苏苏州人,1939年考入西南联合大学物理系,第二年转入中文系。毕业后先生曾在昆明中法大学中文系任教,1946年至清华大学中文系任教,1952年院系调整,先生调入北京大学中文系,此后一直在北大工作到晚年。

布龙菲尔德在《语言论》中指出:"按照传统的方式,大多数语言的语法都在词法和句法两个标题下进行讨论。"朱先生的《语法讲义》也是集中于这两个标题进行讨论。该书系统地将美国描写主义语言学的理论全面运用到了汉语语法研究的各个层面。所谓语法,简单来说,就是语言中组词造句的规则,其中组词的规则,又叫词法;造句的规则,又叫句法。在语法研究中,句法是核心。因此,本书除了在第一章介绍四种基本的语法单位、在第二章介绍汉语的词法,即词的构造之外,余下的第三至第十八章讲的都是句法。

现代语言学认为参与句法构造的从来不是一个个孤立的词,而是具有相同语法功能的一类类词。比如"鲁迅去世"、"学生报到"、"老师开会",这三个例子没有相同的词,但是我们知道它们都属于同一类典型的汉语结构,即"主语+谓语";而在主语位置上出现的"鲁迅、学生、老师"都具有相同的性质,是一类词,叫"名词",谓语位置上出现的"去世、报到、开会"也都是一类词,叫"动词"。也就是说,这类句法结构是由"名词+动词"构成的。我们所熟知的名词、动词、形容词、副词等即是书中所讨论的"词类"问题(第三至第六章)。汉语的词类问题是一个老大难的问题,在学界曾有过三次大讨论,至今仍是一个争论不休的课题。朱先生明确提出分析汉语词类的判定标准是词的语法功能或称"分布",并依此进行了基本分类。他的真知灼见启迪了众多语法研究者,至今仍有很高的研究价值。比如他对"体词"中"数量词"、"区别词"的讨论(第四章),对"谓词"中"性质形容词和状态形容词"的区分(第五章)等。

除了在词类分析上的贡献之外,本书最重要的特色是自始至终地贯穿了现代句法学"词组本位"的思想,即认为由词和词组合而成的词组(比如吃苹果、张三哭）是最基本的句法结构，而句子只是词组带上句调和停顿后的完整性表达。所以研究句法，其实就是研究词组的结构。《讲义》详细分析了现代汉语的六种主要词组的各种情况，即主谓结构、述宾结构、述补结构、偏正结构、联合结构和连谓结构（第七至第十二章），占全书1/3强的篇幅。而涉及句子的分析只有第十五、十七、十八章的简要内容。先生在20世纪60年代完成的讲稿就已一以贯之地以词组为基本单位来研究句法，这与当前西方语言学的主流观点是吻合的。经过半个多世纪的语言学的突飞猛进，朱先生所坚持的理论核心依然没有和时代脱节，让人不由得为先生的眼光和学识而深感钦佩。

除了词类问题和词组本位之外，《讲义》还着重分析了汉语的虚词（第十三、十四、十六章）。跟英语等印欧语言相比，有丰富的虚词是汉语的一个重要特点，本书对虚词的讨论有很多敏锐的观察和细致的分析，即使对当前的虚词研究仍然有不可取代的重要意义。

《语法讲义》时有真知灼见，促人深思，比如作者认为：重音的位置可能会影响到句法结构的性质，如"叫老王出来"和"叫他出来"的重音都在"叫"字上，是述补结构带宾语；如果重音在"出"字上，那就不是述补结构带宾语，而是连谓结构。又如谓语前面带"都"字的主谓结构有两类，其判断依据是重音的位置，即看重音在"都"字上还是在主语上。其次轻读与否可能与句法位置的顺序有密切联系，如关于"倒装"，作者说："特别值得注意的是后置的部分必须轻读，这是这种'倒装句'的最明显的标志。"著名语言学家叶斯柏森曾说过："语法首先应当研究语音，然后才研究文字。"语音和语法虽属语言的两个子系统，但彼此有关联。研究语法不可不顾语音，研究语音也不可不顾语法。

（撰写人：王媛、刘俐李、唐志强）

（五）《语音学教程》导读

《语音学教程》，林焘、王理嘉著。该书于1992年由北京大学出版社出版第一版，后多次印刷。2013年8月北京大学出版社出版增订版，由王理嘉、王韫佳增订。

该书有以下特点。从知识衔接角度看，该书与大学本科《现代汉语》和《语言学概论》教材的语音部分有较好的衔接，同时加深和拓展了这两门基础课程中的语音学知识。从知识结构看，该书融合了传统语言学与现代语音学的基础知识,方便本科生由熟悉的传统语音学领域进入到现代语音学领域,初步了解现代语音学的研究方法和技术手段。该书注重吸收国际语音学界和汉语语音学界的前沿成果,并以通俗易懂的形式介绍这些前沿成果,有助于本科生研读。各章配有习题,方便学生自学。书后列出了主要参考文献,方便有意深造的学生延伸阅读。该书适合于汉语言文字专业高年级本科生研读。

该书第一版出版后的二十多年间,语音学有了长足发展,修订版补充了语音学的新发展和新趋势,加强了实验语音学的内容。第一版有八章,修订版增加了第九章"普通话音位系统的分析和讨论"和第十章"汉语拼音方案和普通话语音"。

该书修订版共十章:第一章"语音的形成";第二章"元音";第三章"辅音";第四章"音节和音节结构";第五章"声调";第六章"语流音变";第七章"韵律";第八章"语音学和音系学";第九章"普通话音位系统的分析和讨论";第十章"《汉语拼音方案》与普通话音位的关系"。这十章可分为四个单元。第一单元即第一章,通过剖析语音的形成过程所涉及的各种要素来阐述语音的属性及现代语音学的分支。第二至第五章为第二单元,讲述语音的基本单位:音素与音节。元音与辅音是音段音素,声调是超音段音素。音素是最小的语音单位,音节是由音素构成的最小语音结构单位。第六、七两章是第三单元,讲述由音节构成的语流。第六章阐述语音最小单位音素与音节在语流中发生的变化,第七章阐述语流中因语音单位的组合而诞生的韵律现象。第八至第十章是第四单元——语音理论的研讨。第八章概论语音学的两个研究领域:(1)现代语音学,用现代科技手段研究语音的实际表现,是研究言语的科学,有发音语音学、声学语音学和听觉语音学三个分支;(2)音系学,研究在特定语言和所有语言中语音单元之间关系的学科,注重特定语言和所有语言的语音整体格局。第九、十两章则讨论现代汉民族共同语音系的理论问题与实际问题。第一至第三单元是语音现象的研究,第四单元是语音学理论问题的研究。

第一至第三单元的各章节大体由传统语音学、普通话语音和实验语音学组成。传统语音学和普通话语音的知识本科生在《语言学概论》和《现代汉语》都学习过,有一定基础,可根据该书的相关内容查阅复习《语言学概论》和《现代汉语》的相关章节,然后再学习实验语音学知识和技能。把握了一至三单元的基础知识和技能后,再学习理解第四单元的语音学理论就会比较容易。

学习语音学,看懂具体语音现象的例证很重要,有助于准确理解语音学的基本概念与规律。该书的语音例证大都取自汉语——或北京话,或方言,"首先考虑北京话,北京话里找不到的先从苏州、广州、厦门、福州等大方言点里选,大方言点里找不到的从小方言点里选,汉语里找不到的先从我国少数民族语言和英语里选,只有在非常必要时才选用一些其他语言的例证"。著者选取例证的原则与方式有助于本科生的阅读与理解。

(撰写人:刘俐李)

(六)《中国语音学史》导读

《中国语音学史》由林焘主编,六位作者执笔:赵彤、耿振生、孙玉文、苏培成、陈保亚、王韫佳。语文出版社 2010 年出版。

林焘(1921—2006),字左田,著名语言学家,教授。福建省长乐县人。1944 年毕业于成都燕京大学国文系,后任教于燕京大学、北京大学。研究范围涉及音韵、语音、语音与语法的关系及实验语音学。林焘先生曾任中国语言学会理事、世界汉语教学学会理事会顾问、中国语言学会语音学分会主任;1979 年起担任北京大学中文系《语言学论丛》主编,1989 年至 1993 年任《世界汉语教学》代理主编。

本书以中国语音学为研究对象,描述了一千八百年来中国语音学诞生、发展的轨迹。全书十章。序言及第一章概述由林焘执笔,从反切、四声一直讲到中国语音学融入国际语音学的大潮流。第二章"从反切到切韵",由赵彤执笔,讨论了反切的来源、四声的发现、韵书的产生,重点阐述了《切韵》。第三章、第四章、第五章由耿振生执笔,分别介绍了等韵学的产生和发展,《中原音韵》和近代北音学以及明清时期的等韵学和今音学。第六章、第七章由孙玉文执笔,介绍了清代古音的研究和古代语音的拟测。清代是上古韵部研究的鼎盛时期,作者从顾炎武讲到了江有诰,又论及章炳麟等人的研究。古代语音的拟测重点阐述中古音、上古音、近代音及王力的古音拟测。第八章由苏培成执笔,从切音字讲到《汉语拼音方案》。作者以时间为线索,讲述了汉语注音字母的发展历史,从切音字到注音字母、国语罗马字母、拉丁化新文字到最终确定并至今还在使用的汉语拼音字母。第九章"汉语音系学的形成与发展"由陈保亚执笔,论及中国现代音系研究从传统音韵学中继承了声韵调概念,同时又从西方音系学理论里引进了对立、互补、最小线性单位等概念,后来又引进了"非线性音系学"等理论。第十章"现代语音学在中国的兴起"由王韫佳执笔,讲述了实验语音学在中国的兴起和发展以及取得的相关研究成果。

本书是集体创作的结晶,以中国语音学的历史发展轨迹为线索,梳理了一千八百年来中国语音学发展的基本面貌。本书第七章、第九章及第十章很值得阅读。第七章介绍了古代语音的拟测,其中重要的是方法,即前贤的拟测方法,如何在现有材料的基础上去拟测没有音档存储的古代语音。第九章、第十章涉及两种学科:音系学与语音学,这是两个不同的概念。作者的详细介绍会使读者对音系学与语音学的学科属性及其异同有清晰的认识。

汉语语音史源远流长。祖先留下了诸多宝贵财富,后辈应继承与发展。现代汉语语音的研究,包括方言研究,尤其要注意将传统语音学(音韵学)和现代语音学(实验语音学)相结合,才能理清汉语语音的现状及其发展演变的轨迹,从而得到科学的结论。

(撰写人:刘俐李、唐志强)

(七)《汉语语义学》导读

《汉语语义学》,贾彦德著,北京大学出版社1999年出版第二版。

贾彦德(1930—1995),北京大学中文系教授,中国语言学会会员,中国信息学会会员,从事语言理论的教学和研究。专攻汉语语义研究。

本书是作者1986年出版的《语义学导论》的修订版。原作《语义学导论》出版时,作者已有修订的想法。原作的思路、基本观点、框架乃至文字和例证本书多有保留,成为本书之基础。作者意欲构建汉语语义学。从研究现代语义学开始,作者就努力将语义学理论、方法与汉语语义研究结合起来。《语义学导论》已经开始探索。修订本书时,作者在以下四方面继续探索。第一,将国外现代语义学理论用于汉语语义研究,尤其用于汉语信息处理研究,探索适合汉语的新的语义学理论和方法,并对所得成果进行大面积的严格检验。作者曾参加汉语信息处理的相关语义研究,其成果与研究心得书中有记载。第二,吸取传统语义学和训诂学的营养来研究现代语义学。第三,国外的现代语义研究多限于共时层面,本书以共时现代汉语语义为重,论及古代汉语,并阐述汉语语义的演变。作者认为,现代语义学的理论和方法,不仅适用于共时研究,也适用于历时研究,并在历时研究中得到检验与充实。第四,在借鉴国外现代语义学理论构建汉语语义学的探索中,作者基于较丰富的汉语语料,提出了独有的见解和方法。总之,这是一部立足于传统语义学和汉语训诂学,同时吸收国外语义学理论和方法的汉语语义学的奠基之作。

全书十四章,书后附有义位结构说明。第一章介绍语义学发展的三个阶段及汉语语义研究的现状和发展。第二章阐述语言与语义的基本概念,如语言结构、语义系统、语义单位及语义类型等。第十章到第十二章分别介绍了与语义总纲有关的附加义、语义的明确与不明确及汉语语义中的普遍因素等问题。第十三章至第十四章作者运用传统训诂学成果,从历时的角度研究了汉语语义的演变。同时运用语义学的理论与方法来分析汉语语义的历时变化,以达到共时与历时的统一。

义素分析、语义场、句义结构是现代语义学的三个关键问题。第三至第九章阐述了这三个关键问题,是本书的核心内容,系统体现了作者关于现代汉语语义分析的思想与方法,值得仔细阅读。第三、四两章,作者论述义素分析的三种方法。义素是语义系统中的最小单位,是语义系统的基本要素,是整个语义分析系统的基石。因此作者单立一章,即第五章,详论义素和义位的性质。第六、七两章阐述语义场(义位系统)的十种类型,剖析语义场的内部关系;第八、九两章阐述句义结构及句义搭配。

语言由语音、语义(词汇)、语法三个子系统组成。现代汉语的已有研究多以语音和语法为主,相关的研究成果也颇为丰富,但语义系统的研究较为薄弱。语义是语言的内容,是语言中最本质的东西,是语言的内核子系统;语音和语法是语言的形式与构架,服务于语义,是语言的外在子系统。汉语语义研究应该引起足够关注并应有长足进展。

(撰写人:刘俐李、唐志强)

(八)《现代汉字学纲要》导读

《现代汉字学纲要》,苏培成著,商务印书馆2014年出版。

苏培成,1935年出生,天津市人。北京大学中文系教授。主要从事语文现代化、现代汉字等方面的教学和研究。

《现代汉字学纲要》是在苏培成先生历年的讲稿基础上整理、补充而成的。该书主要研究现代汉字的属性及应用,并构建现代汉字学。

该书十四章,书后有五个附录。第一章"汉字概说",有四个专题:(1)阐述汉字的性质及特点,作者认为汉字是"语素文字",这种特质形成了汉字的特点;(2)描述汉字总字数;(3)论述汉字文化;(4)论述汉字文化圈。第二章"现代汉字与现代汉字学",定义现代汉字并界定现代汉字学。第四章"现代汉字的字量"。第五、六两章分别阐述现代汉字的构形法与构字法,这是文字学基础知识。第七章"现代汉字的简化与整理"。第八、九两章阐述现代汉字的字音与字序。第十章"汉字和中文信息处理"论及汉字的交换码与内部码、汉字在信息处理中的输入与输出。第十一章讨论现代汉字的规范化,即汉字的实际应用。第十二章"现代汉字的教学"由古论今,涉及识字心理。第十三章"海峡两岸的书同文",介绍台湾地区汉字使用情况,报告海峡两岸汉字的异与同,展望海峡两岸书同文。第十四章"汉字的评价与前途",有三个专题:(1)科学评价汉字;(2)新中国的汉字政策;(3)汉字的前途。

第四至第九章(第七章除外)是本书的重点所在,也是本书很值得参阅的内容。这些章节详细论述了现代汉字的字量、字形、字音及字序。作者指出,现代汉字学不同于传统汉字学。现代汉字学一般不做专门的溯源研究即造字法研究,而是专注于汉字现状的研究。汉字现状研究分为外部研究(构形法研究)和内部研究(构字法研究)。作者专立一章介绍现代汉字的构字法,从字形的现状着眼,研究字形与字音、字义的关系,说明构字的理据,得出现代汉字构字的六种类型,即现代汉字的新六书。

本书层次分明,内容通透,结构框架合理。作者在第一版前言中就指出:"现代汉字学的研究对象是现代汉字",开宗明义,明确了本书的研究对象。现代汉字学是汉字学的一个新分支,有别于传统文字学。两者区别何在?作者首先给出一套认识和研究现代汉字的基本理论和方法。通过论述现代汉字的性质,对现代汉字定性。其次从现代汉字的内部结构与外部结构进行定量分析,说明现代汉字的构字理据,得出新六书的结论。理论分析结束后,就是应用。如汉字字频的统计分析及现代汉字的字量统计等,这些成果为现代汉字的中文信息处理和现代汉字的教学打下了基础。

如今新兴学科层出不穷,学科交叉俨然成为趋势。在学习研究一门新的学科时,苏先生的研究经验值得借鉴。首先明确研究对象,应有确定的定性认知;其次是理论和方法的指导,这个过程需要有孜孜不倦的探索与积累。最重要的是把理论付诸实践。理论不是空中楼阁,不应束之高阁,而应不断投入实践中应用,在应用中不断完善。

(撰写人:刘俐李、唐志强)

(九)《汉语口语语法》导读

《汉语口语语法》翻译自赵元任先生的英文教材 *A Grammar of Spoken Chinese*(《中国话的文法》)。英文版原著于 1968 年由美国加利福尼亚大学出版社出版。而后,我国著名的语言学家吕叔湘先生根据国内需要,删选其中大部分进行翻译,并定名为《汉语口语语法》,于 1979 年由北京商务印书馆出版。次年,香港中文大学出版社又出版了丁邦新先生翻译的全文,定名为《中国话的文法》。

赵元任先生(1892—1982),江苏常州人,现代著名的数学家、语言学家和音乐学家。他一生最重要的成就是语言学,被誉为"中国现代语言学之父"。20 世纪 20 年代他在清华大学执教时,和梁启超、王国维、陈寅恪并称为"清华四大导师"。先生也是被西方世界所认可的最著名的华人语言学家,1945 年当选为美国语言学协会(LSA,Linguistic Society of America)会长。赵先生有惊人的语言天赋,具有"录音机的耳朵"和学说语言的能力,掌握多种外语和汉语方言,坊间流传着很多关于先生被多地人误认为是同乡的故事。赵先生是第一个成功运用美国结构主义语言学来研究汉语的语言学家,给 20 世纪初的汉语研究带来新的思维方式,开创了新的研究思潮。本书是赵先生多年积累的力作,是中国现代语言学研究的一个巨大的里程碑,对国内外的汉语研究都产生过深远影响。

本书介绍了以 20 世纪中叶的北京口语为代表的汉语语法,描写其共时的特征,一改中国语言学研究重书面语、重历时研究的状况,并且在理论上系统地采用了美国描写主义语言学的分析方法,为汉语研究开辟了新的道路。本书篇幅不大,仅有八章,但涉及现代汉语语法的方方面面。虽然由于语言的发展变化,书中所举的一些例子,比如"双双鞋都穿破了",在当代的普通话里已经是不说的了,但是这些个别的情况并不影响我们对整本书的阅读和理解。

需要说明的是,因为本书的英文版是外国人学习汉语所用的教材,所以在体例和编写方式上跟其他专门的汉语语法著作有所不同。所谓语法,讲的是组词及造句的规则,一般的汉语语法著作都先介绍汉语的词法,即词的构造方式,再讲句法,而讲句法,会先讲词组,再讲句子。但是本书则不同,教外国人学习汉语,最重要的是能够讲完整的句子,所以本书除了第一章简单介绍汉语的情况以及汉语的语音之外,首先介绍的是汉语的句子(第二章),包括区别"零句"和"整句",介绍"主语"和"谓语"、"有计划的句子"和"无计划的句子"等概念,以及主要的句子类型等。到第三、第四章才开始讲词法,即词的构造和形态类型。以英语为代表的印欧语言有丰富的形态变化,在向西方人介绍汉语时,本书格外重视汉语词的形态类型,除了介绍前缀、后缀、中缀外,还主张重叠形式也是一种形态类型,比如"人人、个个儿、泪汪汪"等。本书的第五章介绍词组的构造,内容相对较少。第六章讲复合词,其实该章内容有些是讲词的构造,而有些则属于词组的构造,这和当前主流的汉语描写语法的讲述有一些差别。最后,本书的第七、第八章讨论汉语的词类。对英语来说,给词语做语法分类不是什么难事,因为它们在形态变化上有系统的标记,比如名词有单复数的变化(-s),动词有时体变化(-ing;-ed),形容词有比较级和最高级的形态变化(-er;-est),据此可以划分不同的词。但是汉语缺乏形态变化,那么如何划分词类,汉语有哪些词类,这是每一本讲汉语语法的书必须要回答的问题,本书虽然没有直接回答第一个问题,但是极为细致地描写了汉语各种词类的使用情况,对后来的相关研究提供了很多新的思路和丰富的材料。

(撰写人:王媛)

(十)《普通语言学教程》导读

作者费尔迪南·德·索绪尔(Ferdinand Desausure,1857—1913),瑞士语言学家,现代语言学的创始人,享有"现代语言学之父"、"结构主义的先驱"以及"符号学的创始人"等多项赞誉。该书不是索绪尔生前亲手写定,而是他的两位弟子巴利(Ch. Bally)和施薛霭(A. Sechehaye)根据听课笔记整理成书,1916 年出版,1922 年再版。1980 年商务印书馆出版汉译本,高名凯翻译。该书还有其他汉译本。

索绪尔的学术活动发生在 19 世纪末至 20 世纪初,这正是科学史上重大变革的时代。自然科学以其严密的方法、精确的数据令人折服,若干社会科学学科开始摆脱传统的经验方法,逐渐发展为成熟的科学体系,语言学是其中之一。索绪尔的《普通语言学教程》(以下简称《教程》)是这一历史背景中的划时代著作。《教程》提出了新的理论、新的原则和新的概念,为语言研究打下了科学基础。其中重要的有五项:语言和言语,共时和历时,符号理论,系统理论,符号学和音位学。

语言和言语。《教程》提出,要在人类的言语活动(language)中区分语言(langue)和言语(larole)。语言必须排除一切次要因素,才能确定其最本质的东西。索绪尔的著名公式是:言语活动＝语言＋言语,言语活动剔除言语,剩下语言,这才是语言学完整并具体的研究对象。语言是言语活动中社会性和系统的部分,而言语是个人的和或然的。语言是语言符号之间相互关系的系统,是语言共同体的成员约定俗成的,而言语只是个人为了交际需要使用语言的结果。语言学只有剔除言语活动其他非语言要素的掺杂才能建立起来。语言是一种语言符号的共时系统。

共时和历时。语言有共时的一面,也有历时的一面,索绪尔主张区分语言的共时与历时。他认为,语言分析的真正对象是语言系统内部各项要素之间在一定时间内的相互作用,而不是历史变化。共时语言学是在"同时轴线"上,而不是在"连续轴线"上研究语言,即研究"语言的状态"。历时语言学的对象是"时间的作用",研究语言的变化,研究某种语言变化时相延续的一个又一个阶段。索绪尔说:"共时语言学研究同一个集体意识感觉到的各项同时存在并构成系统的要素间的逻辑关系和心理关系。历时语言学,相反地,研究各项不是同一个集体意识感觉到的相连续要素间的关系,这些要素一个代替一个,彼此间不构成系统。"索绪尔在区分共时/历时时,和区分语言/言语时一样,表现出辩证观,他看到,共时和历时是方法论上的两分法,而不是认识论上的两分法。

符号理论。索绪尔的符号理论规定了他的系统概念,而他的系统概念又规定了他的语言状态概念,所以也规定了共时和历时的概念。

在语言学史上,索绪尔最早指出,语言符号联系的不是事物和名称,而是"概念和音响形象",即语言符号与其所指之间的联系不是物质的,而是抽象的。"语言符号是一种有两面的心理实体","可以比作一张纸:思想是正面,声音是反面。我们不能切开正面而不同时切开反面"。他用"能指(signifiant)"和"所指(signifie)"指称这两面。他认为语言符号有任意性、线条性和对比性的特征。索绪尔认为语言只是人们的思想在不同符号间确立的某些关系,并且是一张关系网,故"语言是形式而不是实质。"

系统理论。语言符号是由表示意义的声音与概念结合而成的,语言是一个符号系统,"它的任何部分都可以而且应该从它们共时的连带关系方面去加以考虑"。语言里有两类关系:聚合关系和组合关系。组合关系指一个词或一个句子里各成分先后实际出现的关系。聚合关系指贮存在人们记忆中的各个成分可彼此替代的关系。词和句子有长有短,但组合关系是有限的;而聚合关系原则上是无限的。

符号学和音位学。符号学和语言学在今天是两门科学。但符号学却肇源于《教程》:"我们可以设想有一门研究社会生活中符号生命的科学……我们管它叫符号学。"现代语言学中的音位概念也源出《教程》。

索绪尔受业于历史比较语法,又不囿于历史比较语法,并使语言研究取得突破性进展。他汇集了前辈和同辈语言学家的真知灼见,融会贯通,综合成一个严密而崭新的理论体系。他的语言学理论自成体系,相当完整。他的语言学思想是新颖独创的。索绪尔的语言学思想在今天被称作索绪尔语言学或索绪尔主义。《教程》在语言学历史上影响巨大,当今的许多语言学流派都与《教程》有关。可以说,索绪尔是当代语言学的启蒙者。

(撰写人:刘俐李)

(十一)《语言论》导读

《语言论》,布龙菲尔德著,1933年在美国出版,1980年商务印书馆出版汉译本,由袁家骅、赵世开、甘世福翻译。

布龙菲尔德(Leonard Bloomfield,1887—1949),美国著名语言学家,北美结构主义语言学的先导人物之一。1887年4月1日出生于美国芝加哥。19岁毕业于哈佛大学。嗣后转入威斯康星大学师从E.普罗科什攻读语言学,1909年在芝加哥大学获博士学位。布龙菲尔德从研究日耳曼语系和印欧语系入手,继而研究了普通语言学和阿尔表琴语等语言。他曾在很多大学任教,最后执教于耶鲁大学,并任该校高级语言学教授。布龙菲尔德是美国结构主义语言学的奠基人。美国结构主义语言学是世界上结构主义语言学三大流派中发展最完备、影响最大的流派(另两个流派是布拉格学派和哥本哈根学派),《语言论》是美国结构主义语言学的奠基著作。在20世纪30年代和40年代,布龙菲尔德的观点对美国大多数语言学家起支配作用,形成布龙菲尔德学派。布龙菲尔德语言学占据美国语言学主流派地位长达四分之一世纪之久,对世界语言学也具有深远影响。全书二十八章:第一至第四章论述语言学的一般问题,第五至第八章论述音位学,第九至第十六章论述语法和词汇,第十七至第二十八章论述比较法、方言地理学、语音演变、语义变化、借用等。

该书的主要学术价值在于提出了美国结构主义语言学研究语言的基本原则和描写语言结构的总框架。作者主张区分语言与言语,并把语言看作语言学研究的真正对象。同时又主张区分语言的共时系统和历时演变,并把共时系统的语言看作一个符号系统。这些基本理论贯穿于本书,成为布龙菲尔德"结构主义语言学"的基础。这些主张与索绪尔语言学有异曲同工之妙,但两者并无渊源关系。布龙菲尔德主张语言研究必须遵守以下四项基本原则:第一,区分语言的共时系统和历时演变;第二,排除对心理学的依赖;第三,应遵循语言的科学描写的标准(①科学只能跟当时当地每个观察者都能感受到的现象打交道;②它只能跟处于一定时间、地点、坐标上的现象打交道;③科学只能采用可实际操作的初始说明和预断;④它只能采用与物理现象有关的常用术语中通过严格定义得出的那些术语);第四,应从"形式"入手,谨慎对待"意义"。

该书同时制定出描写语言结构的总框架。作者的思路是:语言是由音义结合的词汇和语法两部分构成的整体,由于词汇是语素的总和,语法是语素的配列,所以描写语言结构时要先讲构成词汇的语素,而要讲语素,必须先讲音位,因为语素由音位构成。所以描写语言结构实际要先从音位学开始。描写语言结构的总框架应是:音位学→语素→词汇→(形式和配列)→语法(词法和句法)。

由词汇转向语法时,需要"形式"和"配列"搭桥,因为语法就是"在每种语言里,各种形式的有意义的配列"。语言形式分为自由形式和粘附形式(不能单说的形式)、简单形式和复合形式(跟别的语言形式在语音—语义上有部分相似的语言形式)。作者主张把复合形式切分为直接成分。他认为,只有切分成直接成分,把各种形式作有意义的配列,才能理解一个语句的确切意思。语言形式的配列有四种方式:①词序;②变调;③变音;④形式的选择。

该书按传统方式以词(最小的自由形式)为枢纽将语法分为词法和句法两部分。先讲句法后讲词法。句法包含短语与句子。短语分向心结构和离心结构两类。向心结构有并列结构和修饰结构两个小类,离心结构有三个小类:施事—动作结构,关系—轴心结构,从属结构。句子有完整句和小型句两类。词法部分,作者将词分析为词根与词缀,又遵照直接成分原则将词分为次要词和基本词。基本词又分为派生基本词(包含一个以上的粘附形式)和语素词(只含单个的自由语素)两类。作者认为,屈折与派生都属于词法范畴。

布龙菲尔德学派为客观有效地描写语言,力图制定出一套描写语言的严格程序。该书首次给出了描写语言程序的原则和方法,而布龙菲尔德学派后期的语言学家则调整、完善之。布龙菲尔德和他的名著《语言论》对构建美国结构主义语言学具有开山之功。

(撰写人:刘俐李)

二、古代汉语

[1](清)王念孙.广雅疏证[M].北京:中华书局,1983.

[2]王力.汉语词汇史[M].北京:商务印书馆,1993.

[3](汉)许慎.说文解字[M].北京:中华书局,2013.

[4]王宁.训诂学原理[M].北京:中国国际广播出版社,1996.

[5]董同龢.汉语音韵学[M].北京:中华书局,2001.

[6]吕叔湘,王海棻.《马氏文通》读本[M].上海:上海教育出版社,1986,2005.

[7]杨伯峻,何乐士.古汉语语法及其发展[M].北京:语文出版社,1992.

(一)《广雅疏证》导读

王念孙(1744—1832)是清代最著名的音韵学家、训诂学家之一,是乾嘉学派的代表人物。他提倡以声音通训诂,探究古书文义。主要著作有《广雅疏证》、《读书杂志》、《古韵谱》等。《广雅疏证》是王念孙运用因声求义解决音义问题的重要文献。该书汇集征引汉魏故训,从形、音、义三个维度进行互相推求,详加疏证。其《读书杂志》校正了经史子籍及《楚辞》、《文选》中的文字,同时对汉隶文字也有所涉猎,在考证其疑义及阐明古义诸方面多有创见。《古韵谱》对古韵分部亦有发明。

《广雅疏证》成书于乾隆六十年(1795),今见通行版本有:嘉庆元年(1796)王氏家刻本、道光九年(1829)学海堂《皇清经解》本、光绪五年(1879)淮南书局刻本、1983年上海古籍出版社印本、1983年中华书局钟宇讯点校本及1984年江苏古籍出版社影印家刻本等。

《广雅疏证》充分体现了王念孙在文字、音韵、训诂之学上的成就。该书也是清代语言学史上成就较高的小学要籍。作者在稽考四部典籍、广泛征引汉魏故训材料的基础上,运用因声求义、引申触类等方法和手段对《广雅》一书进行了系统的疏证。王念孙依据《广雅》序次,逐条训释,并加以疏证。首先是对《广雅》中的文字进行校勘补正,分析《广雅》的训释特点和体例。接着疏证张揖成说,多处辨正张揖承袭误采之旧说。在博采先儒之说同时,或纠正先儒误说,或补充先儒旧说之证据。然后再对《广雅》的训释逐条疏证,在疏证过程中,因声求义、引申触类,系联了大量同族语词,探求了其语义源流,同时也利用古训材料及古音研究成果校正了曹宪音释。

王念孙是清代运用因声求义方法和手段治小学的代表人物,以声音贯穿训诂,揭示语言内部规律;段玉裁在《广雅疏证》序中说:"窃以训诂之旨,本于声音,故有声同字异,声近义同,虽或类聚群分,实亦同条共贯,譬如振裘必提其领,举网必挈其纲……今则就古音以求古义,引申触类不限形体,苟可以发明前训,斯凌杂之讥亦所不辞。"如果说"训诂之旨,本于声音"是王念孙训诂理论的根基,那么"就古音以求古义,引申触类不限于形体"就是王氏训诂实践中的具体操作方法。王氏在疏证的过程中,系联大量的同语源的语词,廓清了故训材料中大量似是而非的训诂问题。

值得指出的是,王念孙在疏证《广雅》的过程中,不仅仅局限于疏证其文字通假、词义训释,而往往能够通过具体的语言现象进行文字音韵训诂的综合研究,比如对文辞条例及训诂体例的发明,对同义词的分析,甚至对语法规律进行总结。其疏证文字驳杂而有条理。

但据今人研究,该书也存在一些缺点:①体例不尽完善;②使用术语不尽精确;③疏证校订或有失误;④征引典籍或有疏漏。

总之,《广雅疏证》是清人训诂成就的代表性著作,我们在研读过程中,不能局限于了解该书中的故训材料本身,更重要的是要能够理解和借鉴其研究方法,学习其终生致力于训诂学的坚忍不拔的精神。

为了更好地理解该书的理论和研究方法,我们可以结合今人关于《广雅疏证》的研究成果来系统学习,具体可参考张其昀《〈广雅疏证〉导读》(社会科学文献出版社,2009)、胡继明《〈广雅疏证〉同源词研究》(巴蜀书社,2003)、徐兴海《〈广雅疏证〉研究》(江苏古籍出版社,2011)、盛林《〈广雅疏证〉中的语义学研究》(上海人民出版社,2008)等。

(撰写人:赵家栋)

(二)《汉语词汇史》导读

王力的《汉语词汇史》,商务印书馆1993年版。

在《汉语史稿》(中华书局1980年新1版)第四章"词汇的发展"基础上,进行了大量的扩充。第一本专门讨论汉语词汇发展史的著作,对词汇史研究有多方面的指导意义。

全书共分12章:1. 社会的发展与词汇的关系;2. 同源字;3. 滋生词;4. 古今词义的异同;5. 词是怎样变了意义的;6. 概念是怎样变了名称的;7. 成语和典故;8. 鸦片战争以前汉语的借词和译词;9. 鸦片战争以后汉语的借词和译词;10. 汉语对日语的影响;11. 汉语对朝鲜语的影响;12. 汉语对越南语的影响。

主要特点:

一是重视社会文化对词汇发展的影响,重视不同语言之间的相互影响。如,第一章依次有六节:原始社会的词汇、渔猎时代的词汇、农牧时代的词汇、奴隶社会的词汇、封建社会的词汇、上古社会的衣食住行。尽管个别结论不够准确、细致,但是,强调词汇发展与社会、文化等方面的联系,是词汇史研究的重要方向。

二是抓住词汇发展的主要问题进行研究。同源字、滋生词两章,讨论词的派生问题;古今词义的异同、词如何改变意义两章,探究词义的发展;概念怎样改变名称一章,研究词与概念之间的关系,属于词义研究的另一角度;成语和典故研究定型的词语,属于固定词组范畴;借词、译词属于外来词范畴。以上均为汉语词汇史的核心问题。

三是重视文物材料的使用。多处用到甲骨文语料,如"渔猎时代的词汇"就用了28处。

以现在的眼光看,还存在一些不足之处:

第一,部分内容没有展开论述。第一章"社会的发展与词汇的关系"中的"历代词汇的发展",不足3页,列举的词语仅12个,很难说清问题。

第二,个别说法值得商榷。如,"劝",王力认为唐代以前表示鼓励、勉励之义,唐代以后才有了劝阻之义。实际上,先秦已经存在表示劝阻义的用法。《左传·僖公五年》:"陈辕宣仲怨郑申侯之反己于召陵,故劝之城其赐邑。"《庄子·寓言》:"生有为,死也。劝公以其死也,有自也;而生阳也,无自也。"魏晋时期的用例更多。

总体上看,《汉语词汇史》构建了汉语词汇史的宏观框架,小瑕不掩大瑜。是研究汉语词汇史的必读之书。

(撰写人:化振红)

(三)《说文解字》导读

《说文解字》是东汉人许慎所著,是我国古代第一部系统的字书,也是阅读古籍不可或缺的工具书,更是研究汉字的最重要的基本文献。

1. 作者许慎

许慎,字叔重,东汉汝南召陵人,在今天河南郾城县东南。后代研究许慎生平的资料非常有限,主要有《后汉书·许慎传》、《说文解字·后叙》、《上〈说文解字〉书》以及《后汉书·贾逵传》等。许慎的生卒年学术界多有争论,通常认为应在公元58—148年之间。许慎是古文经学大师贾逵(贾逵是刘歆的再传弟子)的弟子,一生著述颇丰,除《说文解字》和《五经异义》外,还有《淮南子传》等,而《五经异义》和《说文解字》最为有名,在当时产生过重大影响,给他带来了"五经无双"的声誉,这在经学昌盛的年代,已是学术造诣的最高评价。今天除了《说文》,其他著作均已佚失。

2.《说文》的字数

《说文解字》简称《说文》,共十四篇,每篇各分上下。最后还有一篇《叙目》。全文分540部,共收字9353个,其中重文1163个,用于说解的字数为133441个。那么这些文字的来源是什么?

根据《汉书·艺文志》记述,在许慎以前,已有《仓颉篇》、《爰历篇》、《博学篇》等字书。将此三篇合为《仓颉篇》五十五章,有三千三百字,经扬雄增续三十四章,班固又增续十三章,共有字六千多,成为许慎写书时的重大依据和主要来源。根据《说文后序》所载,许慎博访通人,兼采时俗所用,并增益各地所出青铜器、碑刻等文字,写成了九千多字的《说文解字》。

北宋初年徐铉校订《说文》时,遇到在解说、序例及偏旁中有其字,正文中没有,便定为阙漏,悉为增补,共十九个字。又对一些经典相承及时俗要用而不见于《说文》的许多字,也为之增益,共四百零二字,这就是《说文》"新附字"。

3.《说文》的版本

《说文》成书以后就受到世人重视,东汉郑玄注《周礼》、《礼记》就已经引用过《说文》,但原书早已残缺。

其一,自《说文》初现至今,所存最早的版本是唐代写本的残本。

现在所能见到的唐写本《说文》有二:一为木部写本。这是清同治二年(1863)从安徽黟(yī)县发现的,共6纸,存188字。原物后流入日本。

另一口部残简有二,均为日本人所藏,一存4字,未见;一存6行,见于日本东京都《东方学报》第10册第1分"说文展观余录"中。

研究者一般认为木部残本写于中唐穆宗长庆年间(821—824),口部残简是唐宋间日本人的摹本。两种残本都不是李阳冰的刊定本。

其二,李阳冰的刊定本。

唐代宗大历年间(766—779),李阳冰根据他的篆书笔法刊定《说文》。李阳冰的刊本今已不传,关于它的内容,现在只能通过徐铉《说文》校语和徐锴《说文系传》的内容略知一二。李阳冰的刊本对许书有赞同,也有排斥。我们现在很难说李阳冰的刊本和大小徐本有什么区别。后世评说李阳冰每每用"窜乱"、"擅改"之语,也未必有根据,应该说,李阳冰的刊定对于《说文》的传承是有功劳的。

其三,小徐本和大徐本。

五代时南唐末年的徐锴曾经把《说文》加以整理注释,作《说文解字系传》,人称"小徐本"。北宋初年,徐锴的哥哥徐铉也对《说文》进行了整理和审订,后人称"大徐本"。我们今天用的《说文解字》通行本就是"大徐本"。小徐本有注释,大徐本则主要是校定原书,注释较少。

小徐本早在南宋就已经断烂不可读,依据大徐本补足了所缺之卷二十五,这就是后世所说的宋抄本。1987年中华书局根据道光年间祁寯藻刻本影印了小徐本。

其四,现在的通行本。

现在流传的大徐本最早是明末毛晋父子翻刻的,分初刻本和剜刻本两种,称为汲古阁本。清嘉庆十四年孙星衍又据宋本重刻,甚为精善,称为平津馆本。同治十二年陈昌治又据孙本加以校订,并改刻为一个篆字列一行,眉目清朗。1963年中华书局根据陈刻本为底本,在每个篆字之上增列了楷书。另外编制了以笔画为序的检字表,以方便检阅。这个版本多次印刷,影响很大。

4.《说文》的编排

第一,部首。

许慎首创部首排列法,将汉字"分别部居,不相杂厕",使汉字有了科学的分类。此后的字典辞书,多采用部首排列法,但说文的部首与后世的字典辞书部首不完全相同。

《说文》将汉字分为五百四十部,每部的字共有的表意形体作该部的第一个字,称为该部的部首。许慎所立的部首,是文字学原则部首,其特点是以小篆为依据,形体与意义紧密结合,部首是汉字的表意部分。后世的字典辞书,将部首简化为二百一十四个,以检字方便为目的,把相同的偏旁作为部首,称为检字法原则部首,其特点是以楷书形体为依据,一般以自然结构外形独立并为另外一些字所共有的部分为部首,因此部首就不一定是该字的表义部分了。例如"发"的意义是发射,表义的部分是"弓",文字学原则即以"弓"为部首;而其自然结构"癶"(bō)独立于上部,并为"癸"、"登"等字所共有,因此,检字法原则下,"癶"就是"发"的部首。

就一般情况而言,文字学原则部首主要考虑构形字符的意义,其部首对说明字义有帮助,因而有的部首所属字比较少,如《说文解字》的小部只有三个字、气部只有两个字等。检字法原则部首考虑更多的是书写因素,上下结构的字一般从上,左右结构的字一般从左,内外结构的字一般从外,但同时也要考虑多数字的外形。例如"刀"作偏旁一般都写作"刂","刑、则、判、创、剔"等字的"刂"都在右边,但左边各部分各不相同。按上述检字法原则,应该从左,将这些字归于不同的部首,但由于这些字右边部分简单好认,所以把"刂"作为部首既简单明了又能联系不少的字,因此以检字方便为标准来确定字的哪一部分是部首。从"刂"部的例子可以看出,文字学原则和检字法原则有时是一致的。

第二,部的次序。

"始一终亥,据形系联。"就是根据汉阴阳五行家"万物生于一,毕终于亥"的说法,从一部开始,到亥部结束来排列部首。所谓"据形系联"就是把形体相近的部首排列在一起,如《说文》第八篇(见《说文》第161、168页。)

《说文》部首主要是据形系联,也有按意义系联的,如"齿"、"牙"、"足"、"疋",形不似而意义近。

第三,部首与部内文字的关系。

部首一般是部里字的形旁,只有少数是部里字的声旁。如卷三上"句部",拘《说文》:"拘,止也。从句,从手,句亦声。"驹《说文》:"驹,马二岁曰驹,二岁曰駣。从马,句声。"

钩 gōu，《说文》："钩，田也。从金，从句，句亦声。"

再如卷九上"后部"。司部"词"字，"司"为声旁。这是例外，有点自乱体例。但主要的还是部里的字形旁作部首。

第四，部里文字的排列次序。

专名在前，后列其他。如"山部""水部"，均先列出山名、水名，后列与山、水有关的字。先列实物名，后列其他方面的词。如"足部"，开头皆足部的名称，与走有关的词列在后面。"宀部"，家、宅等在前，其他列在后。名词之外的形容词、动词在最后。意义相近的字排列在一起，如"口部"，"咦""喘""呼""吸""吹"等意义相近，排列在一起。好的意义的词排列在前，不好的意义的词排列在后。总的来说，说文的部里文字排列次序基本上是有规律的，但不是绝对的。这样排列的优点在于：首先，古人专名在前，动词、形容词在后，反映出古人对名词、动词、形容词的词性已经有了模糊朦胧的认识。其次，把好意义的词和不好意义的词分开，表明了古人对词义的理解，同时我们从这个排列里也可以看出古今词义的演变发展。总之，许慎并未讲部里字的次序如何，他只讲部次，没讲部里也有次序。

第五，提要栏和小结。

提要栏：大徐本《说文》每卷之首都有一个提要栏，含以下八个项目：本卷的序数；本书的作者；本书的校定者（这两项内容不变）；本卷的部数；本卷所收的被释字数目；本卷的重文数目；本卷的总字数；本卷的新附字数目。

小结：大徐本《说文》每一部之末都有一个小结，交代本部所收被释字数目和重文数目。不过，中华书局和江苏古籍出版社影印本有这方面的失误。如《皮部》当为"文三"而误标"文二"；《永部》末缺小结，等等。

5.《说文》的说解和条例

《说文》说解体例相当复杂，分别择要说明。

第一，用"六书"说解字形构造，分析字义。

许慎在《说文》中按照他所解释的"六书"条例来说明文字的意义，从而分析它们的形体构造。如第六篇下的"束"字：

束，缚也，从囗、木。

"缚"是用来解释"束"的意义的，"从囗、木"是说明字的形体构造的，把一堆木头缠绕起来，就叫作"束"。这是"六书"中的会意字。

《说文》的解说，都如"束"这样，以篆文为主词，下面用"某也"的形式来释义。凡说"某也,某也",都是讲字义的;凡说"象某,从某",都是讲字形的;而字义与字形,又是统一的关系。

第二,"连篆为句"。

有不少字的解说,必须承上篆文连读才能领会它的意义。如"言部"的"诂"字:,训故言也。从言,古声。《诗》曰:"诂训。"

这个字解说中的"故言"是解释"诂训"一词的,所以必须把"训"和上面的篆文连起来作一读才行,不能断开。这在后人叫作"连篆为句"。如果不知道这种义例,就会对《说文》的释义发生误解。清代大学者顾炎武即把"参"的解说读作"参,商星也",因而他指责许慎所说部合天文,其实是他弄错了句读。再如"斋",《说文》:"斋戒洁也。从示,齐省声。"应该读为"斋戒,洁也。从示,齐省声。"王筠《说文句读》:"许云:'斋戒,洁也'者,谓三日斋,七日戒,其词虽异,皆内洁其心,外洁其体之谓也。"

第三,说解内容和条例。

(1)许慎编写《说文》,以秦汉通行的小篆为主体,一般来说,每个字都先列篆文,加以解释;如果这个字还有古文或籀文等,就把这些字形列在下面。

(2)对于被释词,不讲其本义,而训其文化意义,为《说文》一大通例。

(3)"凡×之属皆从×",是《说文》建立部首,区别部首字和部属字的专用术语。

(4)"阙",许书中凡是说"阙"的,都是阙疑的意思。许慎对不能作出解释的文字的形音义,都用"阙"来标明。

(5)凡相关皇帝名字所用字,必列于相关部居之首,但一律不作解释。《说文》全书类似的条目共五条。如《示部》,第一个字是"祜",谨以"上讳"释之。汉安帝名刘祜,故以其名字冠于《示部》之首,但不作解释,这是许书的一大通例。《段注》言:"言上讳者五:《禾部》秀,汉世祖名也;《艹部》庄,显宗名也;《火部》炟(dá),肃宗名也;《戈部》肇(zhào),孝和帝名也;《示部》祜(hù),恭宗名也。"

(撰写人:赵红)

(四)《训诂学原理》导读

语言学家王力在1947年的《新训诂学》中提出"必须打破小学为经学附庸的旧观念,然后新训诂学才真正成为语史学的一个部门"。陆宗达、王宁的《训诂与训诂学》(1996)对训诂学及训诂学的对象、任务、目的进行了阐释,认为训诂学的对象是"古代文献语言及用语言解释语言的注释书、训诂专书",其任务是"研究古代汉语词的形式(形、音)与内容(义)结合的规律以及词义本身的内在规律",目的是"准确地探求和诠释古代文献的词义",所以训诂学"实际上就是古汉语词义学。如果把它的研究对象范围扩大到各个时期的汉语,包括现代方言口语的词义,就产生汉语词义学。可见,训诂学就是科学的汉语词义学的前身"。

20世纪80年代初,训诂学这门传统学科重新进入高校中文系选修课程系列,为了便于学习和研究者更好地接受并应用训诂学,北京师范大学王宁先生在近十多年的教学与研究中,一直致力于本学科的改造与建设。具体包括厘清了训诂学相关术语,阐发了训诂学基本原理和操作方法,说明了训诂学的应用领域以及在现代语言学学科体系中的定位。《训诂学原理》是王先生继《训诂方法论》、《训诂与训诂学》(与陆宗达合作)之后,改造训诂学的新成果。

本书突破了传统训诂学研究的局限,主要探讨了训诂学研究中七个方面的内容:①系统阐述对训诂学在当代发展的宏观认识和改造训诂学的总思路。具体探讨了训诂学在当代的学科地位。训诂学是古代"小学"的一个分支,"小学"是中国语言文字学的前身,这是从章太炎先生确定后就不存在异议的,而汉语历史词汇学和历史语义学也并不是完全等同的。作为一门古老又年轻的学科,训诂学具有鲜明的时代特点,它不仅是古代文献解读津梁和古代文化传播的媒介,在新时期仍具有重要的学术价值和应用价值。②在清理训诂学术语使之系统化的前提下,从理论原理上阐明术语内涵和操作方法。③专门阐述注释原理,主要探讨了词义训释中的直训和义界、义训、形训以及声训、"反训"问题等。④专门阐释词源原理,主要梳理了传统训诂学关于字源学研究的历史及各阶段研究的重点和特点,阐发和检讨了传统字源学的成就和不足,提出了较为科学的词源学研究方法和理据。⑤专门论述训诂学史。对《尔雅》性质的辨正、对李善《文选注》中征引的训诂体式的发掘以及对晚清实学派训诂的特点和成就的论述,都是此前训诂学史论著较少论及或论证不正确的。⑥阐述训诂学与语言学的关系,提出传统语言学研究要与现代语言学研究接轨。⑦探讨训诂的学运用研究,阐明训诂学在中学语文教学辞书编纂和评论以及古代专业史方面的应用。

本书主要成就是肯定中国传统训诂学的成就,同时探讨训诂学的应用价值及在当代学科发展中的重要意义,但也提出了传统训诂学研究的局限性,即字本位、训本位的取材与探讨语言意义的目的是矛盾的,所采用的外部形式归纳法与揭示语言实质的要求是矛盾的,文言仿古造成的时代综合性与探求语言历史是矛盾的,语言与字形为探讨语义提供的依据是不足的。指出要发展训诂学必须突破这四方面的局限。

由于本书关于训诂学原理和训诂学史的阐发是为了补传统训诂学的不足并使训诂学经验理性化的,故而书中只发前人之未发,而不求系统的完整性。例如,在训诂学史方面,本书只纠正关于《尔雅》的不准确说法,而不系统讲先秦专书训诂史;只发掘李善在文字注释上采用的征引体式,而不系统讲中古注释的发展;只提高实学派训诂的历史地位,而不系统探讨正统派别训诂。

(撰写人:赵家栋)

(五)《汉语音韵学》导读

董同龢(1911—1963),江苏如皋人,1937年毕业于清华大学中文系,曾任中央研究院历史语言研究所研究员、台湾大学中文学系教授、美国西雅图华盛顿大学客座教授。毕生致力于语言学、汉语音韵学、汉语方言学等研究。就读于清华大学期间,师从王力先生学习音韵学,其听课笔记被整理成王力《汉语音韵学》。入中央研究院历史语言研究所,为赵元任先生的助手,并师从于李方桂先生学习音韵学。后加入《湖北方言调查报告》参加整理撰写工作。1940年参与云南省及四川省方言调查。1949年迁台,受聘于台湾大学中国文学系。1952年调查闽南语,1957年调查台湾南岛语。重要著作包括《上古音韵表稿》、《汉语音韵学》、《中国语音史》、《语言学大纲》、《邹语研究》等。主要论文收录在《董同龢先生语言论文选集》中。

董同龢在清华大学以及历史语言研究所受过良好的语音学与音韵学的训练。在中古音方面的成就主要是对《广韵》的研究,《广韵》作为中古韵书的权威代表,其重要祖本为唐写全本《王仁煦刊谬补缺切韵》("王三"),董先生曾经全面系统地研究了这种韵书的反切上、下字,深入地讨论了韵书的语音系统及其源流。还有对于《广韵》中重纽的解释、等韵门法的探究等。在上古音方面,董先生的《上古音韵表稿》一书,以上古22韵部为经,36个单声母为纬,将《说文》9000多字与先秦典籍所见、《说文》未收字,全部摆进音系的框架中去。本书还构拟了上古音的复辅音声母 pl-、kl、gd-、kz-、kt-、mp 等,并肯定了王力先生的脂微分部,认为二部有韵尾-r。在现代方言与民族语言调查方面,董先生参加了赵元任先生主持的全国方言调查,记录了客家话、闽南话等方言系统,也参与了台湾南岛语的调查与研究工作。

基于上述学术经历,董同龢先生的《汉语音韵学》是一本深入浅出的音韵学入门书。董先生先从现代普通话(国语)以及方言音系及其特征讲起,重点细致地分析了《切韵》系韵书、等韵图等语音面貌,并由此上推上古音、下启近代语音的语音系统及其演变过程。下面我们分章节简单介绍这部书的主要内容:

第一章"引论"主要讲述了音韵学的涵义及其使用。所谓汉语音韵学,是指研究汉语各个时代的语音系统的学问。而音韵学的作用,"无论学甚么语言,我们的目的总是想藉此了解那种语言所代表的文化。留心文学的人,更能体会语言与文学的关系。"音韵学可以在读通古书、了解现代各方言之间的来源关系、了解韵文之美三大方面有使用价值。汉语语音史就时间分期而言,主要有:现代时期→中古时期→近代时期→上古时期。上古时期:这时期主要是先秦语汉朝。重点学习从中古音上推至上古音,借先秦诗文中的押韵,来理解这个时期的语音系统。中古时期:这时期主要是从隋朝至宋代。重点学习内容是反切、《切韵》系韵书所发展出来的两百零六韵、反切上下字、等韵图等内容材料推断出来的中古音系统。近代时期:这时期主要是元明清时期。学习中古音如何演变至近代,以及元明以来的语音系统变化等。现代时期主要是现代汉语普通话(国语)音系结构、汉语方言的分类及其特征。

第二章"国语(即普通话)音系"。了解现代普通话音系的结构、成分以及系统特征。

第三章"现代方音"。现代方言中可分为几个区块:北方官话、西南官话、下江官话、吴语、赣语、客家语、闽北语、闽南语、湘语、粤语、其他未明方言如徽州话等。了解现代汉语方言的分布情况以及大致的音系特征。

第四章"早期官话"。元代官话也是现代北方官话的远祖,而元代周德清所作的《中原音韵》是我们了解元代语音的不可或缺之书。本章主要展示了北方官话自元明以来的语音演变及其历程。

第五章"《切韵》系的韵书"、第六章"等韵图"、第七章"中古音系"、第八章"中古声韵母的简化"、第九章"由中古到现代"。这五章主要介绍了《切韵》系韵书、等韵图等所代表的隋唐时期的语音系统(即中古音)。重点介绍了《切韵》系韵书,如李登的《声类》、陆法言的《切韵》、王仁煦的《刊谬补缺切韵》、孙愐的《唐韵》、陈彭年的《大宋重修广韵》等的沿革。而《韵镜》之类以韵书为根基架构起来的切韵图,也是中古语音系统重要的一部分。本章还深入地介绍了中古语音的建构原则、方法,并综合相关理论知识,对这些声韵调分别进行了构拟。还分别对中古音声韵调系统演变到今天普通话的规律进行了介绍。

第十章"古韵分部"、第十一章"上古韵母系统的拟测"、第十二章"上古声母"、第十三章"上古声调的问题"。这四章主要介绍了清儒以来学者对于上古声韵调的分部,结合董先生自己的研究为古音列出同音字表,全面系统地构拟了上古语音系统。

到目前为止,《汉语音韵学》是一本全面总结汉语语音史各个时期的面貌,并系统勾勒了汉语语音演变过程的教材,不仅是本科生,也是研究生学习、了解汉语语音的历时与共时系统最好的入门书。

(撰写人:徐朝东)

(六)《〈马氏文通〉读本》导读

《马氏文通》是我国第一部较为完整系统的古汉语语法著作,它将西方的语法体系成功地引入汉语研究,不仅开辟了我国汉语语法学的新纪元,而且奠定了我国现代语言学的基础。《马氏文通》在19世纪末问世以后,就引来学术界的重视和推崇。梁启超在《论中国学术思想变迁之大势》中评价该书"创前古未有之业"。黄侃的《文心雕龙札记》不无赞誉地说:"及至丹徒马氏学于西土,取彼成法,析论此方之文,张设科条,标举品性,考验经传,而驾御众制,信前世所未有也。"胡适在《国语文法概论》中指出清人王引之所著《经传释词》只能称得上是"一种文法参考书","直到马建忠的《文通》出世,方才有中国文法学"。中国传统语言文字研究向现代语言学的转换是从语法学的建立开始的。《马氏文通》使我国的语言研究摆脱了经学附庸的地位,直接把汉语作为自己唯一的研究对象,并且构建了独立的、完整的、严密的理论体系。

《马氏文通》的作者马建忠,既是清末的爱国思想家、外交家,又是学贯中西的学者。他不仅对中国古籍和中国传统语文有着深厚的造诣,更是精通拉丁语、希腊语、英语、法语等多种西方语言。因为长期从事中西语的翻译工作从而有较为明确的语法观念,希图将撰写语法著作作为振国兴邦的良策之一。他在《马氏文通·后序》中明确表明了该书的创作方法和主要目的:"斯书也,因西文已有之规矩,于经籍中求其所同所不同者,曲证繁引以确知华文义例之所在,而后童蒙入塾能循是而学文焉,其成就之速必无逊于西人。然后及其年力富强之时,以学道而明理焉,微特中国之书籍其理道可知,将由是而求西文所载之道,所明之理,亦不难精求而会通焉。"马建忠在与西方世界交往的过程中发现,若要使国家富强,必须要学习西方先进的科学技术,而要顺利引进西方的先进技术,必须尽快改变中国在文化教育方面的落后状态,只有让年轻人学好文法,才能为今后学习自然科学和社会科学打下基础。这种情况下,借鉴西方语法学规律,编纂结合汉语文言语法实际的语法教材,便成为马建忠教育救国、科技救国理念的实际体现。

《马氏文通》在中国语言学史上的开创之功毋庸置疑,自出版以来,尤其受到西学新派人士的称赞。五四运动时期,由于提倡白话文,国语文法研究兴起,加上英语语法的影响颇盛,对《马氏文通》一书逐渐出现了质疑批评的声音。杨树达的《马氏文通刊误》纠正了马建忠书中不少材料引用方面的失误,但在语法体系上过分执着于比照英语,显然不如马建忠学术眼光开阔,这也影响到了杨树达对《马氏文通》的整体评价。20世纪30、40年代的文法革新大潮中,因马建忠曾言及"此书系仿葛郎玛而作"(见《马氏文通·例言》),不少学者还未对《马氏文通》进行全面细致的关照和分析,便轻易诟病其为模仿拉丁语法之作,这种评价显然不够公允。王力先生在《中国语言学史》中明确指出:"马氏以后,有许多人都批评他照抄西洋语法,这其实是没有细读他的书;又有许多人批评他不合理论(即不懂语法理论),其实是所见不广,用英语语法的眼光来看《马氏文通》。"朱德熙先生说:"早期的语法著作大都以印欧语法为蓝本,这在当时是难以避免的。""作为第一部系统的研究汉语语法的书,能有如此的水平和规模,已经大大出人意表,我们实在不应苛求于马氏了。只要看看《文通》问世二十余年以后出版的一批语法著作,无论就内容的充实程度论,还是就发掘的深度论,较《文通》多有逊色,对比之下,就可以看出《文通》的价值了。"(见《汉语语法丛书·序》)《马氏文通》并非单纯、机械地模仿西洋语法,是"富于创造性的一部语法书"(见王力《中国语言学史》)。马建忠既精通西方多种语言,又精通中国古代汉语,善于将两者结合起来进行全面而精到的比较。西方的"葛郎玛"并非马建忠的唯一参照,《马氏文通》也是传统语文学的集大成者,在很多问题上都注意到了汉语的特点。

《马氏文通》1898年商务印书馆初版以来,陆续出现了多种版本和翻刻本,版本错误随之越来越多,1954年中华书局出版了章锡琛的《马氏文通校注》,经过校注者的核检原书、校订评注,整理出一个相对较好的版本。1983年商务印书馆"汉语语法丛书"推出了新版重印本《马氏文通》,后附词语索引。1986年上海教育出版社出版了吕叔湘、王海棻编《〈马氏文通〉读本》,后出专精,可以称得上是到目前为止《马氏文通》最好的版本。《读本》对《马氏文通》的整理工作主要有七个方面:调整原书编排未妥之处、整理原书正文、整理原书引例、统一全书符号、增加引例编码、对原书引例不当或解说错误的情况增加按语、编排更为详细的词语索引。(见张清常《〈马氏文通〉读本》代序)

20世纪80年代以来,不少高校均开设了《马氏文通》研究课程,随着新版重印本《马氏文通》和《〈马氏文通〉读本》的推出,围绕《马氏文通》的研究也在不断深化。吕叔湘先生1980年在《重印〈马氏文通〉序》一文中,总结了该书三个方面的优点:一是"收集了大量的古汉语例句"(据统计有约7326个例句),至今没有一部古汉语语法著作的例句数量能超过它。这些例句不仅包括了可以证明自己观点或结论的例子,还包括了与自己观点结论有出入的"例外"情况。从实际引例中我们可以看到,马建忠是全面从语言事实出发的实践者,宁可暴露出自己结论上的欠缺之处,也坚决不歪曲或隐瞒语言实际,这种实事求是的态度是非常值得称道的。二是"不以分类和举例为满足",力求找出规律。例如,疑问代词作宾语,位置在动词之前;否定句里代词作宾语,位置在动词之前,都是《马氏文通》第一次系统地论述的。(后廖序东撰有《〈马氏文通〉所揭示的古汉语语法规律》一文,共列举十五项规律。)三是"不愿意把自己局限在严格意义的语法范围之内,常常要涉及修辞"。吕叔湘先生同时还指出了《马氏文通》存在的两个主要缺点:一是"分析句子成分,既有'起词、止词、表词、转词'这一套,又有'主次、宾次、偏次、同次'这一套,体系殊欠分明,论述自难清晰"。二是"'句'和'读'镈镥不清"。王力先生在《中国语言学史》上也归纳总结了《马氏文通》一书的特点:"摹仿西洋语法的地方自然是很多的。""如果说马建忠完全照搬西洋语法,那是不公平的。马氏在很多地方都照顾到汉语的特殊情况,并没有生搬硬套。"他认为马建忠理论上存在的缺点,最重要的就是缺乏历史主义观念,"把先秦古语与前年后的韩愈的语言看成是同一的研究对象。"据王海棻回忆,从1978年到1984年间,吕叔湘先生指导并和她一起完成了《〈马氏文通〉读本》。在《读本》卷前导言关于《马氏文通》一书的"评议"部分,吕叔湘先生对1980年《重印〈马氏文通〉序》里总结的《马氏文通》特点又作了进一步的提炼和扩充。比如归纳《马氏文通》的缺点时,谈到了"立意"、"命篇"、"行文"三大方面的问题。尤其值得关注的是,吕叔湘先生还对多年来学界针对《马氏文通》的非议之声,作出了明确的回应——"批评过甚其辞"。学界批评该书模仿西方语法,吕叔湘先生认为大家只将目光集中于马建忠因袭西方语法的地方,却忽略了他在不少地方指出的"华文所独"的论断,很多时候他能清晰地分辨汉语的实际情况,并没有拘泥于西方的成规;学术界批评马建忠缺少历史观念,"不但是把周秦两汉的文章等量齐观,而且连韩愈也拉扯进去,可是从班固到韩愈之间一家也不取"。吕叔湘先生指出马建忠在阐述观点时,对汉魏南北朝的语言事实并非是割裂不取,不仅有中古文献的举证,而且在一些问题上还注意到了前后关联和历时比较。因此,笼统地说马建忠缺乏历史观念,也是与实际不相符合的。正是因为吕叔湘先生在《〈马氏文通〉读本》的撰写过程中,对原书进行了充分研读和细致分析,才能对《马氏文通》作出如此全面深刻的总结。

《〈马氏文通〉读本》有注释700多条,自问世以来,受到学界高度评价。严吾的《一部真正的"可读之本"——读〈马氏文通读本〉》指出:"这些注释……解释是深入浅出的,议论是有理有据,校勘准确周详。"张清常的《〈马氏文通读本〉读后》指出:"对于《马氏文通》引例不当或解说错误的,《读本》辄加案语,而且大多数是前人没有指出来的。"文炼、沈锡伦的《〈马氏文通〉研究的新成果——评〈马氏文通读本〉》,将《读本》的特色概括为三个字:"新、精、深。""新"是指面目一新,在篇章结构方面做了技术性处理,将原书十卷改为十章,每章之内又根据实际情况有分合调整,使原书结构安排更为合理;对原书文字也略有增删改动。"精",指精确。《读本》不仅研究《马氏文通》本身,对前人的刊误、校注也有评论,这使读者能对以往的研究、整理情况有更加全面的比照和了解。"深",指深究根本。《读本》对《文通》的某些论述不是停留在训诂式的解释上,而是要穷根究底,揭示它的实质,对作者的语法思想进行深入的发掘。当然,《〈马氏文通〉读本》也非尽善尽美,邵霭吉在《读〈马氏文通读本〉札记》一文中指出一些不足之处,如"注释有主观臆断成分者"、"批评有证据不甚可靠者"、"解说有不合原文旨意者"、"分析有不合原书体例者"、"标点不当而引起歧见者"等。但无论如何,终归瑕不掩瑜。如果说《马氏文通》在中国语法学史上有开创之功的话,那么《〈马氏文通〉读本》则当之无愧有推广之力。

（撰写人：汪祎）

（七）《古汉语语法及其发展》导读

《古汉语语法及其发展》一书,由我国著名语言学家杨伯峻、何乐士先生编著,语文出版社初版于1992年,后在广泛吸纳学界反馈意见的基础上,对全书进行重新的修正补充,并增加词语索引,2001年由语文出版社推出了修订版,从初版的单册变为上下两册。全书分上、中、下三编,共约80余万字,对古代汉语的特点、词法、句法等方面都有较为全面细致的论述,程湘清先生评价该书"是一部承前启后、开拓创新、具有较高理论价值和实用价值的汉语语法巨著"（见程湘清、程娟《一部具有开拓意义的古汉语语法巨著——评〈古汉语语法及其发展〉》）。诚然,今天看来,《古汉语语法及其发展》依然可以称得上是学习和研究古代汉语语法的首选。

《古汉语语法及其发展》编者之一杨伯峻先生,主要的研究领域在古汉语语法和虚词方面。杨伯峻先生最早涉及古汉语语法研究方面的著作,是商务印书馆1936年出版的《中国文法语文通解》。这是一部对古今汉语词类变迁历史进行研究的专著,其中重点关注的是汉语古今变化最大的虚词的历史演变。但是该书仅仅局限于词法方面,词类划分还不够全面,而且没有探讨句法方面的内容。为了弥补这一不足,杨伯峻先生于1956年出版了《文言语法》（北京出版社出版）,采用上、中、下三编的形式,不仅有对文言语法特点的概述,还有对具体词类和句法现象的分析描写。这一论述结构和内容安排方式,也为后来《古汉语语法及其发展》一书奠定了基础。《文言语法》比《中国文法语文通解》在词类划分的种类上要多一些,但却存在归类上的问题,比如把量词归入名词、数词归入形容词,取消了助词,增设了语气词和小品词。杨伯峻先生把"所、者、然、之、焉、而、之类、之属"等词笼统地归为小品词,今天看来显然是不够严谨的。小品词这一类别还延续到1963年中华书局出版的《文言文法》一书中。《文言文法》与《文言语法》的体系相似,可以看成是《文言语法》的节缩本。虚词问题一直是杨伯峻先生最为关注的内容,也是用力最勤的地方。1965年中华书局出版了《文言虚词》一书,汇集注释了一大批古汉语中的常见虚词及其常见用法。在此基础上，1981年又出版了《古汉语虚词》(中华书局出版)，共收古汉语虚词169个，另有294个复音虚词分别列在各重要虚词之下。该书对推动古汉语虚词研究的深入发展起到了非常重要的作用。《古汉语语法及其发展》编者之二何乐士先生，对上古汉语的虚词、句法方面也颇有造诣，出版有《文言虚词浅释》(1979)、《古代汉语虚词通释》(1985)、《左传虚词研究》(1989)等书，发表有《〈左传〉单复句初探》(1981)、《〈左传〉、〈史记〉语法特点的比较》(1985)等文。《古汉语语法及其发展》一书，实际上是在杨伯峻先生《文言语法》的框架、内容基础上，进一步扩展充实完善而来的。上编概述部分由杨伯峻先生执笔，主要对古汉语的特点、词法、句法作了简论；中编词类部分，杨伯峻先生负责实词类，何乐士先生负责虚词类，吸收了众多学者对词类研究取得的成果，并将可列举出的词类成员全部列出；下编句法部分，完全交由更擅长句法研究的何乐士先生编写，对谓语的各种结构及复句的构造作了详细的分析研究，同时还扼要分析了语段。这种积极有效的安排，使《古汉语语法及其发展》无论是在结构的合理性、内容的全面性，还是在论述的深入性、示例的丰富性方面，都具有承前启后的重要意义。

《古汉语语法及其发展》最大的特色莫过于从丰富的语言材料出发去探索和归纳语法规律。全书引证达到8027例之多，超过了以引例翔实著称的《马氏文通》。该书在研究和举例上，主要以秦汉时期的上古汉语为主，但在所涉问题需要联系历时演变发展时，"则或向上追溯及甲骨、金文，或向下推论至唐宋以及明清。"(见第2页)其中既有文言作品，又有白话典籍；既有本土文献，又有汉译佛典。不仅注意到了例证的时间跨度，而且还注意到了例证的分布领域。在这样立体多样的材料支撑下，得出的结论自然也颇有信服力。

《古汉语语法及其发展》的另一特点就是充分而广泛地吸收学界的研究成果，但又不惟大家观点是瞻。全书引用前代及同时代专著、论文等达上百种之多，编著者有着悉心的分析和判断，大多数情况下并不是一味全盘照搬。比如王力先生在《汉语史稿》和《汉语语法史》中都不承认意念上的被动句存在，而《古汉语语法及其发展》则专门列出一节"无形式标志的被动句"进行归纳论述。王力先生认为"在被动词的后面都是没有宾语的"，表被动的"被"字句中动词后面带宾语是唐代以后被动式的新发展(见《汉语史稿》和《汉语语法史》),《古汉语语法及其发展》则指出,被动句中在形式标记后面动词带宾语的情况,早在战国末期到汉代就已出现(见第671—672页)。

当然该书也存在一些不足之处,除了程湘清先生在评述文章中指出的下编某些章节的描写还略显单薄之外,还有一些地方值得商榷。比如第六章第三节在谈到量词的分类时,认为"量词是表示事物的计算单位的,它本质上是名词"(见第204页),过分强调了量词和名词的联系而忽视了两者的区别,虽然书中在划分词类的时候将量词独立分成一类,但杨伯峻先生依然没有摆脱之前《文言语法》、《文言文法》等书中把量词附于名词之中的观念;在谈到动量词时,所举动量词"匝"的例子,实际上不少都是名量词(见第208、209页),这些例句大都转自他书,可见充分吸收学界现有的研究成果有其积极的一面,同时也容易限制研究者对语言实际的重新认识。

《古汉语语法及其发展》修订版至今已有十几年,有些内容确实还需要进一步发掘和完善,而有些看似已成定论的观点也还有值得进一步推敲的地方。但不可否认的是,这部积聚杨伯峻先生数十年心血的著作,对于现在及未来古汉语语法的学习和研究者而言,其深远影响都是不可估量的。

(撰写人:汪祎)

三、语言学及应用语言学

[1] Peter Ladefoged. *A Course in Phonetics*. 5th edition[M]. Wadsworth Publishing,2005.

[2]Steven Bird, Ewan Klein,Edward Loper. Python自然语言处理[M]. 陈涛,等,译.北京:人民邮电出版社,2014.

[3]Dan Jurafsky, James Martin. 自然语言处理综论[M].冯志伟,等,译.北京:电子工业出版社,2005.

[4] Barbara H. Partee, Alice ter Meulen, Robert E. Wall. *Mathematical Methods in Linguistics*[M]. 北京:世界图书出版公司,2009.

[5] George Yule. *Pragmatics*[M]. London:Oxford University Press,1996.

[6] George Lakoff and Mark Johnsen. *Metaphors We Live By*[M]. London: The University of Chicago Press,1980.

[7] Noam Chomsky. *Syntactic Structures*[M]. The Hague, Mouton & Co.,1957.

[8] Adele E. Goldberg. 构式:论元结构的构式语法研究[M]. 吴海波,译. 北京:北京大学出版社,2006.

[9] Dirk Geeraerts. 欧美词汇语义学理论[M]. 李葆嘉,司联合,等,译. 北京:世界图书出版公司,2013.

[10] 王洪君. 汉语非线性音系学[M]. 北京:北京大学出版社,2008.

[11] 朱晓农. 语音学[M]. 北京:商务印书馆,2010.

[12] [美]理查德·格里格(Richard J. Gerrig),菲利普·津巴多(Philip G. Zimbardo). 心理学与生活[M]. 北京:人民邮电出版社,2003.

[13] 陈原. 社会语言学[M]. 北京:学林出版社,1983.

[14] [苏]A. P. 卢利亚. 神经语言学[M]. 赵吉生,卫志强,译. 北京:北京大学出版社,1987.

（一）*A Course in Phonetics* 导读

语音学是一门古老而又年轻的学科。简而言之,语音学就是研究人类语音的科学。传统上语音学是作为语言学的一个分支来对待的,但是现代语音学已经发展为一个很大的学科,远远超出了语言学的范畴,尤其是近二十年来,数学、声学、心理学、神经生理学、生物学、人工智能、电子工程、通讯技术、康复医学、司法学等众多学科都有专家学者在研究语音。

语音是语言的物理实现,因此对语言感兴趣的学生,往往也会对语音感兴趣。但是,国内大学开设语音学课程的可谓凤毛麟角,学生往往不知道如何考察和分析语音。语音学大家 Peter Ladefoged 的这两本经典教材,可以作为入门书,帮助读者了解语音的产生机制和声学特性,并掌握基本的实验语音技术。

Peter Ladefoged（1925—2006）是国际著名语音学家,而且很可能是半个世纪以来为语音学的推广作出最大贡献的语音学家。他生前长期担任美国加利福尼亚大学洛杉矶分校教授与语音实验室主任(1962—1991)。曾任美国语言学会会长(1980)、国际语音学会会长(1986—1991)。他一生著作等身,在国际重要学术刊物和语音研究论文集上发表论文140多篇,尤其是出版了十余部著作,都是语音学领域的经典著作。他一生致力于实验语音学和世界上各种语言的语音研究,曾对欧洲、非洲、亚洲、澳洲等地的语言做了长时间的田野调查,也曾来过中国,为世界多种语言录制了珍贵的资料。

该书偏重于语音学的基础理论,可以说是数十年间国际上最通行的语音学教材,几经改版,最新版(第五版)新增了标音练习和语调说明,并将发音描述成一系列由发音器官产生的音姿,给出了发音音系学一种全新阐释。本书由三部分组成:基本概念、英语语音学、普通语音学。基本概念部分讲述了发音学与声学、音系学和语音学标音;英语语音学部分讲述了英语的辅音、元音、词语和句子;普通语音学部分则讲述了气流机制和发声类型、辅音音姿、声学语音学、元音和类元音发音、音节和超音段特征、语言学的语音学等。在书中最后一章,作者提出了"语言学中的语音学"概念,将语音学与音系学联系到一起。本书略有不足的是,对感知语音学的介绍过于简略,这方面的内容需要阅读其他教材;此外,书中虽然涉及各种语言,但是仍以英语为主,在阅读时我们应该同时参考一些针对汉语语音的教材。

如果读完 A Course in Phonetics 这本书,还想进一步了解与之相关的实验技术,可以阅读 Peter Ladefoged 另一本专著 Phonetic Data Analysis: An Introduction to Fieldwork and Instrumental Techniques。这本书则偏重于实验语音学的基本技术,讲解了描述任何一种语言的语音系统的详细实验过程。本书出版以后,成为国际上最通行的实验语音技术的入门教材。书中内容涉及录音、发音部位研究(颚位成像)、空气动力学研究(气压与气流、鼻音测量)、超音段测量(音高、音强、音长)、元音的描述、辅音的声学分析、发声态的声学分析等,最后还介绍了通用语音实验室的组成。本书讲述的技术大多简单实用,并不需要建立大型的专业语音实验室。经过本书的学习,读者就能够借助于一些简单便携的设备,自己去探索各种语言的语音特征,可以以身边同学为被试,也可以外出做田野调查。作者还以自己的田野调查经历为例,提供了很多颇有启发性的评论。

这两本书堪称姊妹篇,前者偏重基础理论,后者偏重实验技术,两者相结合,能为语音学的入门提供绝佳的引导。

(撰写人:顾文涛)

(二)《Python 自然语言处理》导读

玩弄手机电脑的你,想不想做出酷炫的应用? 没错! 你也可以做出漂亮强大的软件！有了 Python，你不必纠结于 Windows 系统还是 Linux 系统抑或苹果电脑，Python 就是跨平台的强者，只需安装一个很小的软件即可开始你的编程之旅。

计算语言学离不开编程，而 Python 以其简洁的语法，兼容性 C/C++ 的特性，强大多样的函数库，已经获取了大量 NLP 师生的芳心。不少初学自然语言处理的学生有个感觉，理论上的东西已经掌握得差不多了，但由于编程技术有限，因而缺乏足够的实践来巩固知识，总有种"空中楼阁"的感觉。另一种普遍情况是，突然接受如此多的自然语言处理模型和算法，又是训练文件，又是测试文件的，很是一头雾水。他们坦言，如果没有实例来加以辅助理解，边学边做，确实很难做到真正领会。如果你有上述问题，选择《Python 自然语言处理》这本书来读，再合适不过。

本书不同于一般自然语言处理专著的写作方法，一切以进行计算语言学实验为主要目的，是"世界上最好的自然语言处理实践教程之一"。好多艰涩难懂、抽象深奥的自然语言处理模型和算法，在书上变得鲜活而又容易理解。不夸张地说，Python 脚本语言（Scripting Language）较为适合于没有任何编程基础的人学习使用。事实上，国外不少社会科学专业也将其作为一门选修课来开设。

虽然重在实践，并且期望读者都能得到很好的阅读体验，但这并不影响本书涵括的内容之丰富。应该说，基本上做到了面面俱到。其中，既有词语记数、词语搭配统计等基本的文本信息统计，也有词性标注、文本分类等复杂的语言处理分析。同时，书中所富含的上百个练习，为大家理解这些内容提供了梯度适中的阶梯："初级练习"是"抄写"过程，可以对书中所提及的语言模型和算法有基本的感性认识；"中级练习"是"临摹"过程，可以对上述模型算法有比较仔细的分析和设计，从而摆脱"空中楼阁"的局面；"高级练习"是"创造"过程，将会帮助我们独立设计方案，利用自然语言处理的模型算法来解决实际问题。

本书的另一把利器是 NLTK 工具包（Natural Language Toolkit）。工具包提供了表示自然语言处理相关数据的基本类型和公共方法，从而实现了词性标注、文法分析、文本分类等任务的标准任务接口，并且可以组合起来解决更复杂的问题。因此，利用此工具包，可以进行大量的计算语言学实验，并且形式简洁得"令人发指"。我们以统计文本的词语频数为例，并与 C

语言进行比对,来说明 Python+NLTK 的优越性能。

C 语言版本核心代码:

```c
int count=0;
int white=1;
while((ch=fgetc(file))!='0'){
    if((ch==' ')||(ch=='\t')||(ch=='\n'))
        white=1;
    else{
        if(white){
            white=0;
            count1++;
        }
    }
}
```

Python 语言+NLTK 版本核心代码:

len(text);

孰简孰烦,一目了然。这就好比为木匠师傅(语言信息处理专业学生)提供了若干实用的工具,如锤子、刨刀等(NLTK 工具包)。这样,木匠师傅就不必每次都浪费时间于制造工具,而是利用已有的工具,去创造新的、更复杂的、样式美观的家具(各种自然语言处理程序)。这符合现代编程语言的面向对象(Object-Oriented)思维,也是我们能够尽快掌握自然语言处理各种实验的一条捷径。

最后需要说明的是,本书还提及了基于 Python 脚本语言的一些其他工具包(例如 NumPy、Matplotlib 等)。这些工具包提供了科学计算、逻辑推理以及数据绘图功能,对于语言学论文写作,哪怕是纯理论语言学的论文写作来说,都是非常有帮助的。如果你想从大量的语料中尽快发现出与别人不一样的东西,或者用模型算法去尝试一些新的语料,恐怕这本书就是你探索语言奥秘的开始。

(撰写人:李斌)

(三)《自然语言处理综论》导读

有没有想过,拼音输入法在便利我们汉字输入的同时,是什么技术支撑着它更好地实现我们的需求,更快更准确地输入我们想要输入的词或句子?有没有想过,苹果的 Siri 语音识别系统在给我们的生活带来乐趣的同时,是什么技术让它听懂不同人的不同口音,快速地说出你想要的答案?有没有想过,Google、Baidu 搜索在给我们提供大量信息的同时,是什么技术让它想我们所想、急我们所急呢？这个世界有太多的疑问，也有太多的没想过，不过，没有关系，翻开手边的这本书——《自然语言处理综论》，会带领你进入一片想不到的开阔天空。

这些疑问都属于自然语言处理的范畴。自然语言处理是20世纪40年代末期才兴起的一门新兴交叉学科，"自然语言处理"可以定义为研究在人与人交际中以及在人与计算机交际中的语言问题的一门学科。自然语言处理要研制表达语言能力和语言应用的模型，建立计算框架来实现这样的语言模型，提出相应的方法来不断地完善这样的语言模型，根据这样的语言模型设计各种实用系统，并探讨这些实用系统的评测技术。这个概念听着貌似很深奥，但是，如果有了这本自然语言处理领域教材的"黄金标准"，入门似乎就变得很容易。

该书包含的内容十分丰富。导论部分（第一章）简明介绍了自然语言处理中的基本概念、学科现状和发展历程，了解自然语言处理这门学科的前世今生，也就为我们进入这个领域迈出了坚实的一步。后面的四个部分（共20章）从易至难，逐层细致地探讨了计算机处理自然语言的词汇、句法、语义、语用等各个方面的问题，首先论述单词的自动形态分析，接着论述自动句法分析，然后论述各种语言单位的自动语义分析，最后论述连贯文本的自动分析、对话与会话的智能代理以及自然语言生成。从技术的角度看，本书介绍了正则表达式、有限状态自动机、文本—语音转换、发音与拼写的概率模型、词类自动标注、N元语法、隐马尔可夫模型、上下文无关语法、特征与合一、词汇化剖析与概率剖析、一阶谓词演算、词义排歧、修辞结构理论、机器翻译等内容，这些陌生的词汇刺激着我们思考的神经。

如果你认为该书只有理论，那你就大错特错了！上述内容仅是这本书教给我们的很重要的一部分，但远不是全部。因为在本书的配套网站上，还提供了该学科相关的资源和工具，有待于我们继续去尝试和探索。

该书的两位作者 Daniel Jurafsky 和 James H. Martin 现分别就职于美国斯坦福大学和科罗拉多大学的计算机科学系，两人在认知科学和自然语言处理领域都取得了不小的成就。而中文主要译者冯志伟老师的个人经历更是将自然语言处理这门学科的交叉性体现得淋漓尽致。冯先生不仅熟谙语言学中的古代汉语、现代汉语、文字学、音系学和普通语言学，也懂得理科中的数学、物理、化学和计算机科学，同时也深研过汉、英、法、德、俄、日等多种语言,这种学术的广度和深度令人十分敬佩。

作为入门书,该书丰富的内容开拓了我们的视野,然而,自然语言处理的诸多技术和实践远不能仅靠这一本书的两百多页讲完。不妨,以此为基点,让你的本本更加聪明,用你的智能和创造力发挥本本更大的功用!

(撰写人:李斌)

(四) Mathematical Methods in Linguistics 导读

18世纪末,一些期刊上署名为 Federalist 的12篇文章的作者是谁,引起了大众的好奇,有人认为是英国政治家哈密尔顿,有人认为是英国第四任总统麦迪逊。大家争论不休,但始终拿不出有力的证据说服对方。直到1964年,两位统计学家对两位作者的"用词习惯"进行了统计分析,发现他们在某些词的使用上存在明显差异:哈密尔顿喜欢使用"enough"和"upon"两词,而麦迪逊则不用或很少用;哈密尔顿习惯用"while",而麦迪逊总是用"whilst"。两位统计学家将哈密尔顿和麦迪逊的风格与署名为 Federalist 的文章进行对比和检验,最后确定麦迪逊是真正的作者,从而结束了长期的争论。

数学方法也能用来处理语言问题,很难想象吧? 如果我告诉你柏拉图的35篇对话、6篇短文和13封信件写作的时间年表,千古疑案《红楼梦》后40回的作者归属,武侠大师古龙和金庸的作品风格差异……也可以利用数理统计方法进行研究,你是否就有点儿跃跃欲试了呢? 那么究竟如何操作呢? 答案就在《语言学中的数学方法》这本书中。本书的作者 Barbara H. Partee、Alice ter Meulen 和 Robert E. Wall 都是语言学家,第一作者 Barbara H. Partee 更是国际上资深的蒙塔鸠语法(Montague grammar)研究专家和形式语义学(formal semantics)奠基人之一。Barbara H. Partee 和 Robert E. Wall 此前都出版过相关著作。本书的译者冯志伟先生是极为罕见的跨学科奇才,从研究生毕业论文"数学方法在语言学中的应用"到《数理语言学》再到《语言与数学》,先生对"语言学中的数学问题"进行了持续的艰苦探索并取得了国内外学术界的极大认可。这样强大的卡司阵容,使得《语言学中的数学方法》成为目前这个领域最有影响、最优秀的英文著作。

本书完全是从语言学角度来讲述数学的,特别适合那些想学习语言学中的数学方法的语言学专业教师和学生。全书包括 A、B、C、D、E 五篇。A篇讲述集合论,B篇讲述逻辑和形式系统,C篇讲述抽象代数,D篇讲述作为形式语言的英语,E篇讲述形式语言、形式语法和自动机。你可以从 A 篇开始,一篇一篇地仔细阅读,反复推敲,逐步深入下去,就可以升堂入室,了解到语言学中使用的主要数学方法。本书大多数章节的后面都有练习,书末附有练习的答案。这些独具匠心的安排,不仅便于你深入理解本书的内容,还可以帮助你把数学的概念应用到语言学的研究中去。

美国语言学家 L. Bloomfield(布龙菲尔德)说:"数学不过是语言所能达到的最高境界";法国数学家 J. Hadamard(阿达玛)说:"语言学是数学和人文科学之间的桥梁。"你看,无论是语言学家还是数学家,都已经深刻感受到了语言学和数学的紧密联系。心动不如行动,快捧起《语言学中的数学方法》,运用其中的方法让你的语言学知识和数学知识来一次亲密接触吧。

(撰写人:冯敏萱)

(五) *Pragmatics* 导读

英国著名剧作家萧伯纳到莫斯科旅游,在街上遇到了一位聪慧的小女孩,十分投缘,便站在街头天南地北地和她聊了很久,临分别时,萧伯纳说:"回去告诉你妈妈,今天你在街上和世界名人萧伯纳聊了很久。"小女孩看了一眼,也学着他的口气说:"回去告诉你的妈妈,你今天和漂亮的苏联小姑娘安娜聊了很久。"智慧的语言如此有魅力,这就是语言的运用!也许你深知说话之道,可是你知道这其中包含的"语境、意义、指示、话轮、言外之意"等语用学概念吗?《语用学》这门课程不是教你如何学会说话,而是让你学会使用语用学的主要理论原则及方法来研究、审视语言交际中的各种现象和问题。

语用学自 20 世纪 70 年代末在欧洲兴起以来,已发展成为语言学研究中一个成熟的、相对独立的分支。对于这样一个舶来品的理论,我们自然要看看原版书籍。乔治·尤尔(George Yule)的《语用学》就是作为语言学和相关专业的一本入门教科书。作者原是美国路易斯安那州立大学的语言学教授,现定居夏威夷,继续坚持学术创作。代表性作品还有《语言研究》(*The Study of Language*)、《如何教授英语语法》(*Explaining English Grammar*)。

作者用通俗简要的语言,较为系统地论述了语用学的主要研究范畴,指称与交际距离(deixis and distance),所指与推理(reference and inference),前提与蕴涵(presupposition and entailment),合作与含义(cooperation and implicature),言语行为与言语事件(speech acts and events),礼貌与交往(politeness and interaction),会话与优选结构(conversation and preference structure)以及话语与文化(discourse and culture)。此外,书中还介绍了一

些研究范畴基础上衍生的新理论,如在"礼貌与交往"一章中,作者不仅概述了"礼貌原则",还详细介绍了 Brown & Levinson(1987)的"面子"理论,并且将"积极礼貌"现象视为一种"亲和策略",而将"消极礼貌"视为"敬畏策略"。作者认为会话中"前置系列"的使用实际上也是说话人的一种礼貌策略。在"话语与文化"一章中,作者在简述了语言的三大元功能的基础上讨论了话语分析和语用学的相互关系及差异,并介绍了"图式"(schema)、"框架"(frame)、"知识结子"(script)、"文化图式"等概念;书中"跨文化语用学"、"对比语用学"和"语际语用学"的探讨,认为上述研究的重点在于揭示不同文化背景的说话人和受话人的语用口音的不同特征,以保证跨语交际的成功。

该书的"名著节选"部分,所选的 24 篇名著片断均出自当代语用学名家之手,如 C. Fillmore、G. Gazdar、P. Grice、J. Searle、G. Leech、P. Brown and S. Levinson、H. Sacks 和 J. Thomas 等,这一部分对于初次涉猎语用学的同学们很有参考意义。作者在每个节选之后都列了若干个思考题,用于课堂讨论。同学们不仅可以直观地了解语用学名家的论点,而且为进一步的深入研究提供文献的参考。

该书的"术语解释"部分是对本书中出现过的专业术语的简明扼要的解释,并注明每个术语在书中出现的页码,方便大家进一步查阅。

作为一本导论性质的语用学著作,因为出版时间所限,步伐跟不上时代,自然无法讨论近年来较受人们关注的语用学研究的热门话题:如关联理论,话语活动类型,话语角色类型和语用模糊以及语用学的应用问题等。不过这并不妨碍它成为一本入门级的英文原版教科书。

(撰写人:章婷)

(六) *Metaphors We Live By* 导读

要进入"语义学"之门,有一个人是需要我们仰视的,那就是乔治·莱考夫(George Lakoff),24 岁获得语言学博士学位,哈佛大学任教。32 岁发表第一篇认知语言学论文,成为认知语言这门学科的创始人之一。挑战语言学泰斗乔姆斯基,引发了语言学界的一场"战争"。美国前民主党主席霍华德·迪恩竞选总统时的"语言教练",加州大学伯克利分校教授,国际认知语言学协会主席。头衔甚多,著述颇丰,其中《我们赖以生存的隐喻》被译成几十种文字,在各国语言学界广为传诵;《道德政治》是霍华德·迪恩参加 2004 年总统大选时使用的竞选指导手册;《别想那只大象》则被认为是美国进步派的基本指南。《女人、火与危险事物——范畴所揭示之心智的奥秘》(*Women*, *Fire and Dangerous Things*: *What Categories Reveal about the Mind*,1987)更是一本语义学经典著作。

《我们赖以生存的隐喻》被看作是对隐喻认知研究的新纪元。本书围绕隐喻这一概念将内容分为30个小章节,书中有一些概念非常具有理论意义。如:结构隐喻、本体隐喻,以及实体隐喻,最典型和最有代表性的是容器隐喻。作者研究隐喻,原打算对现有理论作一番修补。但当真正开始深入研究时,却在其中发现了解答一些哲学根本问题的途径。例如,在语言哲学著述中,人们最常谈论的是"意义"(meaning),但这些议论很少和"富有意义"(meaningfulness)相联系,而隐喻恰恰是联系两者的捷径。阅读本书我们可以感悟到,莱考夫和约翰逊不只想探究隐喻,他们想通过对隐喻现象的研究彻底改变传统认识论,改变整个西方哲学传统中占统治地位的"客观主义的神话",其批判的矛头直指西方思想的核心主张——绝对真理:"我们不相信有客观的(绝对的和无条件的)真理这样的东西。"

该书在很多方面有独到而远见之处。一是认为英语是一种思维方式——隐喻概念体系(metaphorical concept system)。作为人们认知、思维、经历、语言甚至行为的基础,隐喻是人类生存主要和基本的方式。二是对西方哲学及语言学"语义"理论提出了挑战,强调人们的经验和认知能力(而不是绝对客观的现实)在语义解释中的重要作用。作者提出了"经验主义语义观",认为没有独立于人的认知以外的所谓"意义",也没有独立于人的认知以外的客观真理。三是阐述了人类隐喻认知结构是语言、文化产生发展的基础,而语言反过来又对思想文化产生影响的互为参照的观点,论述了语言形式与意义的相关性、词义发展的理据性及语言与思维的不可分割性。

该书以人类隐喻认知结构为基础研究语言,用大量的语言事实证明语言与认知能力的密切相关性与系统性。语言研究不仅是对客观的真值条件的描述,还必须参照主观对客观的经验及人的隐喻概念体系,这充分说明了人的认知能力对语言研究的重要性,这一结论为认知与语言学的发展奠定了坚实的基础。

阅读此书,你会发现"隐喻"的确是抓住语言奥秘的利器!

(撰写人:章婷)

(七)*Syntactic structures* 导读

当你看到幼儿咿呀学语,当你自己在学习英语或其他语言的时候,你是否有过这样的疑问:我们所说所学的语言到底是什么？为什么我们能学会语言？我们是如何学会语言的？正确合理的句子是如何形成的？这便是乔姆斯基学派所思考的基本问题。基于这样的思考,乔姆斯基创立了著名的转换生成语法(Transformal-Generative Grammar,TG)。该理论是当今欧美语言学理论中最有影响的一种,它猛烈地冲击了当时在美国占主导地位的结构主义描写语言学,被誉为一场"乔姆斯基革命",而且它甚至还影响到语言学之外的数学、哲学、社会学、心理学、神经生理学、计算机科学等广大领域,对这些领域的发展起到了不可抹杀的作用。

现在你是否很想了解一下转换生成语法是一种什么样的语言理论？这就要从乔姆斯基1957年出版的《句法结构》说起。这本书的出版,标志着转换生成语法的诞生！它所提及的语言理论,是乔姆斯基转换生成语法第一阶段古典理论的集中体现,也是乔姆斯基最为著名的理论。这本书很薄,但你千万不能小瞧它,它就像语言学领域里一枚绚烂的礼花,不仅照亮了本领域,也赋予相关其他领域以耀眼的光芒。

20世纪50年代,理性主义重新兴起,计算机科学、信息论、数理逻辑以及认知心理学等学科获得发展。在这样的背景下,精通语言学、数学、哲学的乔姆斯基,对以经验主义和行为主义为基础的结构主义描写语言学越来越不满意。他在《句法结构》一书中把语言学研究和数学、现代数理逻辑结合起来,关注语言的创造性和物理属性,认为语言学与自然科学中的其他学科一样,可以从假设出发,进行推演并形式化。他第一次把语言研究定位在语言理论的构建上,阐述了建立一种语言学说,而不只是建立一种语言的描写程序的重要性。他把句法关系作为语言结构的中心,论证了语法的生成能力,认为应该把语法看成是能生成无限句子的有限规则系统。他提出了转换语法的模式,认为该模式才能生成所有合乎语法的句子而不会生成不合乎语法的句子,其模式包括短语结构规则、转换规则、语素音位规则三套。从此语言学研究开始了至少五项转变:研究对象由语言转为语法,研究范围从语言转为语言能力,研究目标从观察分类描写转为解释,研究方向从处理语言素材转为评比语法假设,语言研究的哲学基础从经验主义转为理性主义。

因此《句法结构》在理论基础和方法论等多方面都突破了原来的模式,开创了语言学研究的新思路,给我们展现了一个与之前不一样的语言研究世界。当然《句法结构》代表的转换生成语法也并不完善,如与语义脱离,转换规则过于强大,没有考虑到具体语言的具体状况等。乔姆斯基本人也在之后的不同阶段对其进行了修订(转换生成语法至今已经历了五个阶段),但这并不能抹杀该书的开创性作用!

如果你对语言学感兴趣,要想跟上当今语言学发展的步伐,要想进入语法学这个绚烂的领域,那么《句法结构》会给你打开一个瑰丽的世界!当然,该书中采用抽象的演绎法建立起来的生成语法体系,理解起来并不容易,但不要怕,这就像爬山,当你真正征服了这座高山,剩下的丘陵便都在你的脚下,而且它会为你攀登更高的山峰打下基础!

(撰写人:刘林)

(八)《构式:论元结构的构式语法研究》导读

"老师就是老师/领导就是领导/孩子就是孩子/研究生就是研究生",这些结构,乍看好像是毫无意义的堆砌和重复,仔细推敲,原来发现并非如此,表层结构相似性的背后隐藏了一个共同之处,就是都表示强调义,都表达说写者对事物某一特征的主观认识和评价。为什么由"就是"相连接两个相同的名词形成的结构却可以表示强调义?是不是所有的名词都可以进入这个结构?对能够进入这一结构的名词有何限制条件?要想解开这一语言现象的神秘面纱,我们需要求助于构式语法理论。

构式语法理论是 80 年代末兴起的,基于认知语言学理论形成的语言研究方法。其中阿黛尔·格林博格(Adele E. Goldberg)的《构式:论元结构的构式语法研究》(Construction: Grammar Approach to Argument Structure)就是该理论的代表之作。该书中关于构式的相关理论,不仅给语言学的研究送来了清新的空气,也让我们在百思不得其解的困惑中突然有一种柳暗花明的感觉。

构式语法脱胎于认知语法,是对形式语法的悖逆,在本质上仍然属于认知语言学的范畴,但是目前构式语法已经具有独立作为语言研究范式的特征,在一定意义上,已经自立门户,成为独立的研究流派。构式语法强调构式的形式或意义,都不能完全由这个构式的组成成分或另外的先前已有的构式推知。与形式语法,特别是与转换生成语法相比,在研究方法、研究思路等诸多方面迥然不同。尤其是构式语法不主张靠有限的基本规则或参数推导出全部现实语言的普遍语法,也不强调人类普遍具有的生成合乎语法句子的语言能力,而重视语法知识的非规则和特异性方面,重视人们对语言知识的学习或习得过程。构式语法尤其是对语言中的一些特殊结构拥有超强的解释力。

该书除序言、注释和结语外,共包括9章内容。第1章绪论主要涉及构式的概念、构式语法简介、词汇语义规则、构式语法的优点、词汇规则的传统动因。第2—3章讨论了动词和构式的互动和构式之间的关系。第4—5章讨论了联接和部分能产性问题。如果你以为该书中都是抽象的理论介绍,那就错了。文中的第6—9章利用具体鲜活的实例,结合英语中的双及物构式、致使—移动构式、动结构式以及way构式等,介绍了构式语法的使用方法、优点、构式和其成分之间存在什么关系、构式之间的关系等,也让我们领略了构式语法强大的解释力。

该书中还提出了很多富有影响的观点,令人耳目一新,为当前的语言研究提供了新的视角。如构式的整个形式和意义(或功能)并非各个构成成分的形式和意义简单相加,因此不能根据构成成分推知构式的形式和意义的全部。构式语法主张对句法的考察不能脱离语义和语用。书中认为"微妙的语义和语用因素对于理解语法构式所受到的限制是至关重要的。构式具有层级性,但各层级形成一个完整的、具有高度统一性的体系。构式之间的共同点构成这些构式之间的共性,这些共性本身又是构成另一构式的基础,构式的特性通过承继关系传给更加具体的构式。但是构式的范围非常宽泛,从语素到复句都是构式,如此一来,语法就成了构式的"清单",这样就等于取消了组合的规则,特别是抹杀了句法层面上构式与构式之间的相关性。

构式语法尽管还有很多争议,毋庸置疑,为语言研究打开了一扇新的窗户,给我们吹来了一股清新的空气,阅读该书,定能让你欣赏到窗户外面的美丽风景。

(撰写人:孙道功)

(九)《欧美词汇语义学理论》导读

如果语义学是一座大厦,词汇语义学和句法语义学就是构成这座大厦的两个支柱。如果你认为词汇语义学就是研究词义的扩大、缩小和转移,那就错了。该书作为第一本欧美词汇语义学理论的综合性和纲领性专著,将会带领你一览词汇语义的壮阔风景。

该书基于理论语言学和描写语言学的立场,全面回顾了欧美词汇语义学的历史发展,详尽评述了历史语文语义学、结构主义语义学、生成语义学、新结构主义语义学以及认知语义学这五大传统,并进一步展望了词汇语义学的研究前景。该书不仅填补了欧美词汇语义学发展史的研究空白,提供了欧美词汇语义研究思想的编年史式的记述、里程碑式的论著以及主要人物的介绍,而且阐述了欧美词汇语义学发展演变的背景及其动力。

该书作者吉拉兹,现任比利时卢纹(Leuven)大学文学院教授,1981年获得语言学博士学位,1993年起任卢纹大学文学院理论语言学教研室主任。吉拉兹教授对语言学的诸多领域都有涉猎,尤其在词汇语义学、词汇学和词典学领域更是卓有建树。总体而言,其研究倾向于认知语言学立场,强调语言分析的实验方法,同时关注语言的社会变异和历时变化。

该书除了译序、导论和结论外,包括五章内容,分别是:第一章,历史语文语义学。内容包括词汇语义学的诞生、历史语文语义学的意义观、语义变化的类型研究、历史语文语义学的超越。第二章,结构主义语义学。内容包括结构主义的意义观、词汇场理论、义征分析方法、关系语义学、结构主义语义学的超越。第三章,生成主义语义学。内容包括卡茨语义学、生成主义语义学中的紧张关系、生成主义对语义学的超越。第四章,新结构主义语义学。内容包括新结构主义的释义分解方法和关系语义研究。第五章,认知语义学。内容包括典型性和凸显、概念隐喻和概念转喻、理想化认知模式和语义框架、词语用法及语义变化、基于语境的认知语义。

在章节结构安排上,除了综合考虑内容归类和时间分布等特点外,还有一个特色就是在每一章节的最后,都附有一张拓展阅读的清单。拓展阅读不仅列出了章节正文涉及较少没有展开论述的专著和论文,还有正文中没有提及的部分专著或论文。拓展阅读不仅为读者进一步了解和深化章节内容提供了参考,也为读者对内容的多样化解读提供了思考的空间。

该书中精彩的段落或观点随处可见。如"生成主义语义学把结构主义的基本描写原则与两个创新特征结合起来,重新燃起了对语义心理现实性的兴趣,将词汇语义的描写融入到形式语法中"(第三章)。认知语义学以语境化的方法取代了在语言内部隔离语义的结构主义传统,并且以不同的语境背景,如心理学、语言使用,以及更广泛的文化和历史背景来审视自然语言的语义(第五章)。结论认为:依据历史演化循环论,认知语义学是历时语文语义学所关注的基本问题和基本概念的回归。繁复主义方法和简约主义方法之间的紧张状态,是词汇语义学发展中的分水岭。这一立场的差异,其实与若干相对立的观点密切相关:用法和结构之间、语用和语义之间、语境和语言系统之间、灵活性和稳定性之间、认知和意义之间。

词汇语义学的全部历史,一言以蔽之——结构主义的去语境化过程,认知主义顺应再语境化的大势继续前行。在某种程度上,这也是描绘现代语言学史的宏观模式。阅读该书,不仅可以让你们欣赏到欧美词汇语义学发展的"壮丽诗篇",也可以沿着作者提出的思路更上一层楼,欣赏到山顶更美的风景。

(撰写人:孙道功、李葆嘉)

(十)《汉语非线性音系学》导读

何为音系学?研究语音系统的学问也。我们学习普通话必备的《汉语拼音方案》,即是以现代音系学理论为基础制订的。要讲清南京人 n 和 l 不分、苏州人 in 和 ing 不分的问题,也需要音系学出场来解决。

现代音系学的发展大致经历了两个重要阶段:20 世纪前半叶的结构主义音系学和后半叶开始的生成音系学。本书作者王洪君先生曾师从西方音系学名师 Halle 教授。Halle 就是那位与 Chomsky 合著《英语语音模式》(*Sound Pattern of English*,简称 SPE)的生成音系学先驱。王先生又有深厚的汉语普通话和方言研究的背景,西方的音系理论用到汉语上,也不是简单的生搬硬套。读本书,你将有如下收获:第一,关于当代音系学的发展脉络。生成音系学的来龙去脉,如何发展到非线性音系学阶段,以及非线性音系学那些饶舌的理论名称,在你读完第一章之后就会迎刃而解。第二,关于非线性音系学的研究方法。名称重要,方法更重要。本书采取了类似案例教学的模式,通过大量的语言实例来指导你学会音系分析和解释的方法。在语言的海洋里穿梭——音系学之旅会让你感到一点紧张和压力,但规则会指引你上岸,你的游泳本领也会随着阅读的进展一点点提升。第三,关于普通话和汉语方言的音系认知。本书在非线性(即多层线性)音系学的视角下讨论了汉语的单字音与派生音的性质不同,普通话及方言中儿化、双声叠韵、连调、轻声等多种语音构词法的共时和历时表现,现代汉语各级句法韵律单元的特点及其与语法语用层面的关联等。新的视角会刷新你对普通话和方言音系原有的认知,一定会给你带来启发。读完之后,或许你也跃跃欲试,想来分析一下你的家乡方言!

本书的妙处在于用西方音系学理论解释汉语音系问题,但又并不囿于理论本身,而是有所生发,为作者本人的理论张本。他山之石,如何攻玉,值得我们学习和借鉴。《汉语非线性音系学》初版于1999年,2003年又出了增订版,增加了16万字的篇幅。记得阅读增订版。

读完本书,如果你还不过瘾,既可以上溯,读读古典音系学的《广韵》《韵镜》等音韵学著作;也可以继续前行,了解一下时下流行的优选论等音系学理论。

(撰写人:宋益丹)

(十一)《语音学》导读

作者朱晓农,生于1952年,浙江乌镇人,澳大利亚国立大学博士毕业,现为香港科技大学人文学部教授,主要从事演化音法学、语音学、音韵学研究。

朱晓农教授长期致力于语言研究新方法的探索,特别是对语音实验方法的重视,提倡将实验与数学的方法融入历时语言学中,研究语音的变化,这是他倡导的演化音法学的核心思想。近十几年来,他将实验语音学的理念运用到汉语音韵学的研究当中,发表了相关系列的论文和著作,相继提出了"实验音韵学"、"演化音法学"的概念与体系,对汉语音韵学、汉语语音学的研究都产生很大的影响。

其主要代表专著有:

1.《北宋中原韵辙考》,语文出版社1989年版

2.《上海声调实验录》,上海教育出版社2005年版

3.《音韵研究》,商务印书馆2006年版

4.《方法:语言学的灵魂》,北京大学出版社2008年版

5.《语音学》,商务印书馆2010年版

另外,他还在 Journal of Chinese Linguistics、《中国语文》、《语言研究》、《方言》、《民族语文》、《语言科学》等权威核心期刊上发表论文百余篇。与语音学相关的代表性论文主要反映在元音链变与言语发声体系的研究上,代表作有:

1.《汉语元音的高顶出位》,《中国语文》2004年第5期

2.《元音大转移与元音高化链移》,《民族语文》2005年第1期

3.《证早期上声带假声》,《中国语文》2007年第2期

4.《入声演化三途》(合作),《中国语文》2008年第4期

5.《嘎裂化:哈尼语紧元音》(合作),《民族语文》2008年第4期

6.《弛化:探索吴江次清分调的原因》(合作),《中国语文》2009年第4期

7.《发声态的语言学功能》,《语言研究》2009年第3期

8.《全浊弛声论:兼论全浊清化(消弛)低送高不送》,《语言研究》2010年第3期等

其他著作目录可参看"百度百科·朱晓农"。

《语音学》由商务印书馆2010年出版,系统地介绍了语音学的各分支体系,是继《实验语音学概要》(吴宗济、林茂灿主编,1989年高等教育出版社出版)之后,对语音学研究进行探索的一部力作,特别是对发声态研究的系统介绍,是本书的精华部分。

全书共有十一章,涉及语音学的各个体系,主要包括四部分内容:

第一部分:语音的声学基础(第二章)

第二部分:语音的发声机制(第三章)

第三部分:语音的调音机制(第四、五、六章)

第四部分:语音的气流机制(第七章)

除此以外,作者还就元音、声调进行了专章的阐释,并且就汉语音节性的典型特征进行了讨论,提出了"音节学"的概念。

第一章"绪论"。本章着重于"语音学"概念的介绍,比较了"语音学"与"音系学"的异同,比较了"语音科学"与"语言学中的语音学(LP)"两个科学体系,本书的"语音学"即为后者。语音学旨在对语音的自然性质的研究,主要包括生理、物理、心理三个分支部分;音系学研究的是语音的社会性质,包括音位系统、音位变化、语音的空间分布等内容。语音科学涵括内容十分广泛,包括语音工程、语音病理、语音与大脑、语言学中的语音学等多个范畴,是广义的语音学;语言学中的语音学是狭义范畴,作者认为它是在语言学的框架下,研究人类语音的生理、声学、听感、组织和功能、分布与格局、自然演变六个方面的内容。由于语音学跨学科的性质,实验与数学应是其基本研究手段。本章还介绍了人类发音的基本步骤,比较分析了三个语音单位:音段、发声态、超音段,音段是调音单位、发声态是发声单位、超音段是韵律单位。此外,作者对国际音标的使用也作了基本说明,并根据汉语和少数民族语言的特点,对通行的国际音标进行了若干补充。以上做法都是十分有益的。

第二章"声波"。本章是对语音的声学基础的简介,语音的声学形式即

声波。首先介绍的是波的性质。声波是由机械振动产生的、以空气为传播介质的纵波形式。通俗地说,就是空气中的粒子受到声源的作用,产生疏密变化,引起空气压力变化的物理现象。物理学上通过模拟圆周运动,近似地描写空气粒子的钟摆式运动。声波研究的首要任务就是运用适当的方法将这种运动与压力的变化表示出来。人类的声音是典型的复合波形式,通过对空气粒子位移的抽象描写,运用正弦波(或余弦波)的形式分解复合波,数学工具是傅里叶分析。描写正弦波有两个基本声学参数:频率与振幅。频率即周期的倒数,振幅即粒子的位移量。复合波由若干正弦波叠加而成,每一个复合波都有一个基频,基频由振幅最大的成分波的频率决定。其次,语音学上通常用"音高、音强、时长、音色"四个概念来描写语音的声学性质,又叫做语音的四要素。音高即基频,指声音在单位时间里运动的次数或快慢的变化;音强指声音的强弱,物理上指声音振动的幅度,听觉上以声压级表示;时长即声音的长短;音色又叫音质,指声音的特质,物理上指正弦波的复合度,即复合波的特点。除声源振动以外,共振系统是语音产生的另一个重要因素,即共振腔的作用,特别是对元音音色的描写,共振特点是最基本的依据。共振腔包括口、鼻、咽腔。就语音大类来说,包括准周期波、组合波(准周期波加准随机波)、准随机波三类言语声波,分布于元音、辅音两大语音类型,两者的生理区别在于上声道内有无阻碍的产生。语音学上研究言语声波,首先需要对语音信号进行采集,目前代表性的录音和分析软件是 Praat(www.praat.org)。采录参数一般是:44100 Hz 采样率,16 位采样精度,单声道。语音软件通过语图来呈现语音信号的特征,最主要的是两类语图:波形图与声谱图。波形图显示声波振动的幅度与频率等特征,声谱图是时域、频域与强度的三维谱,又分窄带图与宽带图。关于语图学习,如果有兴趣,可阅读 Praat 的帮助文件。

  第三章"发声态"。本章是本书的精华部分。作者对语音的发声部分进行了详细的介绍,并建立了自己的发声态系统。发声态指的是发音时声门(主要是声带)活动的各种状态。作者提出了六类十二种音节学发声态:1. 假声。2. 张声:又分前后两种,如前喉塞、喉塞尾。3. 清声:包括不送声与送声。4. 僵声:分强中弱三类,弱为僵声、中为嘎裂声、强为喉堵声。5. 浊声。6. 弛声:分强中弱三类,弱为音节的软化,中为声母弛化和韵母气化、强为声母浊送气和韵母气化。作者注意到,在以往的汉语语音学研究中,发声态没有受到足够的重视。作者从音节学的角度剖析了发声态的理论架构,是本书重要的创新点。作者主要从生理特征对发声态进行了描写和分析,其中清声、浊声、弛声对汉语语音的变化较有意义,相关论文请见导读第一部分。

  第四章"调音部位"。本章至第六章,作者着重介绍了发音的调音功能。调音指对上声道进行调节,控制上声道的形状和大小,产生不同的共振效果,以调制出不同的音色。学习调音要从两个方面加以理解,一为调音部位和动作,二为调音方式。调音部位,传统又叫"发音部位",包括被动部位与主动部位。被动部位主要指齿唇区、龈区与腭区(硬腭与软腭),可调制出唇音、齿音、腭音等;主动部位主要指舌,包括舌前部、中部与后部,传统概念有舌尖、舌叶、舌下、舌面与舌根,另外下唇也是主动部位之一,声带有时也被看作特殊的主动调音器官。调音动作有动态与静态两层含义,前者指连续的调音过程,后者指调音过程中的某个静态点,又叫调音静姿,特别对辅音来说,调音静姿有重要的区别意义。调音部位与动作能有效地对各种不同音色的音段进行区别性描写,尤其是辅音,辅音虽种类繁多,但在调音过程中都有细微区别,学习这部分内容时,需要结合发音练习,琢磨调音部位与动作的特点。

  第五、六章"调音方式(响音与阻音)"。本章与第六章,介绍的是关于辅音的调音方法。根据调音方法的不同,辅音分为两大类:响音与阻音。所谓响音指无准随机波但有声道阻碍的音,有准随机波也有声道阻碍的是阻音。响辅音实际是听觉概念,听觉上响度较大,容易感知。一级分类包括口音与鼻音,其中鼻音相对简单,口音则可以继续加以分类,常见的响音有鼻音、边音、拍闪音、颤音和近音。其中近音的概念为作者首创。最常见的阻音有擦音与塞音两大类,从气流机制看,又可分为肺部气流音与非肺部气流音,前者如爆发音、塞擦音等,常见于汉语;后者如内爆音、喷音等,多见于少数民族语言中。作者用了两章的篇幅,依次对这些响音、阻音的生理特征和物理特征进行了详细的描写,但过于细致,不利于掌握,学习时可利用 Praat 软件进行语图的比较,是较好的学习方法之一。

  第七章"气流机制"。气流机制是语音产生的三个基本机制之一,属发音动力范畴。人类语音的动力大多受肺部气流的控制,因而肺部气流音较为常见,而非肺部气流音少见。汉语普通话中各种常见音段,都是肺部气流音。非肺部气流音日常中如咂嘴声、唤鸡声,专业上如内爆音、喷音等,本章着重于非肺部气流音的介绍,作者对此有不少独到的研究,专业性强,不易掌握,本科同学阅读时可不必深究。

第八章"元音"。元音是人类语音的核心音段,也是语音学研究最为深入的一个分支对象。举例来说,bag,感知度最高的是元音 a。如果以音节为框架,元音常常充当音节核成分。因此元音是对人类语音认知、研究的最佳、最易切入点。理解元音的性质,可分别从生理与声学的两个角度入手。生理上,大多数的元音与舌的调音特征相关,其主要生理参数是舌位的高低、前后以及唇形的圆展,语音学家通过模拟实验得出了元音生理舌位图。利用元音舌位图来描写不同音色的元音,是最有效的方法之一,如前后元音、高低元音等。与国际规范的元音舌位图不同,作者根据汉语的特点,在舌位图上增加了四个舌尖元音。

声学上,20 世纪初以来,语音学家逐渐发现可以利用共振峰的概念来区别元音的音色,其中最重要的是第一共振峰(F1)与第二共振峰(F2)。如何理解共振峰?简单地说,人类的共振腔相当于一个过滤器,将与声源的基频呈倍数关系的频率放大(即振幅变大),而过滤非倍数关系的频率,被放大的频率就构成了共振峰,方法上可通过声谱的窄带图和宽带图加以观察。对某一具体语言来说,通过对前两个共振峰数值的提取,可以得到该语言的声学元音图。声学元音图与元音舌位图一样,可以有效地区别出不同音色的元音,两者在空间分布上有较明显的对应关系,如前后元音 F2 区别明显,高低元音 F1 区别明显。除此以外,在元音的调音中,会产生一些更为复杂的情况,即元音的附加特征的出现,如鼻化、日化、擦化等,这些特征往往是促使语音变化的重要因素。

元音可根据不同的角度,进行更为细致的分类,如单元音、复元音、鼻化元音、擦化元音、舌尖化元音、咽化元音、日化元音、气化元音、长短元音、松紧元音等。如何从生理、声学等角度描写这些元音,是语音学的重要研究内容。复合元音在汉语中较为常见,根据音段的数量,有二合元音与三合元音;根据响度,有前响、中响、后响复合元音,但性质各异,作者对此也有自己独到的解释,可兹参考。

第九章"声调"。声调是汉语的典型特征之一。声调在物理学上的性质即基频,音系学上把能够区别意义的基频或音高叫做声调。从语音学上去研究声调,实际是对音高变化的研究。五度制标记法是声调描写的有效方法之一,由著名语言学家赵元任首创,如普通话中四声的调值可描写为:55,35,214,51,记录的是相对音高。这种方法范围较宽,任意性偏强,描写难以做到准确,有一定的缺陷。本书作者提出了自己的一套描写方法:分域四度制,如分高域、中域、低域,每域四度。作者认为声调本质上属发声态范畴,声调描写应充分考虑发声态特征。由于不同语言的声域可能存在一定的差异,可以通过分域的方式加以区别,这种方法较五度制描写法,考虑到言语发声的复杂性特点,有较强的创新性。

第十章"音节学概要"。汉语是音节型语言的代表,作者认为音节学就是基于音节的音系学。这是作者基于汉语事实的考虑而提出的个人见解。但也可以看出,本章所谓的音节学是音系学范畴,反映出作者对于语音学方法应用于汉语研究的思考。阅读时可不作为重点。

本科同学阅读本书时,可以只读第一至第六章,第八、九章作为提高阅读部分,第七、十章作为延伸阅读部分。

(撰写人:吴波)

(十二)《心理学与生活》导读

作为语言学专业的本科生,除了学习语言学的相关理论外,还需要进一步了解人类头脑是如何对语言进行加工的。语言加工作为高级心理过程,涉及知觉、注意、记忆等认知过程,对语言加工过程的深入探讨必须跨学科地掌握认知心理学的相关知识。认知心理学作为心理学专业高年级学生的必修课程,讲述了知觉、注意、记忆以及语言等不能观察的内部机制和过程,包含了大量的理论模型和论证实验,内容较为抽象。对语言学专业学生而言,由于缺乏一定的心理学基础知识,对知觉、注意、记忆的概念和基本规律都不曾了解,直接学习这些认知过程的内部机制是一项十分艰难的学习任务。因此,向大家推荐认知心理学课程的扩展阅读书籍《心理学与生活》。

《心理学与生活》是美国斯坦福大学多年来使用的教材,也是在美国许多大学里推广使用的经典教材,被 ETS 推荐为 GRE 心理学专项考试的主要参考用书,还是被许多国家大学的"普通心理学"课程选用的教材。该书作者是美国斯坦福大学的心理学教授、当代著名心理学家、美国心理学会主席菲利普·津巴多(Philip G. Zimbardo)。该书再版 18 次,被众多国内大学心理学专业的教师作为专业导论课程的参考书。作为一本包含着丰富的教育思想和独特教学方法的成熟教材,原书中所有元素——如由 600 余条词汇及解释组成的"专业术语表",2000 余条"参考文献",以及近 1000 条的"人名和主题索引"等,对于教学、研究和学习都十分宝贵。

重要的是,这本教科书写作流畅,通俗易懂,深入生活,把心理学理论、知识与人们的日常生活及工作相联系,利用生活中的具体经验,帮助读者理解抽象复杂的心理过程,使它成为一般大众了解心理学的入门读物。该书包括十五章,从生活中的心理学、心理学的研究方法、行为的生物学基础、感觉、知觉、心理意识和其他状态、学习与行为分析、记忆、认知过程、智力与智力测验、人的毕生发展等方面介绍了心理学的基本知识。另外,该书配有电视教程《探索心理学》(Discovering Psychology),为大学、高中课堂及成年学习者介绍心理学的视频教学系列,共 26 个半小时,是美国心理学电视教程中的经典。

建议学习《认知心理学》课程的同学,重点阅读《心理学与生活》和王甦老师的《认知心理学》中的共有章节。通过《心理学与生活》生动有趣的讲解,掌握各项认知过程的概念和认知规律,并通过电视教程观看心理学的经典实验,更加直观地感受心理实验的过程,为更好地理解《认知心理学》课程中的实验和理论打下基础。

(撰写人:宋宜琪)

(十三)《社会语言学》导读

作者陈原(1918—2004),广东新会人,1938 年毕业于中山大学工学院,1938 年至 1948 年间在新知书店、生活书店、三联书店等任编辑,解放后曾在人民出版社、三联书店、世界知识出版社、中华书局、商务印书馆、文字改革出版社担任领导工作。还曾担任中华全国世界语协会副理事长、中国出版工作者协会副主席、中国语言学会理事、中国翻译工作者协会理事、中国辞书协会顾问、国际世界语协会会员等职务。著有《语言与社会生活》、《社会语言学》、《辞书与信息》、《在语词的密林里》等著作。

20 世纪 80 年代,中国社会语言学的研究成果主要表现在译介和通论两个方面,缺乏以汉语言为基础的较为系统的专题论著。针对这种状态,陈原先生以其深厚的学术功底,推出了这本《社会语言学》,该著是针对现代汉语语言现象,全面探讨汉语与汉语社会关系的著作,发前人之所未发,获得了学界的强烈反响,并因此成为中国社会语言学的拓荒之作。1980 年陈原先生还写了一本小册子《语言与社会生活》,《社会语言学》是这本小册子的续篇和发展。该书出版至今已30余年,影响深远。

全书不含绪论一共十六章。前三章作者提出该书研究的三个出发点:语言是一种社会现象、语言是人类社会最重要的交际工具、语言是人的思想的直接现实;第四章,作者从信息论角度阐明语言作为一种信息载体在社会交际活动中的作用;第十章、第十一章,是作者在本书开头就指出的两个重要研究领域,一是"从社会生活观察语言变化",着力探索社会生活的变化引起的语言诸要素的变化,二是"从语言变化探究社会生活的图景",主要从语言诸要素的变化探究社会诸因素的变化。除此以外,该书还对"语言的模糊性与模糊语言"做了探讨,指出语言模糊性是普遍存在的,以及语言模糊性在交际中的重要作用。"语言的相互接触"一章,作者一方面从引进与贷出两个角度分析了汉语引进的借词,及由汉语出借到其他民族的语词;另一方面从语言接触史的角度,分析了汉唐及近代这两个时期的借词,并指出语言接触的文化背景及对社会现实的反映。另外,该书对手势语言和"原始语言"、"阶级语言"、"术语和缩略语的社会作用"、"塔布和委婉语词"、"语言感情和国际社会"等也做了精彩分析,观点独到深刻。

该书内容丰富,范围广泛,涉及社会语言学大量的课题。该书紧扣时代,考察了急剧变化的时代对语言的影响,用语言事实论证了社会对语言的影响。该书语言深入浅出,十分适合对社会语言学有兴趣的初学者阅读。

(撰写人:尹群)

(十四)《神经语言学》导读

我们在说话时,是如何将一个想要表达的念头转化为扩展的、外在的言语的?我们在听别人讲话时,又是如何将语流的声波转化为意义的?毫无疑问,这两个复杂的过程都各自包含了一系列的加工活动。那么,如何验证这些加工的存在?这涉及科学研究的方法论问题。最直接的办法,是在人产出言语或理解言语时直接观察人脑的活动,然后描述它;但这需要借助仪器,虽然今天我们已经拥有了无创伤的神经科学技术仪器,但这些技术仍然不能提供给我们随心所欲进行人脑观察的可能。在这些无创伤的技术普及之前,研究者是通过什么途径来了解语言和大脑关系的呢?最重要的途径就是实验—病理学的方法,也就是《神经语言学》这本书所采用的方法。

这种方法的核心就是联系脑损伤对语言障碍进行分析。比如有个病人在讲述受伤的经过时说:"这不……前线……士兵们……行军……士兵们……

射击……这不……头部……伤……于是医院……于是就……";而另一个病人想说出"猪"这个词时遇到了极大的困难,"母牛……狗……不对,狼……不对……",这类病人也可能发生这样的错误:"我已经说过啦:腊肠、牛奶、白糖……忘了这些……这怎么说……白的和黑的面包……凉拌菜……葡萄,苹果……而这个忘了叫什么啦……西瓜……不对……"。这两类病人的语言障碍性质不同,前一个病人说出来的是一连串孤零零的词语,缺乏句法框架,绝大多数为表现物体的词,动词很少;而后面两个病人的情况与之呈现对立模式,他们可以说出句子,句子里包含动词,构建句法框架没有问题,但他们找不到需要的词语,主要是寻找表达物体名称的词语时存在困难。前一种语言障碍是组合性障碍,往往是大脑前部区域受损所致;后一种障碍是聚合性障碍,往往是大脑后部区域受损所致。

以上两种障碍都属于言语产出障碍。言语理解时也有不同类型的困难。比如有个病人在理解"房屋在燃烧"、"男孩打了狗"、"女孩喝了热茶"等简单句时没有明显困难,但在回答"父亲的兄弟"是什么意思时,他却无能为力地说:"这就是……兄弟……和父亲……那么两者怎么连在一起的?——我不懂……",他也根本无法区分"父亲的兄弟"和"兄弟的父亲"这类可逆结构;而有些病人的理解困难发生在嵌入句出现时,或者表现出对隐喻、谚语等理解的特别困难。这些病人的脑损伤部位各不相同,产生困难的原因也各不相同,有的是对句法加工的困难,有的涉及短时记忆的问题,还有的与根据具体意义向隐含意义进行推理的能力不足有关。

卢利亚在《神经语言学》一书中举了大量的实例揭示局部脑损伤之后对语言产出与理解各环节带来的后果,分析了不同部位损伤时在语言加工中引起的变化,并试图根据结构主义语言学和生成语言学的理论进行解释。此书是神经语言学领域中开创性的论著之一,虽然目前神经语言学的研究在技术和范式等方面均已发生了很多变化,但对入门者而言,此书仍然是了解该领域一个较好的选择。

(撰写人:梁丹丹)

第五节　应用类经典导读

一、秘书学

[1] [美]埃克丝蕾,约翰逊主编.韦氏秘书手册[M].上海大学文学院中文系,译.北京:中国新闻出版社,1985.

[2] 陈兆祺,和宝荣,王英玮主编.档案管理学基础[M].第三版.北京:中国人民大学出版社,2005.

[3] 闫庚尧.中国公文研究[M].北京:中国社会科学出版社,2008.

[4] 张清明主编.秘书参谋职能概论[M].武汉:武汉大学出版社,2001.

[5] 赵忠利,史玉峤.现代秘书心理学[M].青岛:青岛出版社,2001.

（一）《韦氏秘书手册》导读

《韦氏秘书手册》是美国的行政管理和职业教育专家集体编写的一部秘书工作专著,20世纪70年代中期,由美国以出版工具书闻名于世的韦氏出版公司出版。这本手册,是一本出版较早的秘书学专著,问世于传统、现代和自媒体交互的特殊时期,不仅阐述了秘书工作的职责及秘书工作者应该具备的素质、能力,而且详尽地介绍了秘书工作的各种方法、技术及有关知识,对秘书工作者以及其他行政管理人员都具有较高的参考价值,在美国乃至国际上的同类著作中比较有权威,影响颇为广泛。

《韦氏秘书手册》非常注重秘书的实务操作,共有十四章内容（原书共十五章,其中一章专讲英语语法,与我国秘书工作关系不大,在翻译时被删除）,涉及了秘书的人际交往、统筹安排、打字速记、编辑校对、会务处理、信件处理、综合运算、创新创造等多方面的能力,以及商业和公共政策、经济学和管理、财政分析等多学科的知识。

世界秘书学的缘起比中国早60多年,作为国际秘书学的代表性著作,《韦氏秘书手册》具有较为典型的美国学术偏重于知识介绍和经验总结的特点,内容与经济、管理、财政、商业等密切相关,具有明显的时代烙印。同时,与秘书学学科相关,偏重于秘书技术的介绍。

《韦氏秘书手册》也有利于我国秘书工作者吸取国外丰富的秘书工作经

验,学习外国秘书工作的先进技术和合理做法,提高秘书工作的效率。同时,此书能够代表性地向秘书学相关专业学生展现国外的秘书学著作涉及的主要范畴,一定程度上还原国外秘书工作的原貌,也能够作为"中外秘书比较""涉外秘书研究"等课程的课外补充资料,有利于这些课程的学习以及相关论题的研究。

《韦氏秘书手册》有着许多特色,在阅读和使用的时候,对我们会有所帮助。首先,每一章都是一个完整的独立单位,详细探讨了应用秘书学的一个重要方面,方便读者单章节或者跨章节阅读。其次,版面编排非常精细——详尽的索引使读者能很快地找到有关资料;每一章的各节都有显著的小标题依次引出,提醒读者注意论述中的特别论题;定向的参照条目遍及全书,引导读者从一个议题转到另一个有联系的议题,方便阅读者在当时的技术条件下,按图索骥,尽快适应秘书工作。而且本书配有大量的插图,其中有线条画、草图、简图、表格、摹写和一览表等,既简洁明了地向读者提供了丰富的资料,又增加了本书的可读性和趣味性。

在阅读本书时,建议读者与国内秘书学著作一起进行比较阅读,与国内秘书工作现状联系、对照进行思考和研究,这样可以得到更多的启发和收获。此外,在阅读本书时,也要扬长避短,注重中国特色,注意时间节点。一方面,这本书是根据美国的秘书工作实际而编写的,是为美国的秘书工作服务的,对于我国的秘书工作者来说,它必然存在着不少的局限性。这本手册中的某些提法以及工作方法,在美国可能是适用的,在我国却未必适宜。另一方面,本书出版于1985年,时代在不断发展,科技在不断进步,当前的秘书工作中淘汰了过时的内容,加入了新鲜的元素,书中所提的一些工作或已渐渐淡出秘书界的视野,有些秘书工作方法已经落伍。因此,读者在阅读这本手册时,一定要立足于当下我国秘书工作的实际情况,有分析、有批判地借鉴,而不能不切实际地照单全收或者照搬照抄。

尽管有国界、时代、技术的局限,但本书不失为世界秘书学的引领之作。

(撰写人:冒志祥)

(二)《档案管理学基础》(第三版)导读

档案管理学是档案学专业的核心基础课程,是档案学世界的入门学科,也是秘书学专业的核心课程之一。建国前后一直到今天,档案管理学的教材建设持续发展,尤其是20世纪80年代,该类著作的出版达到高峰期,每年都有新作出现,十年间共出版 13 种。

中国人民大学信息资源管理学院(原档案学院)是新中国起步最早、发展最完善、影响力最大的档案教育基地。该学院集中了一大批知名的档案学研究专家和教育专家,他们所出版的著作,往往成为中国档案学的代表成果,在档案学界具有广泛影响,深受读者青睐。

本书的三位主编都是中国人民大学信息资源管理学院的资深专家,这本《档案管理学基础》在档案教育界广受好评,被很多学校指定为教材。1986 年该书初版,吸收了陈兆祦主编的《档案管理学》(中国人民大学出版社 1962 年 7 月版)和宝荣、陈兆祦编著的《档案工作基本知识》(档案出版社 1982 年 9 月版)两本书的部分内容。1996 年修订再版,2005 年出版了第三版。该作反映了自 20 世纪 60 年代以来的 50 多年中档案管理学的发展历程,在继承传统的基础上,积极吸纳档案管理工作的最新实践成果和学术成果,既有延续性又有创新性。

全书 43 万余字,分四个部分共 16 章。第一部分(第 1—2 章)是档案和档案工作的总论,论述档案的定义、沿革、特点、种类、作用及作用规律,档案工作的内容、性质、基本原则和档案机构的类型等。第二部分(第 3—10 章)是业务操作部分,围绕档案收集、整理、鉴定、保管、统计、检索、提供利用和编研八个业务环节,分别介绍每个环节的理论、原则和技术方法。第三部分(第 11—15 章)是专门档案部分,有历史档案的专论,分别介绍明清档案和民国档案的构成、沿革、特点、作用及其管理方法和开放方法;有会计档案、音像档案、电子文件,分别介绍其概念、特点、种类、管理、利用等内容。第四部分(第 16 章)讲述档案的计算机辅助管理问题,介绍了计算机在档案工作中的应用、计算机管理系统的开发研制、计算机管理技术的应用前景等内容。

该书理论性与操作性并重,广泛吸收了有关理论和技术方法的新成果。历史档案、会计档案、音像档案、电子档案相关基础知识和管理方法的介绍,充实了档案管理学的内容,弥补了过往以文书档案为主的不足。该书的第三版,在理论方面有了长足拓展,在档案价值理论方面提出了"现行效用和历史效用"理论,对新兴的文件中心和档案寄存中心等档案管理机构的职责与任务作出说明,充分吸纳了"文档一体化"理论并贯彻到档案管理的每个环节,对档案鉴定方法中的"弹性方法"作了重新界定,对政府信息公开条件下我国档案开放理论作了重新认识,等等。

一般而言,文书是档案的前身,档案是文书的归宿,文书工作和档案工作的对象之间的密切关系,注定了文书工作和档案工作之间的密切关联。文书工作又是秘书工作最核心的业务,所以秘书工作者必须对档案、档案工作有系统的认识。当前文档一体化的时代趋势,使得文书和档案、文书工作和档案工作的联系愈发紧密,秘书学专业的学生掌握档案学知识成为时代发展的需要。

(撰写人:胡元德)

(三)《中国公文研究》导读

闵庚尧,国内文书学界泰斗,致力于应用文体学研究超过半个世纪,乃新中国高校公文写作教学之开拓者。著有《公文写作教程》、《中国古代公文简史》、《鉴赏美学》等多部奠基性教材,研究成果更是不胜枚举。闵老前辈不仅在文书学领域造诣颇丰,还在美学、书法、绘画领域学养深厚。因此,《中国公文研究》一书不仅具有知识性、研究性,还兼具生动性、可读性,其语言艺术与写作视野俱为公文研究中之难得一见。

古语云:"读万卷书,行万里路。"读书乃知行之本。本书实为文书学之最基础教材,不读此书不算跨进文书学的殿堂。纵观全书,板块明确,条理清晰,内容丰富,资料翔实。其覆盖的文书学领域之广、之精、之深令人惊叹!但由于文言文部分占绝大多数,并有大量原始资料丰盈其中,给阅读带来一定困难,这就要求阅读者具备一定的文言文功底,所以难度系数四颗星。

概而论之,《中国公文研究》一书自有其不一般的显著特征。要点主要有三个方面:

首先,对文书发展脉搏的时代性把握。源流篇讲述了从甲骨文书、钟鼎文书到中国近现代公文绵延近四千年的历史源流。将每个重要节点纳入时代坏境下给予考察和评价。对每一位文书创造者、改革者给予充分的历史尊重。无论是激荡起时代强音还是在衰败屈辱中挣扎呼唤的文书流派,给予其时代背景下充满情感的称道赞叹抑或是怜悯关照。

其次,对旗帜文书学作品的细致精读。在这里,再次于洋洋大观中邂逅潸然泪下的《陈情表》;于南宋公文中感叹爱国之情的汩汩涌动;于《文心雕龙》中赏味刘勰文论的独具匠心、奇巧文思。闵老前辈将自己对旗帜文书的理解、对文书学的热爱融入对经典作品的解读中,不遗余力地为后来者抚展开文书学优美动人的华美画卷。

最后,对历代文书制度的全覆盖网罗。制度建设是一切人类活动发展到高级层次的必然产物,它是普遍规律的总结。文书工作与政务活动紧密关联,文书工作制度更是公务活动效率的保障。我国古代文书制度纷繁复杂,多达数十上百种。在制度篇中,作者引经据典,从原始资料出发,对从秦汉直至近现代的文书制度做出了详尽的论说,并用辩证发展的眼光发掘文书制度变化背后的深层次的社会变革,对多维度地认识文书学大有裨益。

熟读本书,大师的学术精神与人格魅力跃然纸上。感叹之余,即可将甲骨文书到近代文书发展之全过程了然于胸。若能全然于汪洋恣肆的文书海洋中汲取最绚烂的朵朵浪花,即可将历代文书制度如数家珍般和盘托出。本书所讲述的不仅是应用文体学专业的看家本领、考研宝典,更是对古文功底的拔升、文学素养的再一次攀登!

季羡林先生在《读书与做人》中写道:"如果读书也能算是一个嗜好的话,我的唯一嗜好就是读书。人必须读书,才能继承和发扬前人的智慧。"作为文书学专业的学生,必须将读书作为一种嗜好,遵循读书"由厚变薄"再"由薄变厚"的规律,多读书,读好书,有"勤"为径,有"苦"为舟,何乐而不为?

(撰写人:郦波)

(四)《秘书参谋职能概论》(2001年版)导读

秘书参谋职能概论是秘书学的重要学科组成部分,是理论与实践结合、侧重实际应用的一个新的分支学科,也是秘书学专业分量较重的专业课程。

全书三十八万余字,共十章。第一章是绪论,主要解决秘书及秘书工作、参谋与秘书参谋、秘书参谋与秘书学这三个主要问题。第二章是秘书参谋源流,主要解决中外古代近代秘书性参谋、中外现代秘书参谋这两个主要问题。第三章是秘书参谋机理,主要解决参谋职能基础、秘书参谋特质、秘书参谋功能这三个主要问题。第四章是秘书参谋范畴,主要解决辅助决策的形成与施行、辅助信息的获取与沟通、辅助庶务的可行与有效、辅助领导正身洁行这四个主要问题。第五章是参谋对象与参谋效应,主要解决参谋效应与左右因素、领导与秘书参谋效应、部门与秘书参谋效应这三个主要问题。第六章是参谋主体与参谋效应,主要解决秘书参谋主体与对象、秘书的参谋对象观、秘书参谋方向与素养这三个主要问题。第七章是参谋规律,主要解决秘书参谋过程、有效参谋规律、秘书参谋原则这三个主要问题。第八章是秘书参谋形态,主要解决秘书参谋的空间形态、秘书参谋的时间形态这两个主要问题。第九章是秘书参谋方法,主要解决宏观参谋方法、中观参谋方法、微观参谋方法这三个主要问题。第十章是秘书参谋艺术,主要解决秘书参谋艺术的特点与功能、提高参谋质量的艺术、增强参谋效应的艺术这三个主要问题。

学习《秘书参谋职能概论》必须把握其系统性。绪论是该课程的理论基础,正确理解绪论提出的有关基本概念和基本知识是全面理解课程内容的前提。课程中的秘书参谋源流、机理、范畴、效应、规律、形态、方法、艺术等都有内在的逻辑联系,学习过程中相互联系地理解,可起到举一反三的作用。要把学习理论知识与掌握实践方针结合起来,把理论命题与论证中的案例和论证过程结合起来,注重理解,将理论知识转化为实践能力。要善于在学习过程中抓住秘书参谋活动中的主要矛盾和主要关系,即秘书与主辅配合关系,《秘书参谋职能概论》的各章内容都围绕这一对主要关系展开。要注重应用,要用课程中学到的理论和方法分析社会实践中的参谋现象和具体的参谋问题,使自己具有一定的秘书参谋水平。

由于该书的成书时间较早,距今已经有近十余年时间,部分章节如秘书参谋形态、秘书参谋方法、秘书参谋艺术等,内容已显陈旧了。在阅读《秘书参谋职能概论》时,也要了解和关注秘书学领域关于秘书参谋职能概论的最新研究成果,与时俱进。

(撰写人:胡明波)

(五)《现代秘书心理学》导读

在我国,有史料记载的秘书工作历史悠久,贯穿于中国历史的各个时期。但长期以来,对秘书工作缺乏本体论的深入研究。20世纪80年代初,秘书工作作为一门独立的学科,在研究深度和广度上都得到了前所未有的发展。秘书心理学正是在这一背景下建立起来的一门新学科。这一新学科试图运用心理学的理论和方法对秘书工作的活动主体进行全面系统的研究,探讨秘书活动中的各种心理现象,将心理学的研究成果应用到秘书工作实践中去。这不仅是对秘书学科体系建设的一种充实和完善,而且对于心理学的应用和发展也有所裨益。

在心理学研究成果的基础上,本书主要从秘书的社会角色认知、秘书应具备的基本心理品质、秘书活动领域内的各种关系处理、秘书工作激励和秘书心理卫生等方面对秘书心理进行了系统而微观的研究。现代心理学认为心理是人脑对客观现实的能动反映。心理学的基本任务是探索人类自身的精神世界。人类的心理现象纷繁复杂，但归纳起来分为心理过程与个性心理特征。心理过程包括认识活动、情感和意志三个方面。认识活动是人认识客观事物的表面属性和内在联系的心理活动过程，当客观刺激作用于人的感觉器官时，人的认识过程便由此开始了，其中包括感觉、知觉、记忆、想象、思维等。心理学认为，气质是人的典型的、稳定的心理特征，它表现为人的心理活动中动力方面的特点，有的人做事情快速灵活，有的人做事迟钝重，这种在心理活动的强度、速度、稳定性、灵活性上的差异，是高级神经活动在人的行为上的表现，称之为气质。对这些稳定的心理要素和心理活动过程的研究为更深入地研究秘书这一职业心理提供了理论依据和可能。

心理学研究表明，认知对行为有着重要的影响。秘书心理学从秘书社会角色的正确认知出发，从秘书的角色特征、角色条件、角色规范和角色意识等方面入手，对秘书这一职业在社会中所处的地位及其相应的行为表现进行了一个整体上的理论探讨，为秘书人员扮演好自己的角色提出了明确可行的要求。

秘书的基本心理品质从秘书个体素质要求出发，全面论述了一个秘书在工作中顺利开展工作、适应环境所必需的心理品质的构成，以帮助读者认识到秘书心理品质的全面性。

秘书活动领域内的各种关系处理将秘书职业领域各种关系的特点与社会心理学中一般人际关系的处理技巧和原则相结合，使秘书人员熟悉人际关系处理的一般技巧和方法，不断提高各种社会关系的处理水平。

秘书工作激励和秘书心理卫生是从个体动机及心理健康的角度出发，对秘书职业特定的行为动力进行了分析，试图通过心理调节，找到秘书提高工作效率的内在动因。秘书心理卫生主要涉及影响秘书心理健康的因素、秘书人员的心理挫折及预防、秘书心理健康的要求，探讨了促进秘书人员心理健康的途径和方法等问题，为提高秘书人员的身心健康提供有效的帮助。

通过本书的学习，有助于文秘专业的同学深入理解秘书职业的心理特征。在学习和生活中，有意识地培养自己健康的职业心理素质，为未来的职业发展做好准备。

（撰写人：端传妹）

二、编辑出版

[1]钱存训,郑如斯编订.中国纸和印刷文化史[M].桂林:广西师范大学出版社,2004.

[2][加]阿尔维托·曼古埃尔.阅读史[M].吴昌杰,译.北京:商务印书馆,2002.

[3][美]杰拉尔德·格罗斯.编辑人的世界[M].齐若兰,译.北京:新星出版社,2014.

[4]黄裳.中国版本文化丛书:清刻本[M].

[5]联合国教科文组织.版权法导论[M].北京:知识产权出版社,2009.

（一）白与黑的艺术——钱存训《中国纸和印刷文化史》导读

白色的底板、黑色的文字,这些我们今天司空见惯的图书样式背后,其实隐含着悠远的历史和复杂的故事。

从甲骨文的片片龟甲到编连成卷的竹简,再到"纸墨精妙,开卷自有一种异香"的线装书,直至今天人手一个的手机屏幕,信息载体在历史长河中一路变迁,不断升级,一步一个脚印,忠实地刻画着人类文明进步的轨迹。造纸术和印刷术的发明是中国在这一发展过程中给世界作出的巨大贡献,是回荡在人类文明殿堂中永不消失的中国声音。

钱存训先生所著的《中国纸和印刷文化史》一书讲述的正是关于这两项发明的中国故事。

本书是作者为李约瑟博士所编著的《中国科技史》中《纸和印刷》分册英文本第三部的中文译本。书中的部分内容作者已加修改和增订,因此和原本内容不尽相同;文字也尽可能通俗而简明,使读者开卷时能对中国这两大发明及其在世界文化史中的地位有一个明晰的了解。本书有十章和附录,前半部分介绍了纸的性质与演变以及造纸术的发展,后半部分介绍了印刷术的起源发展以及纸与印刷术的传播对世界文明的贡献。全书共有174张插图,其中有造纸术、印刷术的技术图解,还有很多印刷作品供读者们欣赏,让读者在对文字有线性认识的同时也对书本上所说的知识有一定的平面了解。

还记得儿童时代家长手把手教会我们用纸折出的小船、飞机、纸鹤、青蛙等各种各样有趣的动物和物件吗？还记得每年元宵节灯会上都会看到的七彩灯笼和有趣的纸质玩具吗？那时候我们只沉浸在折纸的乐趣和彩色的灯光中，却没有去思考折纸艺术和灯笼的来源。纸张除了书写和印刷以外，其他有关家庭、娱乐和日常用纸的部分，如纸衣、纸被、纸扇、纸伞、灯笼、玩具以及装饰用纸等，过去的著作甚少有系统的研究，或附会传统说法而未详加考订。本书则广集各种用途于一身，根据古今中外的实物及文献，追寻最早的证据，以确定各种用途的起源和发展轨迹。这是本书的一大特点。

对于和造纸术、印刷术有关的历史，前人的介绍更多是根据成果和作品来介绍它们的历史地位。本书作者则注重对印刷技术的研究，根据中外零星笔录以及个人所见所闻，详细描述印刷工序的每一步骤和使用的各种工具，文字说明之后再佐以插图，为传统的雕版印刷留下了一个正式的科学记录。这就在一定程度上弥补了前人的不足。

历史的问题总是发人深思，为什么造纸术和印刷术在中国发明，而不是在西方或其他文明古国最早出现？虽然发明的技术条件在东方和西方都同时存在，而西方对两者的应用却为何落后很久？纸和印刷在东西方文化中的地位和功能，以及在学术和社会上所产生的作用和影响，有什么相同或不同？这一类问题，通过对本书的阅读就能找到满意的答案。

相信你通过阅读本书，会对祖国的文明有一个更为崭新全面的认识，会比以往任何时候都更为真切地触摸并感受到完美融合白与黑艺术的魅力与美妙。

（撰写人：曹红军）

（二）永恒的姿态——《阅读史》导读

什么是世界上与时间逆行最远的？是文字吗？是照片吗？时间可以令这些寻常的东西变得充满了神奇的美丽与不可预测的力量。但是我们究竟能和时间逆行多远？记忆、胶片、文字似乎都抵挡不住岁月的侵袭。也许只有一种姿态可以抵御岁月的剥蚀，那就是阅读，它可以在文字中寻觅到永恒所在。

阅读对于我们而言，几乎就如同呼吸一般，是我们的基本功能。在文字社会中，时间不再是线状的不可追溯的东西，时间感由于文字的应用而呈现出积累的现象。借助于阅读，借助于对各式各样符号的解码，我们可以在不同的空间与实践轨道中自由地穿行。然而阅读并无一部完整的历史，我们只能在历史的断简残编中断断续续地不时感受到它的存在。

所以，这本《阅读史》(A History of Reading)正是我期待已久的一本书，它"不只是阅读的历史，也是一般读者的历史，他们经过一些岁月，选择某些书而忽略了其他书，有时候接受长辈们的裁决，其他时候则从过往中拯救出以往的书，或在图书馆的书架放上一本当代作者的作品，本书是他们的小小的胜利和他们秘密受难的故事，也记载着这些事情的发生方式"。

就像阅读活动本身一样，这本书的内容是丰富多彩的。如同一名普通读者的阅读经验，芜杂、细碎，充满了细节的乐趣。全书共有二十二章，附有详细的索引。内容不同的阅读姿态，不同的"书的外形"、"学习阅读"的过程，题为"私人阅读"的恬静；按不同的阅读群，设专章讨论"沉默的读者"、"在墙内阅读"（专指被束缚在家中或宫中的女性阅读），著译者跟阅读的关系"作家即读者"和"译者即读者"等，可爱又可怜的"书呆子"以及那些"偷书"不为窃的雅贼，甚至包括自己不具有阅读能力，只能依靠聆听来"读"书的"聆听朗读"，在这里，"阅读"似乎又回归了它的本意"read"。而作者视野更为开阔，涉及很多与阅读相关的环节，如对图书的编目活动，专设"宇宙的指定者"来探讨分类编目活动中所体现的对阅读潜在的理解与限制，对于一直延续到20世纪的禁书活动设了"禁止阅读"的章节。一部阅读史从那个遥远年代朝向我们的时代跳跃而来，一切发生经过都记录在书本中，作者在这些随处可见的凡夫俗子日常生活中的家庭回忆录、稗官野史、偏远地方古老生活的记录中不断剪辑，为我们精心编织出只属于阅读的历史。然而本书尚未完成，作者已经留下许多空白页，让读者去添写对阅读的进一步想法、明显漏谈的主题、适切相关的引言、属于个人阅读的事件与人物，正如作者最后所言："《阅读史》也没有终结。"

里尔克曾问："是否有可能，这整个世界历史已经被误解？是否有可能过去的一切都是假的，因为我们总是谈到群众，谈一群人，而不是谈一个人，这个人的身边有众人围观，因为他是一个外地人，而且生命垂危，是，这是有可能的。"阅读是我们熟悉但又是非常个人、难以表达的体验，如何将其科学地表述又保持个人的风格？这本《阅读史》就很好地解决了这个问题，在写作中全书有着大胆的结构，采用了学术书籍的严谨结构、丰富史料，征引广博可信，又采用了散文式笔法，在写作中加入了大量个人的阅读经历与体验，如对儿时读书的回忆，对与博尔赫斯的交往的点滴，读来亲切清新，绝无高头讲章的"讲义"气，倒像是与朋友关于"阅读"话题的闲聊，天马行空又井然有序。

是否先选择了书，然后才选择合适的角落，或是先找到角落，然后才决定什么书适合这个角落气氛?"好书必须像把利斧,一击敲开我们结冻的心海。"在我们的内心深处其实早有这样的涛声,它们激情澎湃,时而温柔地叹息,时而激昂地咆哮,正是阅读好书,将我们内心的浪涛释放,为我们提供了仅容纳下自己的一个小小角落。

> 如今我已不再置身事外,
> 一切色彩皆已化入,
> 声音与气味,且如曲调般绝美地鸣响.
> 我何必需要书本呢?
> 风翻动林叶,我知晓它们的话语,
> 并时而柔声复诵。而那将眼睛如稗朵般摘下的死亡,
> 将无法企及我的双眸。
> (里尔克《盲女》)

正如封面那个面容沉静的少女一样,她垂下眼睛,阅读着手中的书本,此时她找到了那个小小的角落,聆听着发自内心的涛声,至于身外的世界到底发生了什么,至于时间的流逝已经到了什么时代,此刻似乎可以全不在意了。

向人推荐图书,真是一件费力却往往收不到效果的事情,但今天我愿冒险一试。

(撰写人:万宇)

(三)《编辑人的世界》导读

美国出版业老兵杰拉尔德·格罗斯主编的《编辑人的世界》,被誉为美国编辑出版业最权威的职业"圣经"。这本书的经典,并不仅仅在于它早在1962年问世,并分别于1985年、1993年进行了两次修订;也不仅仅在于它收录了美国当代最杰出的出版人撰写的三十八篇文章,从编辑行业性质、职业素养,到如何策划选题、编辑稿件、打造畅销书;从编辑大众市场类图书到专门化类型读物,无所不包;最重要的是,每篇文章,无论是归于"理论"部,还是归于"实践"部,都没有传统理论著作的艰深难懂,而是深入浅出的工作经验教训的描述和总结,用今天的话说,都是不折不扣的"干货"。

本书分为两部,理论部选录了有关编辑理论、编辑的社会责任以及编辑与社会的关系等富有启发性甚至争议性的九篇文章。如威廉斯(Alan D. Williams)针对《什么是编辑》做出的独特解答;阿伦森(Marc Aronson)在《从

拍卖会到电子盛会——编辑学在美国的演变》一文中,言简意赅地描述了美国编辑发展史;韦德(James O'Shea Wade)的《做得好,还要做得对——编辑工作的伦理道德》探讨了一个很重要却很少被讨论的层面;霍华德(Gerald Howard)在《典范在夙昔——珀金斯精神死了吗?》中,修正了他对美国编辑和出版状况的总体看法;马雷克(Richard Marek)撰文剖析了"编辑应如何选书";丹尼(Michael Denneny)与沃尔夫(Wendy Wolf)则分别从非虚构类和虚构类图书的角度,探讨了政治立场对编辑和作者的影响这个颇具争议性和爆炸性的议题;集作者、编辑、经纪人身份于一身的柯蒂斯(Richard Curtis)则抛出了一个极富煽动性的问题——"我们真的需要编辑吗?"

实践部共二十九篇文章,为读者提供了深入细致的编辑实务介绍。从如何审阅出版提案和手稿、如何参加作家会议、如何代表出版社与作家谈判、如何与外审合作等编辑日常工作,到如何完成策划编辑、文稿编辑、编务助理等编辑具体岗位职责,再到如何编辑小说、学术著作、童书、参考书、传记等各类具体出版物的技巧与经验,足以将一个编辑出版业外人士成功引入行。

本书翻译质量精良,收入新星出版社的"新经典文库"中,也证明了本书的经典。唯一的缺憾就是原书修订版出版于1993年,距今已超过十年,近年一些难见的出版现象无法涉及,期待能够得到再次修订。

格罗斯在本书题记中写道:"对编辑来说,爱一本书像爱一个人,没有一种爱不必担负起相应的责任,没有一种责任无需坚韧不拔的精神。"惟愿每个阅读过本书的同学,都能够对这种爱、责任和精神有所感悟。

(撰写人:阮捷)

(四)中国味道的美——黄裳先生的《中国版本文化丛书:清刻本》导读

新千年前进的脚步伴随着不断的失落。中国回忆的不断失落。小桥流水人家的江南园林、乌衣巷边野草花的寻常巷陌、"纸墨精妙,开卷自有一种异香"的线装书,这些正在渐渐地淡出人们的记忆,成为不断失落的中国细节与文化碎片。邓云乡先生曾经以江南园林、绍兴老酒、线装书作为中国传统文化的象征,细加品味,诗意之外又相当中肯。中国线装书的古典样式,繁体字、直排、中国纸、线订营造了一种氛围,朴素自然、温润敦厚。在这种氛围里或许更能感受得到中国文人式的自在逍遥。那双逸、轻灵的丝和线、绵软坚韧的宣纸质地在我们面前闪现,似在牵动着什么,在坚持着什么,是旧家幽徵的书香,还是传统文化涌动的潜流?

中国的版本学——伴随着中国图书不断发展完善的古老学科，有着自己独特的发展轨迹与研究样式，见证了读书人寂寞而丰富的精神生活，并伴随着图书从案头清供走向喧嚣的书坊市井。早期只供少数人"雅玩"的图书与版本学研究经由印刷术、造纸术的发明与普及，最终走入了普通读者的精神视野，静夜展卷，心旷神怡，成为多少醉人的文化痕片。而在今天，这些美好的中国回忆不断失落，版本学似乎也变成了专供学者书斋中埋头研究的"文玩"，与普通读者之间存在着相当的隔膜。著名版本学家黄永年先生在《中国版本文化丛书》序言中说："我认为，江苏古籍出版社如今出版的这套《中国版本文化丛书》，很有创意，正好填补了这个空缺，并且将版本这门学问从学者的书斋和图书馆的善本部中解放出来，直接面对广大读者。"在我看来，这套丛书的最大意义在于使广大读者重新拾回这种中国味道的美，陶醉于那静雅的气息、疏朗的书叶中所弥漫的中国版本的美。

黄裳先生所著的《清刻本》属《中国版本文化丛书》中的一种，断代谈清代刻本。黄裳先生为著名藏书家，对版本颇具赏鉴之功，并著有《清代版刻一隅》，广受好评，确为本书作者的不二之选。针对清刻本过去一直不为藏书家所重视的尴尬情状，他大力推崇清刻之美，在版式印刷、纸张、装帧上都达到一个新的高度，并配有大量书影，使读者可以欣赏这书卷之美。清刻本去今不远，因此今人编书目时多不予收录，也无人加以研究，印书影图录时更无踪迹，"其康、雍、乾、嘉诸刻本，不论校刻若何难得，皆不足当藏书家之一顾"。作者搜集了大量珍贵清刻本图版，并逐一评点阐释，使普通读者也能领略"清刻之美"。文中将清刻本定义为雕刻业"光荣的结末"，相当贴切准确。

全书从版本学的视角重新梳理了清代的社会、经济、文化史，从版刻艺术的角度重新阐释了清代三百年社会经济的消长变化，"只要我们依时代顺序把不同时期的出版物进行对比，一切都看得清楚"。切入角度新颖，立论可信。经由作者的梳理，丰富的版本不再杂乱无章，版刻艺术、内容风格等方面的时代线索逐渐明晰。

清初，承晚明的遗绪，直到康熙中叶，刻书风格一般接近晚明。其中，家国之叹、生民之痛，一一化为诗篇，一时不但诗文集，就连选诗总集，也形成了一时风气。同时也是清初刻书情状的一个缩影。这一时期书坊的业绩、功效不容忽视，与同时大量涌现的私刻诗文集，同为时代声音的记录。

经雍正、乾隆，雕版进入了全盛时期，精雕、名刻层出不穷。康熙中叶前后出现的大量诗文集，上述的家国沧桑之感逐渐湮灭，而雕版却日益精致起来，反映了为艺术而艺术的版本风尚,刻书的内容也多是诗酒酬唱、留恋光景。

乾嘉之时,朴学之风大盛,考据家辈出,在雕刻业兴起翻刻宋元旧本之风尚。其中的代表人物有黄丕烈、顾广圻、鲍廷博等人。鲍以文刻《知不足斋丛书》,用宋体字巾箱小册,所收皆精校重刻不经见的秘册。鲍氏早年刻宋本,据旧本重刊宋遗民汪水云诗,旧本残失处仍留空白页,不失原书面目,可见其刊书态度忠实。黄丕烈所刻《士礼居丛书》,都据古刻旧本,敬谨翻雕,是名重一时的书。

从嘉庆起,雕版风貌逐渐落入草率寒窘的格局,直至清末,再也没有能恢复逝去的光辉。因此,今天所见的遗存也主要是雕版业集中地区的产物。道光季年,雕版业已呈衰颓之势,到太平天国起事,更遭到临近毁灭的厄运。江苏、浙江、安徽一带出版中心不复存在,书籍文物荡然无存。道光、咸丰两朝的刊书流传最少。

全书用清刻本的兴衰为我们提供了另外一种解读历史的可能性。

宋体字本书也有不同的时代地区风格,到了清代的内府刻书所谓的"殿本",各地官书局所刻的"局本",不同的出版中心也都出现了自己特异的风格。精、粗、美、恶各不相同。风格也时时在变,确实是社会经济生活变化的曲折反映。

书中亦谈及清代版刻的装饰风格。书牌形式、四周花边、边框等变化多种多样,有些版本多色套印,堪称雕版艺术品。从艺术性的角度来进行版本研究,对于读者的欣赏与接受,对于保持与开掘图书的中国样式,也同样有着重要意义。一部古典名著、一册精刻旧本与一册铅印新书给予读者的感受是不同的。精美、简洁之中国书页能给人以清朗的心境。访古书者,见佳本秘册,常云"展卷便有惊人之处",或"老眼为之一明",等等,自有其道理。版本之美,则要根据书的内容、风格精心营造。行距、字距、字群与插图等装饰的分离与结合,同时还要给目光留出些歇息的空白,就像鸟飞倦了要落下来歇歇脚,这些地方往往是思想行走或飞翔的空间。这些在现代图书的版面设计中受到了有意、无意的忽略。

清刻本中有不少这样的探索,刻印者已经不仅将书册作为传播思想的工具,同时也作为一种"文玩"性质的东西来制作欣赏了。金冬心(农)曾经刻过许多方砚台,还做过灯影,加上他的绘画,大部分都是为了生活,只有刻自己的小集子,用力最多,印数又少,完全没有功利目的,以"自我怡悦"的形式探索版刻之美。世间不少艺术品都是这样制作出来的,这些只供自己和朋友欣赏的物事有朝一日将成为传世的艺术珍品、文化遗产，恐怕连制作者本人也没有料到吧。

这些字体秀挺、雕工精妙、精妙非常的版本，丰富了世界图书的版本之美。中国版本和西洋书，在内容和形式上虽有很大的差别，但搜集版本的中西爱书家的趣味趋向，有些地方却不谋而合，殊途同归。中国藏书家对于一本纸墨精良、字大如钱的宋拓精本摩挲不忍释手的醉心神往情形，恰如西洋藏书家对着哥顿堡的四十二行本（圣经），反复数着行数，用鼻嗅着古羊皮纸的香气点头赞叹的情形一般。古今图书版本，其貌虽殊，其理则一。同样，不仅中国的图书存在着版本问题，世界各国的图书都同样存在着版本问题。欧美各国都有为数不少的版本学著作，如欧洲各国对摇篮版的理论和研究方法。此外，欧美各国还有许多著录写本或印本的版本目录，这种目录自始至终以描述书籍形态、考辨版本制作及流传情况为职志，偶或兼及文字内容的必要说明，这与中国的古籍善本书目重视对边栏、版心、行款、字体、纸张、墨色以及经何人收藏、何人题跋的记录，其命意是完全一致的。

我国现代的图书基本是受西方影响而逐渐形成的"洋装书"，但中国的传统书籍艺术（以线装书为代表），却从未销声匿迹，如潺潺流水，虽历经劫难，仍生生不息，比如一些硕果仅存的传统刻印社（如扬州的广陵刻印社，南京的金陵刻经处、线装书局等）与某些特殊的图书印制。从另外一方面看，在现代印刷技术盛行的时代，雕版艺术凋落殆尽。我们到底怎样继承中国传统书籍艺术的精华呢？是不是只用竖排、繁体、加线框就了事了？另外，中国传统的纸张能不能以新的面目进入现代书籍艺术，怎样展示中国图书艺术独有的美，这些都是留待我们解答的问题。

我国古籍版本资料特别丰富，而版本学科发展并不尽如人意，急需博综各家、澄清歧见，建立系统严密的版本学的思想方法，从版本学史、版本分析、版本类型、版本鉴定、版本源流、版本对勘和版本目录等多角度正本清源，揭示版本和版本学的实质，构建其学科体系，并消除与普通读者之间的隔膜。当然，这并非一朝一夕之功。不过令人欣喜的是"中国版本文化丛书"十册（奚椿年著《中国书源流》、陈红彦著《元本》、黄裳著《清刻本》、姜德明著《新文学版本》、薛冰著《插图本》、江庆柏等著《稿本》、黄镇伟著《坊刻本》、王桂平著《家刻本》、李际宁著《佛经版本》、史金波和黄润华著《少数民族古籍版本》），将扩大人们的版本学视野，使普通读者也能沉醉于这种中国味道的美之中。"我们于日用必需的东西以外，必须还有一点无用的游戏与享乐，生活才觉得有意思。我们看夕阳,看秋河,看花,听雨,闻香,喝不求解渴的酒,吃不求饱的点心,而且愈精愈好。"因此,我们也就需要这种中国味道的美吧。

(撰写人:万宇)

(五)《版权法导论》导读

如果我是中国古代文学的老师,我会推荐《史记》;如果我是中国现当代文学的老师,我会推荐《鲁迅全集》;如果我是外国文学专业的老师,我会推荐《追忆逝水年华》。总之,都是长得不要命的大部头。作为编辑出版专业的老师,我诚意介绍的经典读物却是一本32开158页的小册子——《版权法导论》(The ABC of Copyright)。

自中国1992年加入伯尔尼公约和世界版权公约,尤其加入世界贸易组织后,中国与世界各国的版权贸易日益繁荣,与国际间经济文化交流的规模日益扩大。虽然近十年来中国版权贸易在法律与商业操作上都发生了很大的变化,但是我国曾经未经许可大规模翻译和影印西方出版物的"事迹"使国外出版人对中国出版业仍然存在着一些误解。韩少功翻译的《生命中不能承受之轻》就是一本典型的未经许可就出版的"畅销书"。版权许可贸易作为中国一个相对新兴的领域,应当得到最广泛的重视,普及版权法的知识更是责无旁贷。

《版权法导论》一书是由联合国教科文组织编著,后由我国知识产权出版社引进发行的双语对照读物。相较于直接去"啃读"各类版权法原文,这本书是一个朴实可亲的"引路人"。

首先,它篇幅虽然短小,但内容丰富,基本囊括了版权的历史和现在,在传统的版权之外,还介绍了伴随着数字技术迅猛发展而产生的各种新型权利。我们处于一个全球瞬时交流的世界,技术使得受保护作品的盗版可能性也显著增加,需要定期合理地修订版权法使其发挥作用。

其次,它浅显易懂,尽可能避免了晦涩艰深的术语而是使用了较为平直的语言,即使是对于版权法一无所知的读者也能迅速明白相关内容。

再次,作为一本汉英双语读物,它的好处还在于提供了各相关法律法规、相关组织机构的英文全名与缩写名称,方便希望继续研究的读者按图索骥,加深自己对于版权法的理解。

最后,这本小册子的英文干净利落,译文准确明了,两相对照,还是提高英语阅读、翻译能力的必备佳品。

(撰写人:石晶晶)

第四章 文学院阅读书目

第一节 文学理论类阅读书目

一、文学概论

(一)必读书目

[1]朱光潜.谈美书简二种[M].上海:上海文艺出版社,2000.

[2][美]勒内·韦勒克,奥斯汀·沃伦.文学理论[M].刘象愚,等,译.南京:江苏教育出版社,2005.

[3][英]特雷·伊格尔顿.二十世纪西方文学理论[M].伍晓明,译.北京:北京大学出版社,2007.

[4][美]乔纳森·卡勒.文学理论入门[M].李平,译.南京:译林出版社,2008.

[5][德]沃尔夫冈·伊瑟尔.怎样做理论[M].朱刚,谷婷婷,潘玉莎,译.南京:南京大学出版社,2008.

(二)选读书目

[1][美]雷纳·韦勒克.近代文学批评史[M].杨自伍,译.上海:上海译文出版社,2009.

[2][苏]波斯彼洛夫.文学原理[M].王忠琪,等,译.北京:三联书店,1985.

[3]朱光潜.西方美学史[M].北京:人民文学出版社,1979.

[4][英]戴维·洛奇.二十世纪文学评论[M].葛林,等,译.上海:上海译文出版社,1993.

[5]宗白华.美学散步[M].上海:上海人民出版社,1981.

[6]李泽厚.美的历程[M].北京:三联书店,2009.

[7]朱光潜.诗论[M].上海:上海古籍出版社,2005.

[8][英]拉曼·塞尔登,彼得·威德森,彼得·布鲁克.当代文学理论导读[M].刘象愚,译.北京:北京大学出版社,2006.

[9]宗白华.艺境[M].北京:北京大学出版社,1989.

[10][西]费尔南多·萨瓦特尔.哲学的邀请:人生的追问[M].林经纬,译.北京:北京大学出版社,2007.

[11][美]希利斯·米勒.文学死了吗[M].秦立彦,译.桂林:广西师范大学出版社,2007.

[12]叶秀山.哲学要义[M].北京:世界图书出版公司,2006.

二、中国古代文论

(一)必读书目

[1]刘勰著,范文澜注.文心雕龙注[M].北京:人民文学出版社,1958.

[2]王国维著,滕咸惠校注.人间词话新注[M].修订本.济南:齐鲁书社,1986.

[3]郭绍虞主编.中国历代文论选[C].第一至四册.上海:上海古籍出版社,1979—1980.

(二)选读书目

[1](南朝梁)钟嵘著,陈延杰注.诗品注[M].北京:人民文学出版社,1980.

[2](唐)司空图著,郭绍虞集解.诗品集解[M].北京:人民文学出版社,1981.

[3](南宋)严羽著,郭绍虞校释.沧浪诗话校释[M].北京:人民文学出版社,1983.

[4](清)王夫之著,戴洪森笺注.姜斋诗话笺注[M].北京:人民文学出版社,1981.

[5](清)叶燮.原诗[M].北京:人民文学出版社,1979.

[6](清)章学诚著,叶瑛校注.文史通义校注[M].北京:中华书局,1985.

[7](清)刘熙载.艺概[M].上海:上海古籍出版社,1978.

[8](清)况周颐.蕙风词话[M].北京:人民文学出版社,1960.

[9]钱钟书.谈艺录[M].北京:中华书局,1984.

[10]冯友兰.中国哲学简史[M].北京:北京大学出版社,1985.

[11]徐复观.中国艺术精神[M].台北:学生书局,1981.

[12]北京大学哲学系美学教研室编.中国美学史资料选编[C].北京:中华书局,1980.

[13]北京大学中国哲学史教研室选注.中国哲学史教学资料选辑[C].北京:中华书局,1981.

[14]王运熙,顾易生主编.中国文学批评史[M].上,中,下.上海:上海古籍出版社,1981—1985.

[15]李泽厚,刘纲纪主编.中国美学史[M].合肥:安徽文艺出版社,1999.

[16]叶朗.中国美学史大纲[M].上海:上海人民出版社,1985.

[17]胡经之主编.中国古典美学丛编[C].北京:中华书局,1988.

[18][美]宇文所安.中国文论:英译与评论[M].上海:上海科学院出版社,2003.

三、西方美学史

(一)必读书目

[1][希腊]柏拉图.文艺对话集[M].朱光潜,译.北京:人民文学出版社,1963.

[2][古希腊]亚理士多德.诗学[M].罗念生,译.北京:人民文学出版社,1962.

[3][德]康德.判断力批判[M].李秋零,译.北京:人民出版社,2002.

[4][德]黑格尔.美学[M].朱光潜,译.北京:商务印书馆,1979.

[5][英]罗素.西方哲学史[M].何兆武,李约瑟,译.北京:商务印书馆,2009.

(二)选读书目

[1][意]维柯.新科学[M].朱光潜,译.北京:商务印书馆,2009.

[2][德]莱辛.拉奥孔[M].朱光潜,译.北京:人民文学出版社,1979.

[3][德]弗雷德里希·席勒.审美教育书简[M].冯志,范大灿,译.北京:北京大学出版社,1985.

[4][德]叔本华.作为意志和表象的世界[M].石冲白,译.北京:商务印书馆,1983.

[5][德]爱克曼辑录.歌德谈话录[M].朱光潜,译.北京:人民文学出版社,1980.

[6][法]丹纳.艺术哲学[M].傅雷,译.北京:人民文学出版社,1963.

[7][德]尼采.悲剧的诞生:尼采美学文选[M].周国平,译.北京:三联书店,1986.

[8][德]文德尔班.哲学史教程:特别关于哲学问题和哲学概念的形成和发展[M].罗达仁,译.北京:商务印书馆,2009.

[9][英]鲍桑葵.美学史[M].张今,译.北京:商务印书馆,2009.

[10][德]尼采.权力意志[M].孙周兴,译.北京:商务印书馆,2009.

[11][英]克莱夫·贝尔.艺术[M].周金环,等,译.北京:中国文艺联合出版公司,1984.

[12][美]梯利.西方哲学史[M].葛力,译.北京:商务印书馆,1995.

[13]方珊选编.俄国形式主义文论选[C].北京:三联书店,1989.

[14][德]马丁·海德格尔.存在与时间[M].陈嘉映,王庆节,译.北京:三联书店,1987.

[15][德]瓦尔特·本雅明.机械复制时代的艺术作品[M].王才勇,译.北京:中国城市出版社,1997.

[16][德]埃里希·奥尔巴赫.摹仿论:西方文学中所描绘的现实[M].吴麟绶,周新建,高艳婷,译.天津:百花文艺出版社,2002.

[17][美]朗格.情感与形式[M].刘大基,等,译.北京:中国社会科学出版社,1986.

[18][美]M. H.艾布拉姆斯.镜与灯:浪漫主义文论及批评传统[M].郦稚牛,张照进,董庆生,译.北京:北京大学出版社,2004.

[19][美]鲁道夫·阿恩海姆.艺术与视知觉:视觉艺术心理学[M].滕守尧,朱疆源,译.北京:中国社会科学出版社,1984.

[20][加]诺思罗普·弗莱.批评的剖析[M].陈慧,袁宪军,吴伟仁,译.天津:百花文艺出版社,1998.

[21][美]卫姆塞特,布鲁克斯.西洋文学批评史[M].颜元叔,译.北京:中国人民大学出版社,1987.

[22][美]门罗·C.比厄斯利.西方美学简史[M].高建平,译.北京:北京大学出版社,2006.

[23][英]E. H.贡布里希.艺术与错觉[M].林夕,等,译.杭州:浙江摄像出版社,1987.

[24]朱光潜.西方美学史[M].北京:人民文学出版社,1979.

[25][德]阿多诺.美学理论[M].王柯平,译.成都:四川人民出版社,1998.

[26][美]李普曼编.当代美学[C].邓鹏,译.北京:光明日报出版社,1986.

[27][美]哈罗德·布鲁姆.影响的焦虑[M].徐文博,译.北京:三联书店,1989.

[28][美]马尔库塞.审美之维:马尔库塞美学论著集[M].李小兵,译.北京:三联书店,1989.

[29][美]B.G.布洛克.美学新解[M].滕守尧,译.沈阳:辽宁人民出版社,1987.

[30][法]让-弗朗索瓦·利奥塔.后现代状态[M].车槿山,译.北京:三联书店,1997.

[31][英]约翰·斯特罗克编.结构主义以来:从列维-斯特劳斯到德里达[C].李康,李猛,译.沈阳:辽宁教育出版社,1998.

[32]伍蠡甫主编.西方文论选[C].上海:上海译文出版社,1979.

[33][波]瓦迪斯瓦夫·塔塔尔凯维奇.西方六大美学观念史[M].刘文潭,译.上海:上海译文出版社,2006.

[34]北京大学哲学系美学教研室编著.西方美学家论美和美感[C].北京:中华书局,1980.

[35]北京大学西方哲学教研室编译.西方哲学原著选读(上、下)[C].北京:商务印书馆,1981—1982.

[36][美]乔纳森·卡勒.论解构:结构主义之后的理论与批评[M].陆扬,译.北京:中国社会科学出版社,1998.

[37][德]H.R.姚斯,[美]R.C.霍拉勃.接受美学与接受理论[M].周宁,金元浦,译.沈阳:辽宁人民出版社,1987.

[38][联邦德国]施太格缪勒.当代哲学主流(上、下)[M].王炳文,等,译.北京:商务印书馆,1986、1992.

[39]伍蠡甫主编.现代西方文论选[C].上海:上海译文出版社,1983.

[40][美]杰姆逊.后现代主义与文化理论[M].唐小兵,译.北京:北京大学出版社,1997.

[41]伍蠡甫,胡经之主编.西方文艺理论名著选编(上、中、下)[C].北京:北京大学出版社,1985—1987.

[42][美]M.H.艾布拉姆斯.以文行事:艾布拉姆斯精选集[M].赵毅衡,周劲松,等,译.南京:译林出版社,2010.

[43][法]皮埃尔·马舍雷.文学在思考什么[M].张璐,张新木,译.南京:译林出版社,2011.

[44][美]詹明信.晚期资本主义的文化逻辑[M].第2版.张旭东,编.陈

清侨,严锋,译.北京:三联书店,2013.

[45][英]特里·伊格尔顿.美学意识形态[M].北京:中央编译出版社,2013.

[46][英]弗朗西斯·马尔赫恩.当代马克思主义文学批评[C].刘象愚,陈永国,马海良,译.北京:北京大学出版社,2002.

[47][英]斯图亚特·霍尔.表征:文化表象与意指实践[M].徐亮,陆兴华,译.北京:商务印书馆,2003.

[48][美]诺埃尔·卡罗尔编著.今日艺术理论[C].殷曼婷,郑从容,译.南京:南京大学出版社,2010.

[49]罗钢,刘象愚主编.文化研究读本[C].北京:中国社会科学出版社,2000.

[50][美]达布尼·汤森德编.美学经典选读[C].北京:北京大学出版社,2003.

[51][美]阿瑟·C.丹托.美的滥用:美学与艺术的概念[M].王春辰,译.南京:江苏人民出版社,2007.

[52][美]彼得·基维.美学指南[M].彭锋,等,译.南京:南京大学出版社,2008.

第二节 古代文学类阅读书目

[1]袁珂编.中国古代神话[M].北京:中华书局,1960.
[2]余冠英选编.诗经选[M].北京:人民文学出版社,1979.
[3]马茂元选编.楚辞选[M].北京:人民文学出版社,1959.
[4]杨伯峻译注.论语译注[M].北京:中华书局,1980.
[5]杨伯峻译注.孟子译注[M].北京:中华书局,1960.
[6]陈鼓应注译.庄子今注今译[M].北京:商务印书馆,2007.
[7]杨伯峻注.春秋左传注[M].北京:中华书局,1981.
[8](汉)司马迁著,王伯祥选编.史记选[M].北京:人民文学出版社,1982.
[9]余冠英选编.汉魏六朝诗选[M].北京:人民文学出版社,1978.
[10]瞿蜕园选编.汉魏六朝赋选[M].上海:上海古籍出版社,1979.

[11]余冠英选编.乐府诗选[M].北京:人民文学出版社,1957.

[12]马茂元.古诗十九首初探[M].西安:陕西人民出版社,1981.

[13](晋)陶渊明著,袁行霈笺注.陶渊明集笺注[M].北京:中华书局,2003.

[14](晋)干宝、陶渊明著,李剑国辑.新辑搜神记;新辑搜神后记[M].北京:中华书局,2007.

[15](南朝·宋)刘义庆著,余嘉锡笺疏.世说新语笺疏[M].上海:上海古籍出版社,1993.

[16](南朝·梁)刘勰著,陆侃如、牟世金译注.文心雕龙译注[M].济南:齐鲁书社,1981.

[17](南朝·梁)钟嵘著,陈延杰注.诗品注[M].北京:人民文学出版社,1980.

[18](南朝·梁)萧统编.文选[M].北京:中华书局,1977.

[19]中国社会科学院文学研究所选编.唐诗选[M].北京:人民文学出版社,1978.

[20]孙望,郁贤皓选编.唐代文选[M].南京:江苏古籍出版社,1994.

[21]汪辟疆选编.唐人小说[M].上海:上海古籍出版社,1978.

[22]黄征,张涌泉校注.敦煌变文校注[M].北京:中华书局,1979.

[23](唐)王维著,陈铁民校注.王维集校注[M].北京:中华书局,1997.

[24](唐)李白著,郁贤皓选编.李白选集[M].上海:上海古籍出版社,1999.

[25](唐)杜甫著,(清)仇兆鳌注.杜诗详注[M].北京:中华书局,1979.

[26](唐)白居易著,顾学颉校点.白居易集[M].北京:中华书局,1979.

[27](唐)李商隐著,刘学锴、余恕诚集解.李商隐诗歌集解[M].北京:中华书局,1998.

[28]俞平伯选释.唐宋词选释[M].北京:人民文学出版社,1979.

[29](后蜀)赵崇祚编.花间集[M].北京:文学古籍刊行社,1955.

[30](南唐)李璟、李煜著,王仲闻校订.南唐二主词校订[M].北京:人民文学出版社,1958.

[31]钱钟书选注.宋诗选注[M].北京:人民文学出版社,1959.

[32]唐圭璋笺注.宋词三百首笺注[M].上海:上海古籍出版社,1979.

[33]四川大学中文系古代文学教研室选编.宋文选[M].北京:人民文学出版社,1980.

[34](宋)苏轼著,陈迩东选编.苏轼词选[M].北京:人民文学出版社,1959.

[35](宋)李清照著,王仲闻校注.李清照集校注[M].北京:人民文学出版社,1979.

[36](宋)辛弃疾著,邓广铭笺注.稼轩词编年笺注[M].上海:上海古籍出版社,1993.

[37](宋)陆游著,钱仲联校注.剑南诗稿校注[M].上海:上海古籍出版社,1985.

[38]王季思,等.元杂剧选注[M].北京:北京出版社,1985.

[39]王季思,等.元散曲选注[M].北京:北京出版社,1981.

[40](元)关汉卿著,吴晓玲等编.关汉卿戏曲集[M].北京:中国戏剧出版社,1958.

[41](元)王实甫著,王季思校注.西厢记[M].上海:上海古籍出版社,1980.

[42](明)汤显祖著,徐朔方校注.牡丹亭[M].北京:古典文学出版社,1958.

[43](元)高明著,钱南扬校注.元本琵琶记校注[M].上海:上海古籍出版社,1980.

[44](元)罗贯中.三国演义[M].北京:人民文学出版社,1973.

[45](明)施耐庵.水浒传[M].北京:人民文学出版社,1997.

[46](明)吴承恩.西游记[M].北京:人民文学出版社,1980.

[47](清)曹雪芹.红楼梦[M].北京:人民文学出版社,1982.

[48](清)蒲松龄著,张友鹤辑校.聊斋志异三会本[M].上海:上海古籍出版社,1979.

[49](清)吴敬梓.儒林外史[M].北京:人民文学出版社,1995.

[50](清)洪昇.长生殿[M].北京:人民文学出版社,1983.

[51](清)孔尚任.桃花扇[M].北京:中华书局,1965.

[52](清)纪昀,等.四库全书总目[M].北京:中华书局,1965.

[53](宋)朱熹.诗集传[M].上海:上海古籍出版社,1980.

[54](清)郝懿行笺疏.山海经笺疏[M].《四部备要》本.

[55]袁珂.山海经校注[M].上海:上海古籍出版社,1980.

[56](清)沈德潜选编.古诗源[M].北京:中华书局,1977.

[57]余冠英选注.三曹诗选[M].北京:人民文学出版社,1956.

[58]谭正璧,纪馥华选注.庾信诗赋选[M].北京:古典文学出版

社,1958.

[59]黄节笺释.汉魏乐府风笺[M].北京:人民文学出版社,1958.

[60](明)冯梦龙.古今小说(喻世明言)[M].北京:人民文学出版社,1979.

[61](明)冯梦龙.警世通言[M].北京:人民文学出版社,1980.

[62](明)冯梦龙.醒世恒言[M].北京:人民文学出版社,1979.

[63]游国恩等编.中国文学史[M].北京:人民文学出版社,1979.

[64]鲁迅.中国小说史略[M].北京:人民文学出版社,1973.

第三节　现当代文学类阅读书目

[1]温儒敏.中国现当代文学学科概要[M].北京:北京大学出版社,2005.

[2]丁帆主编.中国新文学史(上、下册)[M].北京:高等教育出版社,2013.

[3]杨春时.现代性与中国文学思潮[M].北京:三联书店,2009.

[4]鲁迅.鲁迅选集[M].北京:中国青年出版社,1956—1959.

[5]唐弢主编.中国现代文学史[M].北京:人民文学出版社,1979—1980.

[6]郭沫若.沫若选集[M].北京:人民文学出版社,1959.

[7]茅盾.茅盾选集[M].北京:人民文学出版社,1959.

[8]郁达夫,叶丁易选编.郁达夫选集[M].北京:人民文学出版社,1954.

[9]冰心.冰心选集[M].北京:人民文学出版社,1979.

[10]朱自清.朱自清诗文选集[M].北京:人民文学出版社,1955.

[11]闻一多.闻一多诗文集[M].北京:人民文学出版社,1955.

[12]巴金.家[M].北京:人民文学出版社,1978.

[13]巴金.寒夜[M].上海:上海文艺出版社,1980.

[14]老舍.骆驼祥子[M].北京:人民文学出版社,1979.

[15]叶圣陶.倪焕之[M].北京:人民文学出版社,1978.

[16]丁玲.太阳照在桑乾河上[M].北京:人民文学出版社,1979.

[17]丁玲.丁玲短篇小说选集[M].北京:人民文学出版社,1955.

[18]赵树理.赵树理小说选[M].山西:山西人民出版社,1980.

[19]赵树理.三里湾[M].北京:人民文学出版社,1980.

[20]周立波.暴风骤雨[M].北京:人民文学出版社,1977.

[21]柳青.创业史[M].北京:中国青年出版社,1979.
[22]孙犁.白洋淀纪事[M].北京:人民文学出版社,1978.
[23]梁斌.红旗谱[M].北京:人民文学出版社,1959.
[24]杨沫.青春之歌[M].北京:人民文学出版社,1960.
[25]罗广斌,杨益言.红岩[M].北京:中国青年出版社,1978.
[26]郭沫若.女神[M].北京:人民文学出版社,1953.
[27]徐志摩诗集[M].四川:四川人民出版社,1980.
[28]李季.王贵与李香香[M].北京:人民文学出版社,1977.
[29]郭小川.将军三部曲[M].北京:作家出版社,1961.
[30]郭沫若.沫若剧作选[M].北京:人民文学出版社,1978.
[31]曹禺.曹禺选集[M].北京:人民文学出版社,1978.
[32]田汉.田汉选集[M].北京:人民文学出版社,1959.
[33]老舍.老舍剧作选[M].北京:人民文学出版社,1978.
[34]鲁迅.野草[M].北京:人民文学出版社,1979.
[35]鲁迅.朝花夕拾[M].北京:人民文学出版社,1979.
[36]魏巍.谁是最可爱的人[M].北京:人民文学出版社,1978.

第四节　世界文学与比较文学类阅读书目

一、外国文学作品选读

(一)必读书目

[1][美]哈罗德·布鲁姆.如何读,为什么读[M].黄灿然,译.南京:译林出版社,2011.

[2]汪介之,杨莉馨.欧洲文学评论选[C].北京:北京大学出版社,2011.

[3]徐葆耕.西方文学之旅(上、下)[M].石家庄:河北教育出版社,2003.

(二)选读书目

[1][古希腊]荷马.伊利亚特[M].罗念生,王焕生,译.北京:人民文学出版社,1994.

[2][古希腊]荷马.奥德赛[M].王焕生,译.北京:人民文学出版社,1997.

[3][希]埃斯库罗斯.埃斯库罗斯悲剧集[M].陈中梅,译.沈阳:辽宁教

育出版社,1999.

[4][古希腊]索福克勒斯.悲剧二种[M].罗念生,译.北京:人民文学出版社,1961.

[5][古希腊]欧里庇得斯.悲剧二种[M].罗念生,译.北京:人民文学出版社,1958.

[6][古希腊]阿里斯托芬.阿里斯托芬喜剧二种[M].罗念生,译.长沙:湖南人民出版社,1981.

[7][意]但丁.神曲[M].田德望,译.北京:人民文学出版社,2002.

[8][英]莎士比亚.莎士比亚喜剧五种[M].方平,译.上海:上海译文出版社,1979.

[9][英]莎士比亚.莎士比亚悲剧四种[M].卞之琳,译.北京:人民文学出版社,1988.

[10][西]塞万提斯.堂吉诃德[M].杨绛,译.北京:人民文学出版社,1995.

[11][法]拉伯雷.巨人传[M].鲍文蔚,译.北京:人民文学出版社,1983.

[12][法]莫里哀.喜剧六种[M].李健吾,译.上海:上海译文出版社,1980.

[13][英]弥尔顿.失乐园[M].朱维之,译.上海:上海译文出版社,1984.

[14][德]歌德.浮士德(上、下)[M].钱春绮,译.上海:上海译文出版社,1982.

[15][法]卢梭.忏悔录[M].陈筱卿,译.南京:译林出版社,1995.

[16][英]笛福.鲁滨孙漂流记[M].徐霞村,译.北京:人民文学出版社,1959.

[17][英]乔纳森·斯威夫特.格列佛游记[M].孙予,译.上海:上海译文出版社,2011.

[18][美]霍桑.红字[M].姚乃强,译.南京:译林出版社,1996.

[19][美]惠特曼.草叶集(上、下)[M].赵罗,译.上海:上海译文出版社,1991.

[20][美]麦尔维尔.白鲸[M].曹庸,译.上海:上海译文出版社,1990.

[21][英]雪莱.雪莱抒情诗选[M].查良铮,译.北京:人民文学出版社,1982.

[22][英]拜伦.唐璜[M].查良铮,王佐良,译.北京:人民文学出版社,1980.

[23][法]雨果.巴黎圣母院[M].陈敬容,译.北京:人民文学出版社,1982.

[24][法]雨果.悲惨世界(1—5)[M].李丹,方于,译.北京:人民文学出版社,1958、1959、1980、1984.

[25][俄]普希金.普希金抒情诗选[M].查良铮,译.北京:人民文学出版社,1989.

[26][俄]普希金.普希金选集(第5卷)叶甫盖尼·奥涅金[M].智量,译.北京:人民文学出版社,1985.

[27][英]简·奥斯汀.傲慢与偏见[M].张玲,译.北京:人民文学出版社,1993.

[28][英]夏洛蒂·勃朗特.简爱[M].祝庆英,译.上海:上海译文出版社,2000.

[29][英]艾米莉·勃朗特.呼啸山庄[M].杨苡,译.南京:译林出版社,1990.

[30][英]狄更斯.双城记[M].石永礼,译.北京:人民文学出版社,1995.

[31][英]狄更斯.大卫·科波菲尔[M].董秋斯,译.北京:人民文学出版社,1980.

[32][英]哈代.德伯家的苔丝[M].张谷若,译.北京:人民文学出版社,1984.

[33][法]司汤达.红与黑[M].郝运,译.上海:上海译文出版社,2010.

[34][法]巴尔扎克.高老头[M].傅雷,译.北京:人民文学出版社,1989.

[35][法]巴尔扎克.欧也妮·葛朗台[M].傅雷,译.北京:人民文学出版社,1980.

[36][法]福楼拜.包法利夫人[M].许渊冲,译.南京:译林出版社,1992.

[37][法]莫泊桑.莫泊桑中短篇小说选[M].郝远,赵少侯,译.北京:人民文学出版社,1981.

[38][法]左拉.小酒店[M].金满城,译.北京:人民文学出版社,1980.

[39][俄]果戈里.死魂灵[M].满涛,许庆道,译.北京:人民文学出版社,1983.

[40][俄]屠格涅夫.猎人手记[M].丰子恺,译.北京:人民文学出版社,1962.

[41][俄]托尔斯泰.安娜·卡列妮娜[M].周扬,译.北京:人民文学出版社,1986.

[42][俄]托尔斯泰.复活[M].汝龙,译.北京:人民文学出版社,1986.

[43][俄]陀思妥耶夫斯基.罪与罚[M].非琴,译.北京:译林出版社,1993.

[44][俄]陀思妥耶夫斯基.卡拉马佐夫兄弟(上、下)[M].耿济之,译.北京:人民文学出版社,1981.

[45][俄]契诃夫.契诃夫小说选[M].汝龙,译.北京:人民文学出版社,1979.

[46][美]杰克·伦敦.热爱生命[M].万紫,雨宁,译.北京:人民文学出版社,1985.

[47][德]古斯塔夫·斯瓦布.古希腊神话与传说[M].高中甫,等,译.北京:华夏出版社,2007.

[48][美]哈罗德·布鲁姆.西方正典:伟大作家和不朽作品[M].江宁康,译.南京:译林出版社,2005.

二、外国文学史

(一)必读书目

[1]李赋宁总主编.欧洲文学史(1—3卷)[M].北京:商务印书馆,2003.

[2]柳鸣九主编.法国文学史[M].北京:人民文学出版社,1991.

[3]王佐良 等主编.英国文学史[M].北京:外语教学与研究出版社,2006.

[4]刘海平,王守仁主编.新编美国文学史(1—4卷)[M].上海:上海外语教育出版社,2002.

[5][丹]勃兰兑斯.十九世纪文学主流[M].张道真,等,译.北京:人民文学出版社,1997.

(二)选读书目

[1][美]迪克斯坦.伊甸园之门——六十年代的美国文化[M].方晓光,译.上海:上海外语教育出版社,1985.

[2][美]Richard H. Pells.激进的理想与美国之梦:大萧条岁月中的文化和社会思想[M].卢允中,等,译.上海:上海外语教育出版社,1992.

第五节 写作类阅读书目

一、中国古代文学作品

[1] 余冠英. 诗经选[M]. 北京:中华书局,2012.

[2] 杨伯峻. 论语译注[M]. 北京:中华书局,2006.

[3] 陈鼓应. 庄子今注今译[M]. 北京:中华书局,2001.

[4] (清)蘅塘退士. 唐诗三百首[M]. 北京:中华书局,2005.

[5] 萧涤非. 杜甫诗选注[M]. 北京:人民文学出版社,1979.

[6] (宋)苏轼著,陈迩冬选注. 苏轼诗选[M]. 北京:人民文学出版社,1957.

[7] (宋)苏轼. 苏东坡集[M]. 北京:商务印书馆,1958.

[8] 唐圭璋. 宋词三百首笺注[M]. 北京:人民文学出版社,2013.

[9] (清)吴楚材,等. 古文观止[M]. 北京:中华书局,2008.

[10] 王季思. 中国十大古典喜剧集[M]. 济南:齐鲁书社,1991.

[11] (明)施耐庵. 水浒传[M]. 北京:人民文学出版社,2012.

[12] (明)罗贯中. 三国演义[M]. 北京:人民文学出版社,2012.

[13] (明)吴承恩. 西游记[M]. 北京:人民文学出版社,2012.

[14] (清)曹雪芹. 红楼梦[M]. 北京:人民文学出版社,2012.

二、中国古代文论作品

[1] (南朝梁)刘勰著,周振甫译. 文心雕龙今译[M]. 北京:中华书局,1986.

[2] 王国维著,徐调孚校注. 人间词话[M]. 北京:中华书局,2013.

三、中国现当代文学作品

[1] 林语堂. 吾国与吾民[M]. 西安:陕西师范大学出版社,2003.

[2] 沈从文. 边城[M]. 北京:北京十月文艺出版社,2008.

[3] 梁实秋. 雅舍小品[M]. 南京:江苏文艺出版社,2010.

[4] 钱钟书. 围城[M]. 北京:人民文学出版社,1991.

[5] 季羡林. 百年美文. 天津:百花文艺出版社,2009.

[6]陈忠实.白鹿原[M].北京:人民文学出版社,1993.

[7]路遥.平凡的世界[M].北京:北京十月文艺出版社,2012.

[8]王小波.沉默的大多数[M].西安:陕西师范大学出版社,2009.

[9]莫言.红高粱家族[M].北京:人民文学出版社,2007.

[10]余华.活着[M].北京:作家出版社,2012.

四、中国现当代理论作品

[1]冯友兰.中国哲学简史[M].北京:北京大学出版社,2013.

[2]朱光潜.谈文学[M].北京:北京大学出版社,2012.

[3]宗白华.艺境[M].北京:北京大学出版社,1987.

[4]王力.汉语诗律学[M].上海:上海教育出版社,2005.

[5]王力,朱光潜等.怎样写学术论文[M].北京:北京大学出版社,1981.

[6]徐复观.中国艺术精神[M].南宁:广西师范大学出版社,2007.

[7]李泽厚.美的历程[M].北京:生活·读书·新知三联书店,2009.

[8]何永康.文艺鉴赏写作要义[M].南京:南京大学出版社,2009.

[9]王安忆.小说家的十三堂课[M].上海:上海文艺出版社,2005.

五、国外文学作品

[1]圣经.

[2][意]但丁.神曲[M].朱维基,译.上海:上海译文出版社,2011.

[3][法]蒙田.蒙田随笔[M].梁宗岱,译.北京:人民文学出版社,2012.

[4][西]塞万提斯.堂吉诃德[M].杨绛,译.北京:人民文学出版社,2013.

[5][英]莎士比亚.哈姆莱特[M].朱生豪,译.上海:上海文艺出版社,2007.

[6][德]歌德.浮士德[M].绿原,译.北京:人民文学出版社,1994.

[7][法]雨果.悲惨世界[M].李玉民,译.南京:译林出版社,2013.

[8][俄]托尔斯泰.安娜·卡列妮娜[M].高惠群,等,译.上海:上海译文出版社,2010.

[9][美]马克·吐温.汤姆索亚历险记[M].朱建迅,等,译.南京:译林出版社,2010.

[10][法]罗曼·罗兰.约翰·克利斯朵夫[M].傅雷,译.北京:人民文学出版社,1957.

[11][奥]里尔克.里尔克集[M].林笳,主编.广州:花城出版社,2010.

[12][爱]乔伊斯.尤利西斯[M].金隄,译.北京:人民文学出版社,2012.

[13][奥]卡夫卡.卡夫卡小说全集[M].高年生,等,译.北京:人民文学出版社,2004.

[14][美]海明威.永别了,武器[M].林疑今,译.上海:上海译文出版社,1980.

[15][日]川端康成.雪国[M].叶渭渠,等,译.南京:译林出版社,2001.

[16][美]玛格丽特·米切尔.飘[M].傅东华,译.杭州:浙江文艺出版社,2008.

[17][法]玛格丽特·杜拉斯.情人[M].王道乾,译.上海:上海译文出版社,2004.

[18][美]约瑟夫·海勒.第二十二条军规[M].吴冰青,译.南京:译林出版社,2012.

[19][哥]马尔克斯.百年孤独[M].范晔,译.海口:南海出版公司,2011.

[20][阿]博尔赫斯.博尔赫斯小说集[M].王永年,等,译.杭州:浙江文艺出版社,2005.

[21][美]雷蒙德·卡佛各种版本的短篇小说.

六、国外理论作品

[1][奥]弗洛伊德.释梦[M].孙名之,译.北京:商务印书馆,1996.

[2][德]卡西尔.人论[M].甘阳,译.上海:上海译文出版社,2013.

[3][奥]里尔克.给一个青年诗人的十封信[M].冯至,译.北京:生活·读书·新知三联书店,1994.

[4][美]莫提默·J.艾德勒.如何阅读一本书[M].郝明义,等,译.北京:商务印书馆,2004.

[5][法]米兰·昆德拉.被背叛的遗嘱[M].余中先,译.上海:上海译文出版社,2011.

[6][美]浦安迪.中国叙事学[M].北京:北京大学出版社,1996.

[7][美]蒂莫西·科里根.如何写影评[M].宋美凤,译.北京:世界图书出版公司,2009.

希望同学们除了阅读文字作品之外,还能大量接触中西方各个门类的艺术作品,如书法、绘画、雕塑、音乐、歌剧等,拓展艺术眼界,培养审美的敏感,建立良好的艺术趣味和格调。

第六节　古典文献类阅读书目

一、中国古典文献学

[1]程千帆,徐有富.校雠广义[M].济南:齐鲁书社,1998.

[2]张舜徽.中国文献学[M].上海:上海古籍出版社,2009.

[3]孙钦善.中国古文献学史简编[M].北京:高等教育出版社,2002.

二、出土文献研究

[1]张显成.简帛文献学通论[M].北京:中华书局,2004.

[2]甲骨文献集成[M].成都:四川大学出版社,2001.

[3]中国简牍集成编辑委员会.中国简牍集成[M].兰州:敦煌文艺出版社,2001.

三、文字学

[1]高明.中国古文字学通论[M].北京:北京大学出版社,1996.

[2]陈梦家.中国文字学(修订本)[M].北京:中华书局,2011.

[3]姚孝遂主编.中国文字学史[M].长春:吉林教育出版社,1994.

四、训诂学

[1]洪诚.训诂学[M].南京:江苏古籍出版社,1984.

[2]王宁.训诂学原理[M].北京:中国国际广播出版社,1996.

[3]许威汉.训诂学导论[M].北京:北京大学出版社,2003.

[4]胡朴安.中国训诂学史[M].北京:中国书店,1983.

五、《诗经》导读

[1](唐)孔颖达.毛诗正义[M].十三经注疏本.北京:中华书局,1980.

[2]程俊英,蒋见元.诗经注析[M].北京:中华书局,1991.

[3]洪湛侯.诗经学史[M].北京:中华书局,2002.

六、《楚辞》导读

[1](宋)朱熹.楚辞集注[M].上海:上海古籍出版社,1979.

[2]汤炳正,等.楚辞今注[M].上海:上海古籍出版社,2012.

[3]黄灵庚.楚辞章句疏证[M].北京:中华书局,2007.

七、《论语》导读

[1](三国魏)何晏集解,(宋)邢昺疏.论语注疏[M].十三经注疏本.北京:中华书局,1980.

[2](清)刘宝楠.论语正义[M].诸子集成本.北京:中华书局,1990.

[3]杨伯峻.论语译注[M].北京:中华书局,2010.

八、《孟子》导读

[1](东汉)赵岐注,(宋)邢昺疏.孟子注疏[M].十三经注疏本.北京:中华书局,1980.

[2](清)焦循.孟子正义[M].诸子集成本.北京:中华书局,1980.

[3]杨伯峻.孟子译注[M].北京:中华书局,2010.

九、《庄子》导读

[1](清)郭庆藩.庄子集释[M].北京:中华书局,2004.

[2]王先谦.庄子集解[M].北京:中华书局,1987.

[3]孙以楷,甄长松.庄子通论[M].北京:东方出版社,1995.

十、《左传》导读

[1](晋)杜预注,(唐)孔颖达疏.春秋左传正义[M].十三经注疏本.北京:中华书局,1980.

[2]杨伯峻.春秋左传注[M].北京:中华书局,1990.

[3]徐中舒.左传选[M].北京:中华书局,2009.

十一、《史记》导读

[1]王伯祥.史记选[M].北京:人民文学出版社,1982.

[2][日]泷川龟太郎.史记会注考证[M].台北:洪氏出版社,1982.

[3]安平秋,张大可,俞樟华.史记教程[M].北京:华文出版社,2002.

第七节　语言文字类阅读书目

一、古代汉语

（一）必读书目

[1](汉)许慎著,(宋)徐铉编.说文解字.北京:中华书局,2013.

[2](清)王念孙.广雅疏证[M].北京:中华书局,1983.

[3]裘锡圭.文字学概要[M].北京:商务印书馆,2013.

[4]王宁.训诂学原理[M].北京:中国国际广播出版社,1996.

[5]吕叔湘,王海棻.《马氏文通》读本[M].上海:上海教育出版社,2005.

[6]杨伯峻,何乐士.古汉语语法及其发展[M].北京:语文出版社,2001.

[7]董同龢.汉语音韵学[M].北京:中华书局,2011.

（二）选读书目

1. 文字学

[1](南唐)徐锴.说文解字系传[M].北京:中华书局,1987.

[2](清)段玉裁著,许惟贤整理.说文解字注[M].南京:凤凰出版社,2007.

[3](清)王筠.说文解字句读[M].北京:中华书局,1988.

[4](清)王筠.说文释例[M].北京:中华书局,1987.

[5](清)桂馥.说文解字义证[M].北京:中华书局,1987.

[6](清)朱骏声.说文通训定声[M].北京:中华书局,1984.

[7]陈世辉,汤余惠.古文字学概要[M].长春:吉林大学出版社,1988.

[8]陈炜湛,唐钰明.古文字学纲要[M].广州:中山大学出版社,1988.

[9]高明.古文字类编[M].北京:中华书局,1980.

[10]高明.中国古文字学通论[M].北京:北京大学出版社,1996.

[11]何琳仪.战国文字通论[M].北京:中华书局,1989.

[12]胡朴安.中国文字学史[M].上海:上海书店,1984.

[13]黄德宽,陈秉新.汉语文字学史[M].合肥:安徽教育出版社,1990.

[14]李荣.文字问题(修订本)[M].北京:商务印书馆,2012.

[15]李学勤.古文字学初阶[M].北京:中华书局,1985.

[16]刘翔,等.商周古文字读本[M].北京:语文出版社,1989.

[17]刘又辛.通假概说[M].成都:巴蜀书社,1988.

[18]刘又辛.汉语汉字答问[M].北京:商务印书馆,1997.

[19]刘又辛.汉字发展史纲要[M].北京:中国大百科全书出版社,2000.

[20]陆宗达.说文解字通论[M].北京:北京出版社,1981.

[21]聂鸿音.中国的文字[M].北京:人民教育出版社,1989.

[22]容庚.金文编[M].北京:中华书局,1985.

[23]石定果.说文会意字研究[M].北京:北京语言学院出版社,1996.

[24]孙雍长.转注论[M].长沙:岳麓书社,1991.

[25]唐兰.中国文字学[M].上海:上海古籍出版社,1979.

[26]唐兰.古文字学导论(增订本)[M].济南:齐鲁书社,1981.

[27]王宁.汉字构形学讲座[M].上海:上海教育出版社,2002.

[28]王宁主编.汉字学概要[M].北京:北京师范大学出版社,2001.

[29]徐复,宋文明.说文五百四十部首正解[M].南京:江苏古籍出版社,2003.

[30]徐中舒主编.汉语古文字字形表[M].成都:四川辞书出版社,1981.

[31]张涌泉.敦煌俗字研究[M].上海:上海教育出版社,1996.

[32]张涌泉.汉语俗字研究[M].北京:商务印书馆,2010.

[33]中国社会科学院考古研究所编.甲骨文文编[M].北京:中华书局,1965.

[34]周有光.世界文字发展史[M].上海:上海教育出版社,1997.

2. 训诂学、词汇学

[1](汉)刘熙著,祝敏彻、孙玉文注释.释名疏证补[M].北京:中华书局,2008.

[2](汉)扬雄著,周祖谟注.方言校笺[M].北京:中华书局,1993.

[3]周祖谟注.尔雅校笺[M].昆明:云南人民出版社,2004.

[4]董秀芳.词汇化:汉语双音词的衍生和发展[M].北京:商务印书馆,2011.

[5]董志翘.中古文献语言论集[C].成都:巴蜀书社,2000.

[6]方一新.中古近代汉语词汇学[M].北京:商务印书馆,2010.

[7]高守纲.古代汉语词义通论[M].北京:语文出版社,1994.

[8]郭在贻.训诂学[M].北京:中华书局,2005.

[9]洪成玉.古汉语词义分析[M].天津:天津人民出版社,1985.

[10]胡继明.《广雅疏证》同源词研究[M].成都:巴蜀书社,2003.

[11]胡朴安.中国训诂学史[M].北京:中国书店,1983.

[12]黄易青.上古汉语同源词意义系统研究[M].北京:商务印书馆,2007.

[13]蒋绍愚.古汉语词汇纲要[M].北京:商务印书馆,2005.

[14]刘钧杰.同源字典补[M].北京:商务印书馆,1999.

[15]陆宗达,王宁.训诂方法论[M].北京:中国社会科学出版社,1983.

[16]陆宗达,王宁.训诂与训诂学[M].太原:山西教育出版社,1994.

[17]齐佩瑢.训诂学概论[M].北京:中华书局,2006.

[18]任继昉.汉语语源学[M].重庆:重庆出版社,2004.

[19]苏新春.汉语词义学[M].广州:广东教育出版社,1996.

[20]孙雍长.训诂原理[M].北京:语文出版社,1997.

[21]王力.汉语词汇史[M].北京:商务印书馆,1993.

[22]王力.同源字典[M].北京:商务印书馆,1982.

[23]王宁.训诂学原理[M].北京:中国国际广播出版社,1996.

[24]王云路.中古汉语词汇史[M].北京:商务印书馆,2010.

[25]张博.汉语同族词的系统性与验证方法[M].北京:商务印书馆,2003.

[26]张联荣.古汉语词义论[M].北京:北京大学出版社,2007.

[27]张联荣.汉语词汇的流变[M].郑州:大象出版社,2009.

[28]张永言.词汇学简论[M].武汉:华中工学院出版社,1982.

[29]赵克勤.古代汉语词汇学[M].北京:商务印书馆,1994.

[30](清)阮元等编.经籍籑诂[M].北京:中华书局,1982.

3. 语法学

[1](清)王引之撰,李花蕾点校.经传释词[M].上海:上海古籍出版社,2014.

[2]曹广顺,遇笑容.中古汉语语法史研究[M].成都:巴蜀书社,2006.

[3]楚永安.文言复式虚词[M].北京:中国人民大学出版社,1986.

[4]董志翘,蔡镜浩.中古虚词语法例释[M].长春:吉林教育出版社,1994.

[5]龚千炎.中国语法学史(修订本)[M].北京:语文出版社,1997.

[6]郭锡良.古代汉语语法讲稿[M].北京:语文出版社,2010.

[7]何乐士,等.古汉语虚词通释[M].北京:北京出版社,1985.

[8]蒋绍愚.近代汉语语法史研究综述[M].北京:商务印书馆,2005.

[9]李佐丰.古代汉语语法学[M].北京:商务印书馆,2004.

[10]吕叔湘.文言虚字[M].上海:上海教育出版社,1959.

[11]吕叔湘.中国文法要略[M].北京:商务印书馆,2014.

[12]马汉麟.古汉语语法提要[M].西安:陕西人民出版社,1980.

[13]蒲立本.古代汉语语法纲要[M].北京:语文出版社,2006.

[14]宋绍.《马氏文通》研究[M].北京:北京大学出版社,2004.

[15]孙良明.中国古代语法学探究(第2版)[M].北京:商务印书馆,2005.

[16]孙锡信.中古近代汉语语法研究述要[M].上海:复旦大学出版社,2014.

[17][日]太田辰夫.中国语历史文法(修订本)[M].蒋绍愚,徐昌华,译.北京:北京大学出版社,2003.

[18]杨伯峻.古汉语虚词[M].北京:中华书局,1981.

[19]杨树达.词诠[M].北京:中华书局,1978.

[20]殷国光.吕氏春秋词类研究[M].北京:商务印书馆,2008.

[21]俞敏,谢纪锋.虚词诂林[M].哈尔滨:黑龙江人民出版社,1997.

[22][日]志村良治.中国中世语法史研究[M].江蓝生,白维国,译.北京:中华书局,2005.

[23]周法高.中国古代语法称代编[M].北京:中华书局,1990.

4. 音韵学

[1](宋)陈彭年.广韵[M].北京:中国书店,1982.

[2]吴葆勤编.宋本广韵·永禄本韵镜[M].南京:江苏教育出版社,2005.

[3]周祖谟.广韵校本[M].北京:中华书局,2010.

[4]周祖谟.唐五代韵书集存[M].北京:中华书局,2005.

[5]余迺永.新校互注宋本广韵(定稿本)[M].上海:上海人民出版社,2008.

[6](清)陈澧.切韵考[M].北京:中国书店影印本,1984.

[7]陈复华.古韵通晓[M].北京:中国社会科学出版社,1987.

[8]储泰松.唐五代关中方音研究[M].合肥:安徽大学出版社,2005.

[9]丁声树.汉语音韵讲义[M].上海:上海教育出版社,1984.

[10]董同龢.汉语音韵学[M].北京:中华书局,2001.

[11][瑞典]高本汉.中国音韵学研究[M].赵元任,罗常培,李方桂,译.

北京：商务印书馆，1995.

[12]高永安.明清皖南方音研究[M].北京：商务印书馆，2007.

[13]葛毅卿.隋唐音研究[M].南京：南京师范大学出版社，2003.

[14]耿振生.明清等韵学通论[M].北京：语文出版社，1992.

[15]耿振生.二十世纪汉语音韵学方法论[M].北京：北京大学出版社，2004.

[16]黄淬伯.慧琳一切经音义反切考[M].北京：中华书局，2010.

[17]李荣.切韵音系[M].北京：科学出版社，1956.

[18]李荣.音韵存稿[M].北京：商务印书馆，1982.

[19]李荣.语文论衡[M].北京：商务印书馆，1985.

[20]李方桂.上古音研究[M].北京：商务印书馆，1980.

[21]李无未.日本汉语音韵学史[M].北京：商务印书馆，2011.

[22]李新魁.汉语等韵学[M].北京：中华书局，1983.

[23]龙榆生.唐宋词格律[M].上海：上海古籍出版社，1978.

[24]罗常培.汉语音韵学导论[M].北京：中华书局，1980.

[25]罗常培.八思巴字与元代汉语[M].北京：中国社会科学出版社，2004.

[26]罗常培.唐五代西北方音[M].北京：商务印书馆，2012.

[27]宁忌浮.洪武正韵研究[M].北京：上海辞书出版社，2003.

[28][加]蒲立本.上古汉语的辅音系统[M].潘悟云，徐文堪，译.北京：中华书局，1999.

[29]孙玉文.汉语变调构研究[M].北京：商务印书馆，2007.

[30]唐作藩.音韵学教程[M].北京：北京大学出版社，2013.

[31]王力.汉语诗律学[M].上海：上海教育出版社，2002.

[32]王力.汉语音韵学[M].北京：中华书局，1982.

[33]王力.汉语语音史[M].北京：中国社会科学出版社，1985.

[34]王力.清代古音学[M].北京：中华书局，2013.

[35]魏建功.古音系研究[M].北京：中华书局，1996.

[36]严学宭.广韵导读[M].成都：巴蜀书社，1990.

[37]杨耐思.中原音韵音系[M].北京：中国社会科学出版社，1981.

[38]赵荫棠.《中原音韵》研究[M].北京：商务印书馆，1936.

[39]赵荫棠.等韵源流[M].北京：商务印书馆，2011.

5. 修辞学

[1]常棣,蔡镜浩.文言修辞概要[M].北京：北京出版社，1988.

[2]陈望道.修辞学发凡[M].上海:复旦大学出版社,2012.

[3]杨树达.中国修辞学[M].上海:上海古籍出版社,2007.

[4]袁晖,宗廷虎主编.汉语修辞学史(修订本)[M].太原:山西人民出版社,1995.

[5]赵克勤.古汉语修辞简论[M].北京:商务印书馆,1983.

[6]郑子瑜.中国修辞学史稿[M].上海:上海教育出版社,1984.

6.综合

[1](清)孙德谦.古书读法略例[M].桂林:广西师范大学出版社,2006.

[2]程千帆,徐有富.校雠广义[M].济南:齐鲁书社,1998.

[3]郭锡良.汉语史论集[M].北京:商务印书馆,2005.

[4]何九盈.中国古代语言学史(第4版)[M].北京:商务印书馆,2013.

[5]何九盈.中国现代语言学史(修订本)[M].北京:商务印书馆,2008.

[6]洪诚.中国历代语言文字学文选[C].南京:江苏人民出版社,1982.

[7]王力.汉语史稿[M].北京:中华书局,1980.

[8]王力.中国语言学史[M].太原:山西人民出版社,1981.

[9]杨树达.古书句读释例[M].北京:中华书局,1993.

[10]俞樾.古书疑义举例五种[M].北京:中华书局,1983.

[11]周秉钧.古汉语纲要[M].长沙:湖南人民出版社,1981.

二、现代汉语

(一)必读书目

[1]赵元任.汉语口语语法[M].北京:商务印书馆,1979.

[2]吕叔湘.汉语语法分析问题[M].北京:商务印书馆,1979.

[3]朱德熙.语法讲义[M].北京:商务印书馆,1982.

[4]王力.汉语词汇史[M].北京:商务印书馆,1993.

[5]袁家骅.汉语方言概要(第二版)[M].北京:语文出版社,2003.

[6]朱晓农.语音学[M].北京:商务印书馆,2010.

(二)选读书目

[1][美]C.J.菲尔默."格"辨[M].胡明扬,译.语言学译丛:第2辑.北京:中国社会科学出版社,1980.

[2]J. K. Chambers and Peter Trudgill. *Dialectology*[M]. Peking:

Peking University Press,2002.

[3][瑞典]马尔姆贝格.方言学与语言地理学[M].黄长著,译.语言学译丛:第1辑.北京:中国社会科学出版社,1979.

[4]曹文.现代汉语语音答问[M].北京:北京大学出版社,2010.

[5]曹逢甫.主题在汉语中的功能研究[M].谢天蔚,译.北京:语文出版社,1995.

[6]曹剑芬.现代语音基础知识[M].北京:人民教育出版社,1990.

[7]曹剑芬.现代语音研究与探索[M].北京:商务印书馆,2007.

[8]曹志耘.汉语方言地图集[M].北京:商务印书馆,2008.

[9]岑麒祥.国际音标[M].武汉:湖北人民出版社,1982.

[10]丁声树.现代汉语语法讲话[M].北京:商务印书馆,2004.

[11]董少文.语音常识(改订版)[M].北京:文化教育出版社,1958.

[12]范晓.三个平面的语法观[M].北京:北京语言文化大学出版社,1996.

[13]符淮青.现代汉语词汇[M].北京:北京大学出版社,1985.

[14]符淮青.词义的分析和描写[M].北京:语文出版社,1996.

[15]符淮青.现代汉语词汇学(增订本)[M].北京:北京大学出版社,2004.

[16]郭锐.现代汉语词类研究[M].北京:商务印书馆,2002.

[17]贺登崧.汉语方言地理学[M].石汝杰,岩田礼,译.上海:上海教育出版社,2003.

[18]侯精一主编.现代汉语方言概论[M].上海:上海教育出版社,2007.

[19]胡裕树,范晓主编.动词研究[M].郑州:河南大学出版社,1995.

[20]孔江平.论语言发声[M].北京:中央民族大学出版社,2001.

[21]李临定.现代汉语句型[M].北京:商务印书馆,1986.

[22]李荣.汉语方言调查手册[M].北京:科学出版社,1957.

[23]李如龙.汉语方言学[M].北京:高等教育出版社,2001.

[24]李小凡,项梦冰.汉语方言学基础教程[M].北京:北京大学出版社,2009.

[25]李宇明.语法研究录[M].北京:商务印书馆,2002.

[26]李振麟.发音基础知识[M].武汉:湖北人民出版社,1982.

[27]林焘,王理嘉.北京语音实验录[M].北京:北京大学出版社,1985.

[28]林焘,王理嘉.语音学教程[M].北京:北京大学出版社,1992.

[29]刘叔新.汉语语法范畴论纲[M].天津:南开大学出版社,2013.

[30]刘月华,等.实用现代汉语语法[M].北京:商务印书馆,2001.

[31]陆俭明.现代汉语语法研究教程(第4版)[M].北京:北京大学出版社,2013.

[32]陆俭明,马真.汉语虚词散论(修订本)[M].北京:语文出版社,1999.

[33]罗安源.发音语音学[M].北京:中央民族大学出版社,2005.

[34]罗常培,王均.普通语音学纲要[M].北京:商务印书馆,1981.

[35]吕叔湘.汉语语法论文集(增订本)[M].北京:商务印书馆,1984.

[36]吕叔湘,朱德熙.语法修辞讲话[M].北京:商务印书馆,2013.

[37]吕叔湘等著,马庆株编.语法研究入门[C].北京:商务印书馆,1999.

[38]马庆株.汉语动词和动词性结构[M].北京:北京语言学院出版社,1992.

[39]马庆株.汉语语义语法范畴问题[M].北京:北京语言文化大学出版社,1998.

[40][日]桥本万太郎.语言地理类型学[M].余志鸿,译.北京:世界图书出版公司,2008.

[41]邵敬敏.汉语语法专题研究(增订本)[M].北京:北京大学出版社,2012.

[42]邵敬敏.汉语语法的动态研究[M].北京:商务印书馆,2013.

[43]沈家煊.不对称和标记论[M].南昌:江西教育出版社,1999.

[44]沈家煊.认知与汉语语法研究[M].北京:商务印书馆,2009.

[45]沈家煊.语法六讲[M].北京:商务印书馆,2011.

[46]石锋,廖荣蓉.语音丛稿[M].北京:北京语言学院出版社,1994.

[47]石锋.语音格局:语音学与音系学的交汇点[M].北京:商务印书馆,2008.

[48]石锋.语音学探微[M].北京:北京大学出版社,1990.

[49]苏培成.现代汉字学纲要(增订本)[M].北京:北京大学出版社,2002.

[50]孙德金.现代书面汉语中的文言语法成分研究[M].北京:商务印书馆,2012.

[51]王福堂.汉语语音的演变和层次[M].北京:语文出版社,2005.

[52]王理嘉.音系学基础[M].北京:语文出版社,1992.

[53]王力.中国现代语法[M].北京:商务印书馆,2011.

[54]王士元.王士元语音学论文集[M].北京:世界图书出版公司,2010.

[55]王希杰.汉语修辞学(修订本)[M].北京:商务印书馆,2004.

[56]吴竞存,梁伯枢.现代汉语句法结构与分析[M].北京:语文出版社,1992.

[57]吴宗济,林茂灿.实验语音学概要[M].北京:高等教育出版社,1989.

[58]吴宗济.汉语普通话单音节语图册[M].北京:中国社会科学出版社,1986.

[59]吴宗济.现代汉语语音概要[M].北京:华语教学出版社,1992.

[60]武占坤,王勤.现代汉语词汇概要[M].北京:外语教学与研究出版社,2009.

[61]项梦冰,曹晖.汉语方言地理学[M].北京:中国文史出版社,1997.

[62]邢福义.汉语语法三百问[M].北京:商务印书馆,2014.

[63]邢公畹.汉语方言调查基础知识[M].武汉:华中工学院出版社,1982.

[64]徐烈炯,刘丹青.话题的结构与功能[M].上海:上海教育出版社,1998.

[65]徐世荣.普通话语音常识[M].北京:语文出版社,1995.

[66]游汝杰.汉语方言学教程[M].上海:上海教育出版社,2004.

[67]袁毓林.汉语动词的配价研究[M].南昌:江西教育出版社,1998.

[68]袁毓林.汉语配价语法研究[M].北京:商务印书馆,2010.

[69]张斌.现代汉语描写语法[M].北京:商务印书馆,2010.

[70]张斌,胡裕树.汉语语法研究[M].北京:商务印书馆,1989.

[71]张伯江,方梅.汉语功能语法研究[M].北京:商务印书馆,2014.

[72]张敏.认知语言学与汉语名词短语[M].北京:中国社会科学出版社,1998.

[73]赵元任.语言问题[M].北京:商务印书馆,1980.

[74]中国社会科学院和澳大利亚人文科学院合编.中国语言地图集[M].香港:朗文书局,1987.

[75]周国光.现代汉语配价语法研究[M].北京:高等教育出版社,2011.

[76]周同春.汉语语音学[M].北京:北京师范大学出版社,2003.

[77]周有光.世界文字发展史[M].上海:上海教育出版社,1997.

[78]朱德熙.语法讲义[M].北京:商务印书馆,1982.

[79]朱德熙.现代汉语语法研究[M].北京:商务印书馆,2014.

[80]左思民.汉语语用学[M].郑州:河南人民出版社,2000.

三、语言学理论

(一)必读书目

[1][瑞士]索绪尔.普通语言学教程[M].高名凯,译.岑麒祥,叶蜚声,校注.北京:商务印书馆,2013.

[2]罗常培,王均.普通语音学纲要(修订本)[M].北京:商务印书馆,2010.

[3]陈原.社会语言学[M].北京:商务印书馆,2004.

[4]徐通锵.历史语言学[M].北京:商务印书馆,1996.

[5]徐大明,陶红印等编著.当代社会语言学[C].北京:中国社会科学出版社,1997.

[6]蒋平,等.语言学流派与发展[C].上海:华东师范大学出版社,2011.

(二)选读书目

[1]戴炜栋.什么是语言学[M].上海:上海外语教育出版社,2014.

[2]桂诗春.什么是心理语言学[M].上海:上海外语教育出版社,2011.

[3]黄国文,辛志英.什么是功能语法[M].上海:上海外语教育出版社,2014.

[4]金立鑫.什么是语言类型学[M].上海:上海外语教育出版社,2014.

[5]刘辰诞,赵秀凤.什么是篇章语言学[M].上海:上海外语教育出版社,2011.

[6]宁春岩.什么是生成语法[M].上海:上海外语教育出版社,2014.

[7]束定芳.什么是语义学[M].上海:上海外语教育出版社,2014.

[8]王菊泉.什么是对比语言学[M].上海:上海外语教育出版社,2014.

[9]王寅.什么是认知语言学[M].上海:上海外语教育出版社,2014.

[10]俞东明.什么是语用学[M].上海:上海外语教育出版社,2011.

[11]俞理明,曹勇衡,潘卫民.什么是应用语言学[M].上海:上海外语教育出版社,2014.

[12]张伯江.什么是句法学[M].上海:上海外语教育出版社,2013.

[13]《中国少数民族语言简志丛书》修订本编委会.中国少数民族语言简志(修订本)[M].北京:民族出版社,2009.

[14][德]A.F.施坦茨勒.梵文基础读本:语法 课本 词汇[M].段晴,范慕尤,季羡林,译.北京:北京大学出版社,2009.

[15][德]威廉·冯·洪堡特.论人类语言结构的差异对人类精神发展的影响[M].姚小平,译.北京:商务印书馆,1997.

[16][法]梅耶.历史语言学中的比较方法[M].岑麟祥,译.北京:世界图书出版公司,2008.

[17][芬兰]G.J.兰司铁.阿尔泰语言学导论[M].周建奇,译.呼和浩特:内蒙古教育出版社,2004.

[18][荷兰]斯旺.世界上的语言:全球语言系统[M].乔修峰,译.广州:花城出版社,2008.

[19][捷克]J.克拉姆斯基.音位学概论[M].李振麟,译.上海:上海译文出版社,1993.

[20][美]爱德华·萨丕尔.语言论[M].陆卓元,译.北京:商务印书馆,1997.

[21][美]布龙菲尔德.语言论[M].袁家骅,等,译.北京:商务印书馆,1980.

[22][美]霍凯特编.现代语言学教程[M].索振羽,叶蜚声,译.北京:北京大学出版社,2002.

[23][美]克罗夫特.语言学类型学与普通语法特征[M].龚群虎,等,译.上海:复旦大学出版社,2009.

[24][英]L.R.帕默尔.语言学概论[M].李荣,等,译.北京:商务印书馆,2013.

[25]George Yule. *Pragmatics*[M].上海:上海外语教育出版社,2000.

[26]Jerry Norman. *Chinese*[M].北京:世界图书出版公司,2008.

[27]Joseph H. Greenberg.语言发生学:理论与方法文集[M].北京:世界图书出版公司,2009.

[28]Lyle Campbell. *Historical Linguistics: An Introduction*[M].北

京:世界图书出版公司,2008.

[29] Matthew Y. Chen. *Tone Sandhi: Patterns Across Chinese Dialects*[M].北京:外语教学与研究出版社,2001.

[30]Mey J. *Pragmatics: An Introduction*[M]. Oxford:Blackwell,2001.

[31]R. H. Robins. *A Short History of Linguistics*[M].北京:外语教学与研究出版社,2001.

[32]R. L. Trask. *Historical Linguistics*[M].北京:外语教学与研究出版社,2000.

[33]Roger Lass. *Historical Linguistics and Language Change*[M].北京:世界图书出版公司,2007.

[34]陈保亚.语言接触与语言联盟[M].北京:语文出版社,1996.

[35]陈章太.语言规划研究[M].北京:商务印书馆,2005.

[36]程工.语言共性论[M].上海:上海外语教育出版社,1999.

[37]戴浩一.功能主义与汉语语法[M].北京:北京语言学院出版社,1994.

[38]戴庆厦.社会语言学概论[M].北京:商务印书馆,2004.

[39]戴庆夏主编.二十世纪的中国少数民族语言研究[C].北京:书海出版社,1998.

[40]冯胜利.汉语韵律语法研究[M].北京:北京大学出版社,2005.

[41]冯志伟.机器翻译今昔谈[M].北京:语文出版社,2007.

[42]冯志伟.现代语言学流派[M].北京:商务印书馆,2013.

[43]高名凯.语言论[M].北京:商务印书馆,1995.

[44]桂诗春.语言学方法论[M].北京:外语教学与研究出版社,1997.

[45]国际语音学会编.国际语音学会手册[M].江荻,译.上海:上海教育出版社,2008.

[46]何大安.规律与方向:变迁中的音韵结构[M].北京:北京大学出版社,2004.

[47]何兆熊主编.新编语用学概要[M].上海:上海外语教育出版社,2000.

[48]何自然.语用学概论[M].长沙:湖南教育出版社,1988.

[49]侯精一主编.现代汉语方言概论[M].上海:上海教育出版社,2002.

[50]胡壮麟,朱永生,等.系统功能语言学概论[M].北京:北京大学出版

社,2008.

[51]黄长.各国语言手册[M].重庆:重庆出版社,1990.

[52]黄正德,李艳慧,李亚非.汉语句法学[M].张和友,译.北京:世界图书出版公司,2013.

[53]江荻.汉藏语言演化的历史音变模型[M].北京:民族出版社,2002.

[54]姜望琪.当代语用学[M].北京:北京大学出版社,2003.

[55]金有景.普通话语音[M].北京:商务印书馆,2007.

[56]靳洪刚.语言获得理论研究[M].北京:中国社会科学出版社,1997.

[57]李赋宁.英语史[M].北京:商务印书馆,2005.

[58]李延福.国外语言学通论[M].济南:山东教育出版社,1999.

[59]刘虹.会话结构分析[M].北京:北京大学出版社,2005.

[60]刘丹青.语序类型学与介词理论[M].北京:商务印书馆,2004.

[61]刘丹青.语法调查研究手册[M].上海:上海教育出版社,2008.

[62]刘丹青编.语言学前沿与汉语研究[C].上海:上海教育出版社,2005.

[63]刘以焕.古希腊语言文字语法简说[M].上海:上海人民出版社,2006.

[64]罗安源.中国语言声调概况[M].北京:民族出版社,2006.

[65]罗常培,胡双宝注.语言与文化[M].北京:北京大学出版社,2009.

[66]罗世方.梵语课本[M].北京:商务印书馆,1996.

[67]马秋武.优选论[M].上海:上海教育出版社,2008.

[68]马学良主编.汉藏语概论[M].北京:民族出版社,2003.

[69]倪大白.侗台语概论[M].北京:中央民族学院出版社,1990.

[70]钱冠连.汉语文化语用学[M].北京:清华大学出版社,1997.

[71]石定栩.乔姆斯基的形式句法[M].北京:北京语言文化大学出版社,2002.

[72]孙宏开等主编.中国的语言[M].北京:商务印书馆,2007.

[73]索振羽.语用学教程[M].北京:北京大学出版社,2000.

[74]王洪君.汉语非线性音系学[M].北京:北京大学出版社,2008.

[75]王洪君.历史语言学方法论与汉语方言音韵史个案研究[M].北京:商务印书馆,2014.

[76]王理嘉.音系学研究[M].北京:语文出版社,1995.

[77]吴安其.南岛语分类研究[M].北京:商务印书馆,2009.

[78]熊学亮.认知语用学概论[M].上海:上海外语教育出版社,1999.

[79]徐烈炯.中国语言学在十字路口[M].上海:上海教育出版社,2008.

[80]颜其香,周植志.中国孟高棉语族语言与南亚语系[M].北京:中央民族大学出版社,1995.

[81]姚小平.西方语言学史[M].北京:外语教学与研究出版社,2011.

[82]游汝杰,邹嘉彦.社会语言学教程[M].上海:复旦大学出版社,2004.

[83]赵元任.语言问题[M].北京:商务印书馆,1980.

[84]赵忠德,马秋武.西方音系学理论与流派[M].北京:商务印书馆,2011.

[85]周庆生主编.中国民族语言学研究[M].北京:社会科学文献出版社,2008.

[86]朱晓农.方法:语言学的灵魂[M].北京:北京大学出版社,2008.

四、汉语言专业阅读书目

1. 汉语语法学

[1]朱德熙.语法讲义[M].北京:商务印书馆,1982.

[2]陆俭明.八十年代中国语法研究[M].北京:商务印书馆,1993.

[3]陆俭明,沈阳.汉语和汉语研究十五讲[M].北京:北京大学出版社,2003.

[4]胡明扬.语法和语法体系[M].北京:人民教育出版社,1990.

2. 汉语语义学

[1]张志毅,张庆云.词汇语义学[M].北京:商务印书馆,2005.

[2]林杏光.词汇语义和计算语言学[M].北京:语文出版社,1999.

[3][英]利奇.语义学[M].李瑞华,等,译.上海:上海外语教育出版社,1987.

[4]鲁川.汉语语法的意合网络[M].北京:商务印书馆,2001.

[5]李葆嘉.语义语法学导论[M].北京:中华书局,2007.

3. 汉语语用学

[1]何兆熊主编.新编语用学概要[M].上海:上海外语教育出版社,2000.

[2]熊学亮.认知语用学概论[M].上海:上海外语教育出版社,1999.

[3]姜望琪.当代语用学[M].北京:北京大学出版社,2003.

[4]刘虹.会话结构分析[M].北京:北京大学出版社,2005.

4. 汉语方言学

[1]袁家骅.汉语方言概要(第二版)[M].北京:语文出版社,2001.

[2]李荣.汉语方言调查手册[M].北京:北京科学出版社,1957.

[3]詹伯慧.汉语方言及方言调查[M].武汉:湖北教育出版社,1991.

[4]侯精一.现代汉语方言概论[M].上海:上海教育出版社,2002.

[5]游汝杰.汉语方言学教程[M].上海:上海教育出版社,2004.

5. 古汉语文选

[1]王力主编.古代汉语[M].北京:中华书局,1999.

[2]郭锡良,等.古代汉语[M].北京:商务印书馆,1999.

[3]王宁,等.古代汉语通论[M].北京:北京师范大学出版社,1996.

[4]何乐士,等.古代汉语虚词通释[M].北京:北京大学出版社,1985.

[5]李佐丰.古代汉语语法学[M].北京:商务印书馆,2004.

6. 传统语言文字学

[1]王力.中国语言学史[M].太原:山西人民出版社,1981.

[2]胡奇光.中国小学史[M].上海:上海人民出版社,1987.

[3]李开.汉语语言研究史[M].南京:江苏教育出版社,1993.

[4]何九盈.中国古代语言学史[M].广州:广东教育出版社,2000.

[5]裘锡圭.文字学概要[M].北京:商务印书馆,1988.

7. 语言学简史

[1]岑麒祥.语言学史概要[M].北京:北京大学出版社,1988.

[2]刘润清.西方语言学流派[M].北京:外语教学与研究出版社,2002.

[3]何九盈.中国古代语言学史[M].广州:广东教育出版社,1995.

[4]周有光.世界文字发展史[M].上海:上海教育出版社,1997.

[5][日]桥本万太郎.语言地理类型学[M].余志鸿,译.北京:北京大学出版社,1985.

8. 程序设计语言

[1]谭浩强.C程序设计题解与上机指导[M].北京:清华大学出版社,1992.

[2]谭浩强.C程序设计(二级)教程[M].北京:清华大学出版社,2000.

[3]B.W.Kernighan,D.M.Ritchie.C程序设计语言(第2版)[M].北京:清华大学出版社,1997.

9. 数据库应用

[1]李雁翎.Visual FoxPro6.0使用与开发技术[M].北京:清华大学出版社,2001.

[2]卢湘鸿.Visual FoxPro6.0程序设计基础[M].北京:清华大学出版社,2002.

[3]李吉梅.Visual FoxPro6.0程序设计基础习题与实验指导[M].北京:清华大学出版社,2004.

10. 中文信息处理概论

[1]俞士汶.计算语言学概论[M].北京:商务印书馆,2007.

[2]陈小荷.现代汉语自动分析[M].北京:北京语言大学出版社,2000.

[3]傅永和.中文信息处理[M].广州:广东教育出版社,1999.

[4]徐波.中文信息处理若干重要问题[M].北京:科学出版社,2003.

[5]李宝安.中文信息处理技术——原理与应用[M].北京:清华大学出版社,2005.

11. 数据结构

[1]张绍民,等.数据结构(C语言版)[M].北京:中国电力出版社,1999.

[2]许卓群,等.数据结构[M].北京:高等教育出版社,1987.

[3]张乃孝,等.数据结构——C++和面向对象的途径(第2版)[M].北京:高等教育出版社,2001.

[4]张乃孝.算法和数据结构——C语言描述(第2版)[M].北京:高等教育出版社,2002.

[5]陈慕泽.数理逻辑教程[M].上海:上海人民出版社,2001.

12. 语言统计方法

[1]A.Woods,等.语言研究中的统计方法[M].陈小荷,等,译.北京:北京语言文化大学出版社,2001.

[2]李绍山.语言研究中的统计学[M].西安:西安交通大学出版社,2008.

[3]唐象能,等.数理统计[M].北京:机械工业出版社,1994.

[4]杨端和.语言研究应用SPSS软件实例大全[M].北京:中国社会科

学出版社,2004.

[5]杨晓明.SPSS在教育统计中的应用[M].北京:高等教育出版社,2004.

13. 语言科技论文读写

[1]李葆嘉.理论语言学[M].南京:江苏古籍出版社,2001.

[2]马景仑主编.科研论文阅读与写作[M].南京:江苏古籍出版社,2001.

[3]刘丹青主编.语言学前沿与汉语研究[M].上海:上海教育出版社,2005.

第八节　戏剧影视类阅读书目

一、播音与主持专业

（一）必读书目

[1]周星.影视艺术概论[M].北京:高等教育出版社,2007.

[2]张颂.播音主持艺术论[M].北京:中国传媒大学出版社,2009.

[3][美]大卫·波德维尔,克里斯汀·汤普森.世界电影史[M].范倍,译.北京:北京大学出版社,2014.

[4]张思涛.华语电影新时代[M].北京:中国电影出版社,2014.

[5]胡星亮.西方电影理论史纲[M].北京:中华书局,2005.

[6]陆晔,赵民.当代广播电视概论[M].上海:复旦大学出版社,2002.

[7]彭吉象.影视美学[M].北京:北京大学出版社,2002.

[8][美]罗伯特·艾伦,道格拉斯·戈梅里.电影史:理论与实践[M].李讯,译.北京:中国电影出版社,1997.

（二）选读书目

1. 普通话语音

[1]吴弘毅.实用播音教程第一册——普通话语音和播音发声[M].北京:北京广播学院出版社,2002.

[2]李秀然.普通话口语训练教程[M].北京:中国传媒大学出版社,2013.

[3]曾志华,吴洁茹,熊征宇等.普通话训练教程[M].北京:中国传媒大学出版社,2012.

[4]教育部(国家语委)普通话培训测试中心.普通话水平测试实施纲要//普通话水平测试国家指导用书[M].北京:商务印书馆,2004.

[5]新华大字典编委会.新华大字典[M].最新修订版单色版.北京:商务国际出版社,2011.

2. 戏剧概论

[1]张庚.戏剧艺术引论[M].北京:文化艺术出版社,1985.

[2]马威.戏剧语言[M].上海:上海文艺出版社,1985.

[3]马也.戏剧人类学论稿[M].北京:文化艺术出版社,1993.

[4]牛国玲.中外戏剧美学简论[M].北京:中国戏剧出版社,1994.

[5][英]艾思林.戏剧剖析[M].罗婉华,译.北京:中国戏剧出版社,1981.

3. 影视艺术概论

[1]李亦中,王光中,黄会林.影视艺术教程[M].北京:高等教育出版社,1992.

[2]胡智锋.影视艺术导论[M].北京:高等教育出版社,2012.

[3][美]布鲁斯·F.卡温.解读电影[M].李显立,等,译.桂林:广西师范大学出版社,2003.

4. 视听语言

[1][法]安德烈·巴赞.电影是什么[M].崔君衍,译.北京:中国电影出版社,1987.

[2][法]马赛尔·马尔丹.电影语言[M].何振淦,译.北京:中国电影出版社,2006.

[3][美]李·R.波布克.电影的元素[M].伍菡卿,译.北京:中国电影出版社,1986.

[4][德]齐格弗里德·克拉考尔.电影的本性——物质现实的复原[M].邵牧君,译.北京:中国电影出版社,1993.

[5][俄]C.M.爱森斯坦.蒙太奇论[M].富澜,译.北京:中国电影出版社,2003.

5. 影视写作

[1]汪流.电影编剧学[M].北京:北京广播学院出版社,2000.

[2][美]悉德·菲尔德.悉德·菲尔德经典剧作教程(1,2,3)[M].北京:世界图书出版公司,2012.

[3]赵孝思.影视剧本的创作与改编[M].上海:学林出版社,1991.

6. 新闻采访与写作

[1]徐国源.新闻采访与写作[M].苏州:苏州大学出版社,1998.

[2]高钢.新闻采访写作[M].北京:高等教育出版社,2012.

[3][美]罗杰·菲德勒.媒介形态变化:认识新媒介[M].北京:华夏出版社,2000.

[4]杨凤娇.广播电视新闻写作[M].北京:高等教育出版社,2013.

7. 影视评论写作

[1]陈犀禾,吴小丽.影视批评:理论和实践[M].上海:上海大学出版社,2003.

[2][美]吉姆·派珀.看电影的门道[M].曹怡平,译.北京:世界图书出版公司,2013.

[3][美]达德利·安德鲁.经典电影理论导论[M].李伟峰,译.北京:世界图书出版公司,2013.

8. 影视编剧导论

[1][美]悉德·菲尔德.电影剧本写作基础:从构思到完成剧本的具体指南[M].鲍玉珩,钟大丰,译.北京:中国电影出版社,2002.

[2][美]罗伯特·麦基.故事——材质、结构、风格和银幕剧作的原理[M].周铁东,译.北京:中国电影出版社,2001.

[3][日]舟桥和郎.电视剧脚本作法四十八讲[M].王秋妮,译.北京:中央广播电视出版社,1990.

[4]夏衍.写电影剧本的几个问题[M].北京:中国电影出版社,2004.

9. 播音发声学

[1]王璐,吴洁茹.播音员主持人训练手册——语音发声(第二版)[M].北京:中国传媒大学出版社,2010.

[2]张颂.播音员主持人训练手册——诗歌朗诵(第二版)[M].北京:中国传媒大学出版社,2008.

[3]吴弘毅.实用播音教程第一册——普通话语音和播音发声[M].北京:北京广播学院出版社,2002.

[4]白龙.播音发声技巧[M].北京:中国广播电视出版社,2002.

[5]徐恒.播音发声学[M].北京:中国传媒大学出版社,2006.

10. 节目主持艺术学

[1]聂绦雯.节目主持艺术概论[M].武汉:华中科技大学出版社,2011.

[2]陈振,杨浩.主持人节目驾驭艺术[M].北京:中国广播电视出版社,2011.

[3]许嫱,周嘉丽.电视节目主持人风格与节目主持艺术[M].成都:西南交通大学出版社,2014.

[4]吴郁.节目主持能力训练路径[M].北京:中国广播电视出版社,2004.

11. 播音创作基础

[1]张颂.朗读美学[M].北京:北京广播学院出版社,2002.

[2]付程.实用播音教程——语言表达[M].北京:北京广播学院出版社,2002.

[3]张颂.朗读学[M].北京:北京广播学院出版社,1999.

[4]张颂.中国播音学[M].北京:北京广播学院出版社,2003.

[5]付程.播音创作观念论[M].北京:北京广播学院出版社,2000.

12. 广播播音与主持

[1]陈雅丽.实用播音教程3:广播播音与主持[M].北京:北京广播学院出版社,2002.

[2]吴郁.当代广播电视播音主持(第二版)[M].上海:复旦大学出版社,2008.

[3]闻闸.播音主持话语技巧训练[M].北京:中国广播电视出版社,2009.

[4]童云,周云.文稿播读和新闻播音实务[M].北京:中国广播电视出版社,2011.

13. 电视播音与主持

[1]罗莉.当代电视播音主持教程[M].北京:中国传媒大学出版社,2011.

[2]吴郁.当代广播电视播音主持(第二版)[M].上海:复旦大学出版社,2008.

[3]仲梓源.电视新闻播音主持教程[M].北京:中国传媒大学出版社,2008.

[4]罗莉.实用播音教程(第4册):电视播音与主持[M].北京:中国传媒大学出版社,2002.

[5]张颂.中国播音学[M].北京:中国传媒大学出版社,2003.

14. 文艺作品演播

[1]付程.语言表达[M].北京:北京广播学院出版社,2002.

[2]周殿福.艺术语言发声基础[M].北京:中国社会科学出版社,1981.

[3]从林.广播精品探析[M].北京:北京广播学院出版社,2002.

[4]万里,赵立泰.汉语口语表达学[M].北京:北京师范大学出版社,1990.

[5]方伟,等.演员艺术语言基本技巧[M].北京:文化艺术出版社,2004.

15. 播音与主持节目解析

[1]魏南江.优秀电视节目解析(第2版)[M].北京:中国传媒大学出版社,2014.

[2]於青.中国电视节目主持三十年研究(1980—2010)[M].北京:中国传媒大学出版社,2013.

[3]朱虹,胡正荣.中国电视名牌栏目[M].北京:红旗出版社,2010.

[4]胡正荣,朱虹.外国电视名牌栏目[M].北京:红旗出版社,2011.

[5]徐舫州,徐帆.电视节目类型学[M].杭州:浙江大学出版社,2006.

16. 电视学原理

[1]黄慕雄,黄碧云.广播电视概论[M].广州:暨南大学出版社,2012.

[2]陆晔,赵民.当代广播电视概论[M].上海:复旦大学出版社,2002.

[3]陈莉.当代广播电视概论[M].南京:南京师范大学出版社,2010.

[4]厉震林.电视艺术概论[M].上海:上海百家出版社,2009.

17. 电视摄像技术与艺术

[1][美]保罗·M.莱斯特.视觉传播——形象载动信息[M].霍文利,等,译.北京:北京广播学院出版社,2003.

[2][美]赫伯特·泽特尔.摄像基础(第3版)[M].王宏,译.北京:中国传媒大学出版社,2005.

[3]刘益君.电视摄影教程[M].成都:四川美术出版社,2006.

[4]周毅.电视摄像艺术新论[M].北京:中国广播电视出版社,2005.

[5]韩丛耀.摄像师手册[M].北京:中国广播电视出版社,2010.

18. 电视节目策划与制作

[1]徐舫舟,徐帆.电视节目类型学[M].杭州:浙江大学出版社,2006.

[2]杨柳,郭峰.影视策划实务教程[M].南京:江苏美术出版社,2012.

[3]游洁.电视策划教程[M].北京:中国传媒大学出版社,2007.

[4]孙振虎.电视摄像创作[M].北京:高等教育出版社,2013.

[5]姚争.影视剪辑教程[M].杭州:浙江大学出版社,2007.

19. 电视编辑

[1]赵玉,吴天生.电视编辑技术与创作[M].广州:暨南大学出版社,2012.

[2]任远.电视编辑理念与技巧[M].北京:中国广播电视出版社,2008.

[3]谢红焰.电视画面编辑[M].北京:中国传媒大学出版社,2013.

[4]张晓锋.电视编辑思维与创作[M].北京:中国广播电视出版社,2001.

[5]刘国涛,雷徐冰等.Premiere Pro CS6从入门到精通[M].北京:电子工业出版社,2013.

20. 影视导演基础

[1][美]大卫·波德维尔,克莉丝汀·汤普森.电影艺术——形式与风格[M].彭吉象,译.北京:北京大学出版社,2003.

[2][美]路易斯·贾内梯.认识电影[M].焦雄屏,译.北京:世界图书出版公司,2007.

[3]苏牧.荣誉[M].北京:中国电影出版社,2007.

[4]韩小磊.电影导演艺术教程[M].北京:中国电影出版社,2004.

[5]王心语.影视导演基础[M].北京:中国传媒大学出版社,2009.

二、戏剧影视文学专业

1. 戏剧概论

[1]张庚.戏剧艺术引论[M].北京:文化艺术出版社,1985.

[2]马威.戏剧语言[M].上海:上海文艺出版社,1985.

[3]马也.戏剧人类学论稿[M].北京:文化艺术出版社,1993.

[4]牛国玲.中外戏剧美学简论[M].北京:中国戏剧出版社,1994.

[5]艾思林.戏剧剖析[M].罗婉华,译.北京:中国戏剧出版社,1981.

2. 影视艺术概论

[1]李亦中,王光中,黄会林.影视艺术教程[M].北京:高等教育出版社,1992.

[2]胡智锋.影视艺术导论[M].北京:高等教育出版社,2012.

[3][美]布鲁斯·F.卡温.解读电影[M].李显立,等,译.南宁:广西师范大学出版社,2003.

3. 视听语言

[1][法]安德烈·巴赞.电影是什么[M].崔君衍,译.北京:中国电影出版社,1987.

[2][法]马赛尔·马尔丹.电影语言[M].何振淦,译.北京:中国电影出版社,2006.

[3][美]李·R.波布克.电影的元素[M].伍菡卿,译.北京:中国电影出版社,1986.

[4][德]齐格弗里德·克拉考尔.电影的本性——物质现实的复原[M].邵牧君,译.北京:中国电影出版社,1993.

[5][俄]C.M.爱森斯坦.蒙太奇论[M].富澜,译.北京:中国电影出版社,2003.

4. 影视写作

[1]汪流.电影编剧学[M].北京:北京广播学院出版社,2000.

[2]刘海波,黄望莉.影视文学写作教程[M].上海:上海交通大学出版社,2009.

[3]廖全京,李牧雨.广播影视剧本创作教程[M].北京:中国传媒大学出版社,2010.

[4]赵孝思.影视剧本的创作与改编[M].上海:学林出版社,1991.

[5][美]悉德·菲尔德.悉德·菲尔德经典剧作教程(1,2,3)[M].北京:世界图书出版公司,2012.

5. 新闻采访与写作

[1]徐国源.新闻采访与写作[M].苏州:苏州大学出版社,1998.

[2]高钢.新闻采访写作[M].北京:高等教育出版社,2012.

[3]罗杰·菲德勒.媒介形态变化[M].明安香,译.北京:华夏出版社,2000.

[4]杨凤娇.广播电视新闻写作[M].北京:高等教育出版社,2013.

6. 影视评论写作

[1]陈犀禾,吴小丽.影视批评:理论和实践[M].上海:上海大学出版社,2003.

[2][美]吉姆·派珀.看电影的门道[M].曹怡平,译.北京:世界图书出

版公司,2013.

[3][美]达德利·安德鲁.经典电影理论导论[M].李伟峰,译.北京:世界图书出版公司,2013.

7. 电视发展史

[1]徐光春.中华人民共和国广播电视简史(1949—2000)[M].北京:中国广播电视出版社,2003.

[2]陆晔,赵民.当代广播电视概论[M].上海:复旦大学出版社,2010.

[3]毕一鸣.现代广播电视论纲[M].北京:中国广播电视出版社,2007.

[4]中国国际广播电台研究室,中央电视台研究室.世界各国广播电视概况[M].北京:中国广播电视出版社,1997.

[5]赵玉明.中国广播电视通史(第2版)[M].北京:中国传媒大学出版社,2006.

8. 中国电影史

[1]舒晓鸣.中国电影艺术史纲[M].北京:中国电影出版社,2000.

[2]周星.中国电影艺术史[M].北京:北京大学出版社,2005.

[3]李道新.中国电影文化史[M].北京:北京大学出版社,2005.

[4]陆绍阳.中国当代电影史[M].北京:北京大学出版社,2004.

[5]朱洁.二十世纪九十年代以来的中国电影[M].北京:中国电影出版社,2007.

9. 影视编剧导论

[1][美]悉德·菲尔德.电影剧本写作基础:从构思到完成剧本的具体指南[M].北京:中国电影出版社,2002.

[2][美]罗伯特·麦基.故事——材质、结构、风格和银幕剧作的原理[M].周铁东,译.北京:中国电影出版社,2001.

[3][日]舟桥和郎.电视剧脚本作法[M].王秋妮,译.北京:中国电视出版社,1990.

[4]汪流.电影编剧学[M].北京:北京广播学院出版社,2000.

[5]夏衍.写电影剧本的几个问题[M].北京:中国电影出版社,2004.

10. 影视导演基础

[1][美]大卫·波德维尔,克莉丝汀·汤普森.电影艺术——形式与风格[M].彭吉象,译.北京:北京大学出版社,2003.

[2][美]路易斯·贾内梯.认识电影[M].焦雄屏,译.北京:世界图书出

版公司,2007.

[3]苏牧.荣誉[M].北京:中国电影出版社,2007.

[4]韩小磊.电影导演艺术教程[M].北京:中国电影出版社,2004.

[5]王心语.影视导演基础[M].北京:中国传媒大学出版社,2009.

11. 港台电影创作研究

[1]张思涛.华语电影新时代[M].北京:中国电影出版社,2013.

[2]陈飞宝.台湾电影史话[M].修订本.北京:中国电影出版社,2008.

[3]卓伯棠.侯孝贤电影讲座[M].桂林:广西师范大学出版社,2009.

[4]张靓蓓.十年一觉电影梦:李安传[M].北京:人民文学出版社,2007.

[5]孙慰川,王欣.驱散菲勒斯中心主义的阴霾——论当代台湾电影中女性形象的嬗变[J].江苏社会科学,2012.

12. 外国电影史

[1][美]大卫·波德维尔,克里斯汀·汤普森.世界电影史[M].范倍,译.北京:北京大学出版社,2014.

[2][法]乔治·萨杜尔.世界电影史(第2版)[M].徐昭,胡承伟,译.北京:中国电影出版社,1995.

[3]焦雄屏.法国电影新浪潮[M].南京:江苏教育出版社,2005.

[4]郑亚玲,胡滨.外国电影史[M].北京:中国广播电视出版社,1995.

[5]邵牧君.西方电影史论[M].北京:高等教育出版社,2005.

13. 电视学原理

[1]黄慕雄,黄碧云.广播电视概论[M].广州:暨南大学出版社,2012.

[2]陆晔,赵民.当代广播电视概论[M].上海:复旦大学出版社,2002.

[3]陈莉.当代广播电视概论[M].南京:南京师范大学出版社,2010.

[4]厉震林.电视艺术概论[M].上海:上海百家出版社,2009.

[5]袁玉琴,谢柏梁.影视艺术概论[M].北京:中国电影出版社,2005.

14. 电视摄像技术与艺术

[1][美]保罗·M.莱斯特.视觉传播——形象载动信息[M].霍文利,等,译.北京:北京广播学院出版社,2003.

[2][美]赫伯特·泽特尔.摄像基础(第3版)[M].王宏,译.北京:中国传媒大学出版社,2005.

[3]刘益君.电视摄影教程[M].成都:四川美术出版社,2006.

[4]周毅.电视摄像艺术新论[M].北京:中国广播电视出版社,2005.

[5]韩丛耀.摄像师手册[M].北京:中国广播电视出版社,2010.

15. 电视编辑

[1]赵玉,吴天生.电视编辑技术与创作[M].广州:暨南大学出版社,2012.

[2]任远.电视编辑理念与技巧[M].北京:中国广播电视出版社,2008.

[3]谢红焰.电视画面编辑[M].北京:中国传媒大学出版社,2013.

[4]张晓锋.电视编辑思维与创作[M].北京:中国广播电视出版社,2001.

[5]刘国涛,雷徐冰,等.Premiere Pro CS6从入门到精通[M].北京:电子工业出版社,2013.

16. 影视策划

[1][美]大卫·马梅.导演功课[M].曾伟祯,编译.桂林:广西师范大学出版社,2003.

[2]杨柳,郭峰.影视策划实务教程[M].南京:江苏美术出版社,2012.

[3]田长广.影视创作与营销策划[M].北京:北京大学出版社,2008.

17. 中国类型电视剧研究

[1]杨晓林.当代热播电视剧读解[M].重庆:重庆大学出版社,2011.

[2]白小易.新语境中的中国电视剧创作[M].南京:南京师范大学出版社,2007.

[3]苗棣,赵长军.论通俗文化——美国电视剧类型分析[M].北京:北京广播学院出版社,2004.

第九节　应用类阅读书目

一、编辑出版

1. 编辑学概论

[1][加]马歇尔·麦克卢汉.理解媒介:人的延伸[M].何道宽,译.北京:商务印书馆,2000.

[2][美]格罗斯主编.编辑人的世界[M].齐若兰,译.北京:工人出版社,1998.

[3][英]吉尔·戴维斯.我是编辑高手[M].宋伟航,译.石家庄:河北教

育出版社,2004.

[4]汪家熔.近代出版人的文化追求[M].南宁:广西教育出版社,2003.

2. 出版学概论

[1]袁亮.出版学概论[M].沈阳:辽宁教育出版社,1997.

[2]罗紫初.出版学原理[M].武汉:武汉大学出版社,1999.

[3][德]霍尔格贝姆.未来出版家:出版社的管理与营销[M].邓西录,译.北京:商务印书馆,1998.

[4]格罗斯主编.编辑人的世界[M].齐若兰,译.北京:工人出版社,1998.

[5][日]鹫尾贤也.编辑力:从创意策划到人际关系[M].陈宝莲,译.北京:中国人民大学出版社,2007.

3. 中国编辑出版史

[1]肖东发主编.中国编辑出版史[M].沈阳:辽宁教育出版社,1996.

[2]姚福申.中国编辑史[M].上海:复旦大学出版社,2004.

[3][美]钱存训.中国纸和印刷文化史[M].桂林:广西师范大学出版社,2004.

[4]汪家熔.近代出版人的文化追求[M].南宁:广西教育出版社,2003.

4. 出版法律法规

[1]黄先蓉.出版法规及其应用[M].苏州:苏州大学出版社,2005.

[2]全国出版专业职业资格考试办公室.有关出版的法律法规选编[M].河南:大象出版社,2012.

[3]黄先蓉.出版法教程[M].南京:南京大学出版社,2008.

5. 现代编辑出版技术

[1]谢新洲.电子出版技术[M].北京:北京大学出版社,2006.

[2][美]福西特-唐·R.,罗伯茨·C..现代图书设计[M].马丽,李亮,译.北京:中国水利水电出版社,2005.

[3]孙川耀.计算机在出版工作中的应用[M].沈阳:辽宁教育出版社,1995.

[4][日]佐佐木刚士.版式设计原理[M].北京:中国青年出版社,2007.

6. 图书销售

[1]罗紫初.图书发行教程[M].沈阳:辽海出版社,2001.

[2]方卿,姚永春.图书营销学[M].太原:山西经济出版社,2004.

[3]刘拥军.现代图书营销学[M].苏州:苏州大学出版社,2003.

[4]郑士德.中国图书发行史[M].北京:中国时代经济出版社,2009.

[5]余敏.中国民营书业发行概览[M].北京:中国书籍出版社,2005.

7. 出版案例

[1]刘拥军.图书营销案例点评[M].苏州:苏州大学出版社,2005.

[2]方卿,邓香莲.畅销有理——畅销书案例评析[M].广州:广东教育出版社,2005.

[3]李鲆.畅销书浅规则[M].北京:世界图书出版公司,2013.

[4]张文红.畅销书案例分析第一辑[M].北京:知识产权出版社,2013.

[5][美]瑟夫.我与兰登书屋:贝内特·瑟夫回忆录[M].彭伦,译.北京:人民文学出版社,2007.

8. 编辑应用实务

[1]李苓,黄小玲.编辑出版实务与技能[M].成都:四川大学出版社,2005.

[2][美]苏桑.图书出版实务:从概念到销售——21世纪出版人才必备[M].周黎明,译.北京:中国人民大学出版社,2006.

[3]朱胜龙.现代图书编辑学概论[M].苏州:苏州大学出版社,2003.

[4][美]格罗斯.编辑人的世界[M].齐若兰,译.北京:中国工人出版社,2000.

[5]全国出版专业职业资格考试办公室.出版专业实务(初级)[M].武汉:崇文书局,2011.

9. 古代汉语

[1]裘锡圭.文字学概要[M].北京:商务印书馆,1988.

[2](东汉)许慎.说文解字(影印版)[M].北京:中华书局,1963.

[3](清)段玉裁.说文解字注[M].上海:上海古籍出版社,1981.

[4](清)王筠.文字蒙求[M].北京:中华书局,1962.

[5]班吉庆.汉字学纲要[M].南京:江苏古籍出版社,2001.

10. 数字出版

[1]新闻出版总署.图书音像电子出版物出版管理手册:2013年版[M].北京:中国法制出版社,2013.

［2］张新华.数字出版产业理论与实践［M］.北京：知识产权出版社,2014.

［3］刘锦宏.数字出版案例研究［M］.北京：电子工业出版社,2013.

［4］唐乘花.数字出版基础［M］.长沙：湖南科学技术出版社,2013.

［5］王晓辉.音像电子和网络出版工作探讨［M］.北京：中国文史出版社,2006.

11. 阅读学

［1］［德］沃·伊瑟尔.阅读行为［M］.鑫惠敏,等,译.长沙：湖南文艺出版社,1991.

［2］朱立元.接受美学［M］.上海：上海人民出版社,1989.

［3］张元璞,厉淑纯.读者心理学［M］.北京：北京学苑出版社,1990.

［4］［美］玛丽安娜·沃尔夫.普鲁斯特与乌贼：阅读如何改变我们的思维［M］.王惟芬,杨仕音,译.北京：中国人民大学出版社,2012.

［5］［法］迪昂.脑的阅读［M］.周加仙,等,译.北京：中信出版社,2011.

［6］［英］毛姆,等.阅读的艺术［M］.陈安澜,编译.上海：上海翻译出版公司,1992.

［7］［美］莫提默·丁.艾德勒,查尔斯·范多伦.如何阅读一本书［M］.郝明义,朱衣,译.北京：商务印书馆,2004.

12. 编辑科研论文读写

［1］陈向明.质的研究方法与社会科学研究［M］.北京：教育科学出版社,2000.

［2］李沛良.社会研究的统计应用［M］.北京：社会科学文献出版社,2002.

［3］梁福军.科技论文规范写作与编辑［M］.北京：清华大学出版社,2010.

二、秘书学

［1］党政机关公文处理工作条例（2012年专门法规）

［2］党政机关公文格式（2012年专门法规）

［3］司徒允昌.秘书学综论［M］.上海：上海文艺出版社,2001.

［4］董继超.秘书学教程［M］.北京：中央广播电视大学出版社,1995.

［5］董继超.秘书实务［M］.北京：线装书局,2000.

[6]方国雄.中外秘书比较[M].长春:吉林大学出版社,2001.

[7]李欣主编.中国秘书发展史[M].北京:高等教育出版社,1993.

[8]杨剑宇主编.中国秘书史[M].北京:高等教育出版社,2011.

[9]杨树森,张树义.中国秘书史[M].合肥:安徽大学出版社,2006.

[10]费云东,余贵华.中共秘书工作简史[M].沈阳:辽宁出版社,1992.

[11]闪庚尧.中国公文研究[M].北京:中国社会科学出版社,2000.

[12]谢世洋主编.秘书工作案例与实践[M].北京:高等教育出版社,2011.

[13]王铭.公文选读[M].沈阳:辽宁大学出版社,1999.

[14]裴显生,等.应用写作[M].北京:高等教育出版社,1999.

[15]饶士奇.公文写作与处理[M].沈阳:辽宁教育出版社,2004.

[16]王健.文书学[M].北京:中国人民大学出版社,2007.

[17]陈兆祺,和宝荣.档案管理学基础[M].北京:中国人民大学出版社,2005.

[18]居延安.公共关系学[M].上海:复旦大学出版社,2008.

[19]傅琼等主编.实用公关与礼仪[M].北京:中国人民大学出版社,2004.

[20]何春晖主编.中外公关案例宝典[M].杭州:浙江大学出版社,2011.

[21]陈先红,等.中国危机公关案例研究报告[M].武汉:华中科技大学出版社,2012.

[22]黄良友.秘书办公自动化[M].北京:高等教育出版社,2012.

[23]冯国珍.管理学(第二版)[M].上海:复旦大学出版社,2011.

[24]尤利群,等.管理学[M].杭州:浙江大学出版社,2009.

[25]周鸿铎.应用传播学教程[M].北京:中国书籍出版社,2010.

[26]张国良.传播学原理[M].上海:复旦大学出版社,2009.

[27]严励.网络传播学概论[M].郑州:郑州大学出版社,2007.

[28]徐玉红,等.广告文案创作[M].杭州:浙江大学出版社,2007.

[29]吴粲.策划学:原理、技巧、误区及案例[M].北京:北京师范大学出版社,2008.

[30][美]布鲁斯·本丁格尔.广告文案训练手册[M].谢千帆,译.北京:中国传媒大学出版社,2008.